MBA MPA MPAcc MEM

管理类与经济类综合能力写作18讲

王帅 ▶ 编著

北京理工大学出版社
BEIJING INSTITUTE OF TECHNOLOGY PRESS

图书在版编目（CIP）数据

MBA MPA MPAcc MEM 管理类与经济类综合能力写作 18 讲 / 王帅编著 . — 北京 : 北京理工大学出版社，2022.4（2024.12 重印）

ISBN 978-7-5763-1192-1

Ⅰ. ① M… 　Ⅱ. ①王 … 　Ⅲ. ①汉语 – 写作 – 研究生 – 入学考试 – 自学参考资料 　Ⅳ. ① H15

中国版本图书馆 CIP 数据核字（2022）第 050906 号

责任编辑：申玉琴　　　文案编辑：申玉琴
责任校对：王雅静　　　责任印制：李志强

出版发行 / 北京理工大学出版社有限责任公司

社　　　址 / 北京市丰台区四合庄路 6 号

邮　　　编 / 100070

电　　　话 /（010）68944451（大众售后服务热线）
　　　　　　　（010）68912824（大众售后服务热线）

网　　　址 / http://www.bitpress.com.cn

版 印 次 / 2024 年 12 月第 1 版第 4 次印刷

印　　　刷 / 三河市良远印务有限公司

开　　　本 / 787 mm×1092 mm　1/16

印　　　张 / 14

字　　　数 / 278 千字

定　　　价 / 65.90 元

前　言

目前，在我国的硕士研究生招生考试中，管理类综合能力考试（科目代码为 199，简称"199 管综"）与经济类综合能力考试（科目代码为 396，简称"396 经综"）均将"写作"作为一项核心考查内容。这一设置旨在全面评估考生的综合素质。写作的具体考查形式分为"论证有效性分析"与"论说文"两大版块。其中，"论证有效性分析"着重考查考生的批判性思维能力，即要求考生能够识别、分析并评价给定论证中的逻辑漏洞与潜在假设，从而培养其严谨的逻辑思维习惯；而"论说文"则侧重于考查考生针对特定问题或现象提出建设性意见及解决方案的能力，鼓励考生展现其创新思维与实际问题解决能力。这两大版块相辅相成，不仅综合考量了考生的逻辑分析能力，还深度测试了其语言表达与文字组织的功底，无疑是广大考生在备考过程中的重点攻克对象与难点所在。

为了帮助广大考生更有效地应对这一挑战，提高复习效率，进而冲刺理想的分数，我基于自身十六年丰富的教学实践经验，精心编写了这本针对性较强的辅导书。在编撰过程中，我确立并严格遵循了以下几项核心原则：

以考试大纲为根本，以评分标准为导向，以命题规律为依托。

以理论知识为框架，以历年真题为基础，以解题技巧为支撑。

以训练思维为手段，以写作能力为保证，以冲刺高分为目标。

在这样的编撰原则的指导之下，我精心构思并将全书内容划分为十八个精讲单元，旨在通过系统化的教学安排，全面助力考生攻克管理类与经济类综合能力考试中的"写作"难关。前八讲聚焦于"论证有效性分析"的高分技巧，后十讲则侧重于"论说文"的高分策略。全书内容的编排紧密围绕管理类与经济类综合能力考试写作的所有知识点，力求做到无遗漏、全覆盖，确保考生通过系统学习能够全面掌握考试所需的各项技能。通过本书精心设置的练习题与模拟训练，考生可以在实践中不断巩固理论知识，逐步实现从知识积累到能力提升的飞跃，最终高效地提高考研成绩。

本书（2026 年考研版本）在汲取过往成功经验的同时，紧密结合了近年来的命题规律与趋势，进行了大幅度的调整与更新，确保了信息的时效性与准确性，使考生能够紧跟考试动态，把握最新考点。本书具有以下特点：

创新性，本书坚持"人无我有，人有我优，人优我精，人精我绝"的理念。 在本书的编写过程中，我深入剖析了历年真题，对出现的考点和考题进行了详尽而精细的分类与总结。这一过程不仅揭示了考试的内在规律，更为考生提供了极具创新性的解题思路和技巧。此外，我紧跟时代步伐，及时引入近年的新考题和典型例题，尽可能帮助考生准确把握考试的最新动态和趋势。这些创新性的内容，如同为考生配备了高效的学习加速器，帮助大家在短时间内迅速提升写作成绩，达到事半功倍的效果。

专业性，本书坚持"经济思维，管理视角，学术立场，考研要求"的高度。我深知"写作"在199管综和396经综中的特殊性，因此特别注重讲解其独有的考查角度和写作规范。书中，我将经济学、管理学、逻辑学等相关学科的知识点巧妙融合，构建了一个完整而系统的知识体系。这样的编写方式，使考生能够更深入地理解考点和考题，从中汲取针对性的指导和启示。同时，本书还紧密结合考生在实际写作中遇到的问题，提供了一系列实用的写作技巧和策略，助力考生在考试中脱颖而出。

准确性，本书坚持"解题科学，分析清晰，答案准确，范文标准"的原则。本书严格按照考试大纲和评分标准编写，力求为考生提供一本规范且分析透彻的辅导书。与此同时，为了确保内容的准确性，我邀请了北京大学、清华大学、南京大学等高等院校的专家学者进行审定。他们的专业意见和建议，为本书的质量提供了有力保障，使考生能够放心使用，安心备考。

实践性，本书坚持"道术相济，讲练相加，教学相长，知行相合"的原则。针对考生在写作过程中存在的"一听就会，一写就废""有思路，没话说"等问题，在讲解基础知识的同时，本书特别设计了具有实操性的习题训练。这些习题紧贴考试风格，使考生能够通过实际写作来巩固所学知识，提升写作能力。同时，本书还为考生提供了详细的范文解析和点评，帮助大家更好地了解自己的不足之处，并加以改进。这样的"参与式"学习方式，不仅能够激发考生的学习兴趣，还可以优化考生的学习效果。

荀子《劝学篇》云："锲而舍之，朽木不折；锲而不舍，金石可镂。"考研是一场持久战，坚持是取得胜利的重要素质之一。同学们，相信你们一定能够通过自己的努力取得理想成绩，实现考研梦想，成就美好人生。加油！梦想就在前方，我们需要做的就是脚踏实地，向前，再向前！我相信，各位一定都能乘风破浪，直达梦想的彼岸！

真心祝福所有的考研学子，蟾宫折桂，雁塔题名！

帅老师

目　录

第一讲 ‖ 论证有效性分析考试认知

论证有效性分析是借鉴 GMAT 考试作文题型之一的"Analysis of an Argument"而设立的一种写作考试类型。这一题型的基本要求如下：

要求考生以批判性思维为基础，详细地分析论证中的观点、证据和论证过程，并准确识别论证中的概念是否明确，判断是否准确，推理是否严密，以及论证是否充分。（This topic requires candidates to analyze the views, evidence and demonstration process in detail on the basis of critical thinking. And accurately identify whether the concept in the argument is clear, whether the judgment is accurate, whether the reasoning is rigorous, and whether the argument is sufficient.）

这一论述对刚刚接触管理类与经济类综合能力考试的考生来说是比较复杂的，接下来帅老师就带领大家进行学习，让大家对论证有效性分析有一个全面的认知，并彻底理解这一题型的考试本质、考查方式、评分标准以及复习方法，以此作为我们冲刺高分的基础。

● 一、考试本质：批判性思维

从考试大纲和历年真题来看，论证有效性分析的考试本质就是考查考生的批判性思维。那么，什么是批判性思维呢？

最早提出这一概念的是美国著名哲学家杜威，他提出批判性思维既是一个过程，也是一种能力，批判性思维指的是**"能动、持续和细致地思考任何信念或被假定的知识形式，洞悉支持它的理由以及它所进一步指向的结论"**。这一概念在学理上十分抽象和深奥。为了帮助大家更好地理解这一定义，帅老师选取了生活中的一个例子加以分析：

桃子与西瓜一起食用，会马上丧命！

最近各地持续高温，很多人中暑，大家可能忽略了一个致命细节，千万记住：桃子不能与西瓜一起吃，否则会产生剧毒。医生说，桃子与西瓜一起食用，会马上丧命。

这则消息，是曾在众多自媒体平台上广泛传播的一个"养生常识"。但是，如果我们仔细分析，就会发现这个"常识"在逻辑上是难以成立的。接下来帅老师就带领大家进行一次深入的分析。

首先，我们看到这则材料提出了一个核心观点：桃子与西瓜一起食用，会马上丧命。这是一个**"假定的知识形式"**。我们不能盲目地认为它是一个既定的事实，而要抱着怀疑的态度来分析它是否成立。

其次，如何分析材料核心观点是否成立呢？那就要洞悉**"支持它的理由"**。我们来看，这个观点的提出是否有证据支撑呢？仔细阅读材料，我们发现证据只有一个 ——"医生说"。

最后，我们来分析这个"理由"能否支持"假定的知识形式"成立呢？完全不能！第一，"医生说"的那句话并没有表明是哪位医生得出的结论。第二，"医生说"的论点也是没有任何证据支撑的断言，让人如何相信？第三，根据基本的生活、医疗常识，"桃子与西瓜一起食用，会马上丧命"明显也是不成立的。

所以，通过以上三步，我们可以断定，在这个论证中，"假定的知识形式"是不成立的。因为"支持它的理由"不成立。

通过以上案例分析，我们可以知道，批判性思维最主要的内涵就是，在面对一段材料（论证）时，我们能够依靠事实和逻辑准确地进行以下分析：

◆ 材料得出的结论是什么？

◆ 材料的结论是否准确？

◆ 支持结论的证据有哪些？

◆ 这些证据在逻辑和事实上是否成立？

◆ 材料的论证过程是怎样的？

◆ 论证过程是否充分？

在管理类与经济类综合能力考试中，论证有效性分析这一题型考查的要点为以上六点。为了充分考查考生的批判性思维能力，考试采取材料解析的方式进行考查。教育部公布的考试大纲对这一题型的考查方式进行了详细介绍，值得我们全面了解。

● 二、考试大纲逐字解析：论证有效性分析怎么考？

考试大纲是由教育部教育考试院编撰的关于考试形式、考试内容、考试方向的规定。同学们在备考之前，必须对其加以研读，这样才能树立正确的备考方向。

关于论证有效性分析这一题型，199 管综大纲如下：

> 论证有效性分析试题的题干为一篇有缺陷的论证，要求考生分析其中存在的问题，选择若干要点，围绕论证中的缺陷或漏洞，分析和评述论证的有效性。
>
> 本类试题的分析要点是：论证中的概念是否明确，判断是否准确，推理是否严密，论证是否充分，以及有无明显的逻辑错误，论证的论据是否支持结论等。
>
> 文章要求分析得当，理由充分，结构严谨，语言得体。

396 经综大纲如下：

> 论证有效性分析试题的题干为一篇有缺陷的论证，要求考生分析其中存在的问题，选择若干要点，围绕论证中的缺陷或漏洞，分析和评述论证的有效性。
>
> 本类试题的分析要点是：论证中的概念是否明确，判断是否准确，论证是否充分，以及有无明显的逻辑错误，论证的论据是否支持结论等。文章要求分析得当，理由充分，结构严谨，语言得体。

通过以上表述，我们可以看出管理类与经济类综合能力考试的大纲是基本一致的。接下来帅老师将以管理类综合能力考试为例，对考试大纲进行逐字分析，让大家充分了解论证有效性分析这一题型的基本情况。

1. 论证有效性分析试题的题干为一篇有缺陷的论证

我们在解题之前应该对题干有一个明确的认识。根据考试大纲和历年考研真题的实际情况，对于题干，我们应该掌握以下三点。

（1）论证有效性分析的材料是一篇 400 ～ 800 字的文字材料，一般分为四到五个自然段。

除了极个别情况，论证有效性分析试题的题干篇幅都比较稳定。比如，2018 年管理类综合能力考试论证有效性分析部分的材料，全文 385 字，分为五个自然段。这个篇幅是根据考试时间设定的，所以在历年考试中基本稳定，不会发生太大变化，这点大家可以放心。

（2）论证有效性分析试题题干的内容主要为近年的经济、社会热点话题，突出强调对现实生活的强烈关注。

比如，历年真题涉及的话题有：高考是否要降低英语分值？是否要"迁都治堵"？是否要延迟退休？结婚证是否要设立有效期？老年人是否应该继续工作？纸质阅读方式是否会寿终正寝？这些都具有重大的现实意义。历年真题的这一特点启示我们在备考的过程中，应该注重对时事新闻的关注和积累。

（3）一定要注意，题干是"有缺陷"，并非"完全错误"。大家在具体的论证中，千万不能完全否定材料。

何为"有缺陷"？一言以蔽之，就是题干材料中存在着不严密、不谨慎之处，只要加以严密的逻辑论证，论证就可以成立，而并非"病入膏肓，无可救药"。比如：

最近一项对某高校大学生的抽样调查表明，有 69% 的人认为物质生活丰富可以丰富人的精神生活，有 22% 的人认为物质生活和精神生活没有什么关系，只有 9% 的人认为物质生活丰富反而会降低人的精神追求。……担心物质生活的丰富会冲击人类的精神世界，只是杞人忧天罢了。【199 管综 2018 年真题】

这一段材料的错误在于抽取的样本虽然可以在一定程度上支持结论，但是从整体来说，该论证是不成立的，因为某高校大学生无法代表所有人。这就是材料中的"缺陷"。

2. 要求考生分析其中存在的问题

面对题干这样一则有缺陷的材料，我们需要做什么呢？我们要对材料中存在的问题进行分析，尤其需要重点分析材料中存在的逻辑错误。

根据历年真题的规律，真题给定的题干一般存在 6 ～ 12 个逻辑错误。考试的时候，我们需要对材料进行分析，找出材料中存在的逻辑错误。

这里涉及的一个问题就是，什么样的错误可以被归类为逻辑错误。这里大家一定要记住这样一个原则：**"给定即事实，重点查结论。"** 也就是说，材料给定的基本前提一般不用质疑，我们需要查找的是材料中存在的逻辑错误。举例如下：

据国家统计局数据，2012 年我国劳动年龄人口比 2011 年减少了 345 万，这说明我国劳动力的供应从过剩变成了短缺。【199 管综 2016 年真题】

在这个论证中，论证的前提是"2012 年我国劳动年龄人口比 2011 年减少了 345 万"，这是一个确定的事实，不需要我们质疑。我们需要考虑的是，这个数据的变化情况能不能证明"我国劳动力的供应从过剩变成了短缺"。

3. 选择若干要点，围绕论证中的缺陷或漏洞，分析和评述论证的有效性

在找出的逻辑错误中，我们需要选择 4 ～ 5 个要点进行分析，评述其论证的有效性。如何进行论证有效性分析呢？一般来说，论证有效性分析的写法是"哪里错 + 为什么错 + 怎么改"，即"Where+Why+How"的写作模式。

在考试中撰写论证有效性分析时，我们所分析的逻辑错误并非多多益善。因为管理类与经济类综合能力考试的作文有字数限制，所以我们一般选择 4 ～ 5 个逻辑错误进行详细分析即可。举例来说，上文关于劳动力供应的问题，我们在具体的写作过程中，就可以采取以下反驳策略：

文中通过 2012 年我国劳动年龄人口比 2011 年减少了 345 万的统计数据，得出"我国劳动力的供应从过剩变成了短缺"的结论。(Where) 这显然缺乏逻辑，劳动年龄人口数量下降并不代表劳动力市场缺少劳动力。并且，往年的数据并不能说明目前的情况。(Why) 要想证明劳动力供应不足，还需要有更充分的论据支持。(How)

在进行论证有效性分析的时候，我们可以从哪些角度入手呢？考试大纲中有明确的说法：论证中的概念是否明确，判断是否准确，推理是否严密，论证是否充分，以及有无明显的逻辑错误，论证的论据是否支持结论等。注意，考纲中的"有无明显的逻辑错误，论证的论据是否支持结论等"是对于前面概念、判断、推理、论证的概括总结与补充。我们主要从以下四个要点加以分析：

（1）分析要点一：论证中的概念是否明确。

什么是概念？概念即反映事物本质属性的思维形式。概念具有两个基本特征，即概念的内涵和外延。在论证有效性分析的材料中，我们要特别留意概念的界定和使用是否准确。比如：

> 每年的诺贝尔奖，特别是诺贝尔经济学奖公布后，都会在中国引起很大反响。诺贝尔经济学奖的得主是当之无愧的真正的经济学家。……然而，我们不得不面对的现状是，中国的经济学还远远没有走到经济科学的门口，中国真正意义上的经济学家，最多不超过 5 个。……说"中国真正意义上的经济学家，最多不超过 5 个"，听起来刻薄，但只要去看一看国际上经济学界那些最重要的学术刊物，有多少文章是来自中国国内的经济学家，就会知道这还是比较客观和宽容的一种评价。【199 管综 2007 年 1 月真题】

这段论证存在的主要错误就是虽然作者提及"真正的经济学家"这一概念，但是通读全文，作者并没有准确地界定到底什么样的经济学家是"真正的经济学家"，犯了模糊概念的错误。我们拿到论证有效性分析的材料之后，首先就要判断"概念特别是核心概念的界定和使用是否准确并前后一致"。

（2）分析要点二：判断是否准确。

判断，又称命题，是对思维对象是否存在、是否具有某种属性，以及事物之间是否具有某种关系的肯定或否定，一般分为六种：直言判断、联言判断、选言判断、假言判断、负判断、模态判断。

直言判断：断定事物具有或不具有某种性质的简单判断，也叫性质判断。

联言判断：断定几种事物情况共存的判断。

选言判断：断定在几种可能的情况下，至少有一种情况存在的判断。

假言判断：反映事物之间条件关系的复合判断。

负判断：通过否定某个判断而得出的判断。

模态判断：指一切包含模态词的判断。

论证有效性分析试题的题干中，经常出现各种判断，有的时候，这些判断会因为各种"逻辑错误"而不准确，这是我们对论证的有效性进行分析的又一个要点。比如：

> 在现代社会，企业和劳动者个人都面临着不断变化的市场环境。而变化的环境必然导致机会主义行为。在各行各业，控制机会主义行为的唯一途径，就是在企业内部培养员工对公司的忠诚感。【199 管综 2007 年 10 月真题】

材料认为，变化的环境必然导致机会主义行为。结合实际情况来看，这里存在模态判断的误用。变化的环境只是"可能"导致机会主义行为，而不是"必然"导致机会主义行为，所以这个判断是不准确的，值得进一步分析。

(3) 分析要点三：推理是否严密。

推理，是逻辑学的基本构成，是由一个或几个已知的判断推出一个新的判断的思维形式。例如：所有的偶蹄目动物都是脊椎动物，牛是偶蹄目动物，所以牛是脊椎动物。这段话就是一个推理。其中"所有的偶蹄目动物都是脊椎动物""牛是偶蹄目动物"是两个已知的判断，从这两个判断推出"牛是脊椎动物"这样一个新的判断。

任何一个推理都包含已知判断、新的判断和一定的推理形式。推理所依据的已知判断叫前提，根据前提推出的新的判断叫结论。前提与结论的关系是理由与推论、原因与结果的关系。推理的语言形式为表示因果关系的复句或具有因果关系的句群。人们常用"因为……所以……""由于""因此""由此可见""之所以……是因为……"等关联词来推理。因此，在论证有效性分析中，一旦出现推理，我们就要分析其是否严密。比如：

科学研究的对象是普适的自然规律，因此，科学没有国界，科学的发展不受民族或文化因素的影响。【199 管综 2008 年 1 月真题】

这里得出了一个结论：科学没有国界。但是这一结论是由"科学研究的对象是普适的自然规律"推导出来的，二者显然不具有因果关系。

(4) 分析要点四：论证是否充分。

一个复杂的论证是由一连串相同或者不同的推理构成的，其中的推理过程和形式可能错综复杂。推理和论证之间还是有一个区别：推理并不要求前提为真，假命题之间也完全可以进行合乎逻辑的推理。例如："所有的金子都不是闪光的，所以，所有闪光的东西都不是金子。"但论证要求论据必须真实，以假命题作为论据不能证明任何东西。所以，我们在进行论证有效性分析时，还要注重对整体论证的分析。比如：

现在人们常在谈论大学毕业生就业难的问题，其实大学生的就业并不难。①据国家统计局数据，2012 年我国劳动年龄人口比 2011 年减少了 345 万，这说明②我国劳动力的供应从过剩变成了短缺。③据报道，近年长三角等地区频频出现"用工荒"现象，④2015 年第二季度我国岗位空缺与求职人数的比率约为 1.06，表明⑤劳动力市场需求大于供给。因此，⑥我国的大学毕业生其实是供不应求的。【199 管综 2016 年真题】

我们仔细分析上面这一段论证，会发现其中存在这样的逻辑关系：

①→②

③ + ④→⑤

② + ⑤→⑥

在进行论证有效性分析的过程中，我们只有对一连串推理中各个小的推理分别进行详细的分析，之后再将其放在一起分析整体论证的准确性，才能真正掌握整个材料的核心。比如，上述论证的失误之处在于：

作者认为大学生的就业并不难是依据国家统计局的相关数据的分析结果。但是，仔细分析，这些数据是不能证明"我国的大学毕业生其实是供不应求的"这一论点的。第一，劳动力的供应是过剩还是短缺，要看供给和需求两个方面的变化，不能因为供给减少就断定劳动力的供应短缺；第二，长三角等地区的"用工荒"现象和2015年第二季度岗位空缺与求职人数的比率只反映局部情况，不能推断我国劳动力的整体情况；第三，即使"劳动力供不应求"，也不等于"大学毕业生供不应求"，更何况，文章提供的数据根本不能论证"劳动力供不应求"。

综上，我们从论证的不同组成部分入手，全面地分析了材料中的逻辑错误，削弱了整体论证的结论。

4. 文章要求：分析得当，理由充分

对材料的反驳，要有条理、有依据。在反驳材料的过程中，大家要时刻铭记"言之成理"。也就是说，你反驳的无论是 A 观点还是 B 观点，都一定要注意，反驳要有力度、要有证据，不能信口开河。

5. 文章要求：结构严谨，语言得体

文章一定要有条理性，考生要用清晰的逻辑表达自己的观点，而且文章语言应简明扼要，不能出现极端贬义词。

什么叫逻辑清晰？什么叫语言得体？百闻不如一见，我选了一篇考场优秀范文 ——2015 年管理类综合能力考试论证有效性分析试题的范文 —— 和大家一起分析。

2015 年管理类综合能力考试论证有效性分析试题材料：

有一段时期，我国部分行业出现了生产过剩现象。一些经济学家对此忧心忡忡，建议政府采取措施加以应对，以免造成资源浪费，影响国民经济正常运行。这种建议看似有理，其实未必正确。

首先，我国部分行业出现的生产过剩并不是真正的生产过剩。道理很简单，在市场经济条件下，生产过剩实际上只是一种假象。只要生产企业开拓市场、刺激需求，就能扩大销售，生产过剩马上就会化解。退一步说，即使出现了真正的生产过剩，市场本身也会进行自动调节。

其次，经济运行是一个动态变化的过程，产品的供求不可能达到绝对的平衡状态，因而生产过剩是市场经济的常见现象。既然如此，那么生产过剩也就是经济运行的客观规律。因此，如果让政府采取措施进行干预，那就违背了经济运行的客观规律。

再说，生产过剩总比生产不足好。如果政府的干预使生产过剩变成了生产不足，问题就会更大。因为生产过剩未必会造成浪费，反而可以因此增加物资储备以应对不时之需。如果生产不足，就势必造成供不应求的现象，让人们重新去过缺衣少食的日子，那就会影响社会的和谐与稳定。

总之，我们应该合理定位政府在经济运行中的作用。政府要有所为，有所不为。政府应该管好民生问题。至于生产过剩或生产不足，应该让市场自发调节，政府不必干预。

政府不应干预生产过剩吗？

文／帅老师

材料认为部分专家关于"政府应干预生产过剩"的建议未必正确，并主张应该"让市场自发调节"。这个观点纯属坐井观天，以下将对其错误进行指出并分析。

首先，材料认为我国目前的生产过剩只是假象，只要企业开拓市场、刺激需求，就能扩大销售，生产过剩自然就会化解。如此轻率的论断，怎能得出可靠的结论？第一，生产过剩的现象是客观存在的，怎能称之为"假象"？第二，化解生产过剩，需要政府、企业、消费者等各方面的努力，怎会像文章中所说的药到病除般轻松？

其次，论证中还存在这样的结构：生产过剩是常见现象，所以是客观规律，干预生产过剩就是违背客观规律。这种偷换概念的说法，是难以得出有效结论的。第一，常见现象不等于客观规律；第二，政府干预经济，正是利用经济规律进行宏观调控的一部分。

再次，作者还进一步指出，如果政府干预生产过剩，就会导致生产不足，并比较了二者的影响。这种非黑即白的两极化思维是违背逻辑的。政府无论是干预生产过剩，还是干预生产不足，都是为了达到供求平衡的状态，怎会由一个极端调节到另一个极端呢？

最后，论述者提出了自己的结论：生产过剩或生产不足，应该让市场自发调节，而政府应管好民生问题。这个说法简直匪夷所思，无端地将政府管理和市场调节对立起来。在市场管理过程中，单纯依靠市场调节会因其具有盲目性、自发性、滞后性而导致市场混乱，因此必须将"宏观调控"和"市场调节"结合起来。

综上，作者的观点是偏颇的，论据是片面的，论证是不合逻辑的，其得出的结论必然是不可信的。

我们看到，范文作者用"首先—其次—再次—最后"四个逻辑提示词将整篇作文串联起来，让人感觉条理清晰。而且，全文采用"总—分—总"的模式首尾呼应，结构严谨。文章的语言非常得体，没有极端词汇，言简意赅地表达了作者的观点。

6. 撰写一篇 600 字左右的文章

撰写文章时，空格和标点符号都算在字数之内，所以只要大家撰写到答题纸上标注"600"的地方，就算达到字数要求。

（此处为九行方格稿纸，右侧标注 ▲600 和 ▲700）

● 三、评分标准：阅卷人评分手记

在上一部分中，我们详细讲解了论证有效性分析的考查内容，本部分将对论证有效性分析的评分标准进行详细分析。根据考试大纲，以管理类综合能力考试为例，论证有效性分析的评分标准如下：

内容表达	根据分析评论的内容给分，占 16 分
结构组织	一类卷（12～14 分）：分析论证有力，结构严谨，条理清楚，语言精练流畅
	二类卷（8～11 分）：分析论证较有力，结构较严谨，条理较清楚，语言较通顺，有少量语病
	三类卷（4～7 分）：尚有分析论证，结构不够完整，语言欠连贯，语病较多
	四类卷（0～3 分）：明显偏离题意，内容空洞，条理不清，语句不通
写作细节	每 3 个错别字扣 1 分，重复的不计，至多扣 2 分
	书面不整洁，标点不正确，酌情扣 1～2 分

根据这个评分标准，结合历年考试的实际情况，接下来我们进一步对论证有效性分析的评分标准进行分析。

1. 是否符合题意

是否符合题意是最基础的评分标准，论证有效性分析试题的要求是写出一篇关于评价给定材料有效性的文章，写成读后感、联想式文章等均不符合题意。这是我们最应该注意的，是最简单也是最重要的一点。

2. 反驳是否有力

一篇分析论证有效性的文章要能有力地反驳原材料的错误，这是论证有效性分析的目标。那么，如何衡量其反驳是否有力？应该从以下六个方面入手。

①是否指出了原材料中的逻辑错误？

②是否否定或者有力地质疑了原材料中的错误观点？

③是否指出了材料中概念界定的错误？

④是否分析了论证中存在的逻辑错误？

⑤撰写的文章能否完整评价原材料的论据、论点和论证？

⑥撰写的文章能否质疑原材料的结论？

3. 结构是否严谨

一篇完整的分析论证有效性的文章，一般采用"总 — 分 — 总"的结构，具体来说：

①首先，总体指出原材料是存在缺陷的，是需要进行分析的。

②其次，分 4~5 点论述原材料中最主要的逻辑错误。

③最后，总结全文，评价原材料的论证有效性。

我们撰写的文章，必须由这三部分构成，首尾呼应，前后关联，这样才符合考试的标准。

4. 条理是否清晰

清晰的条理是保证作文论证严谨的关键。我们写文章的时候，要像带兵打仗一样，让每一个词语、每一个句子都出现在恰当的位置，这样才能保证自己的观点可以有条理地表达出来，让阅卷者能够准确地理解我们的思路。

5. 语言是否流畅

流畅的语言可以让阅卷者清晰地把握作文的脉络，带来阅读的快感。我们在写作的时候应该注意，要让全文如行云流水一般，给人一气呵成的感觉。这样作文才能冲刺高分。

6. 是否具有说服力

是否具有说服力涉及两个维度的问题，包括：

①对原文的反驳是否成立，是否具有说服力？

②提出的观点是否成立，是否具有说服力？

说服力，源自清晰的逻辑、缜密的论证、充实的内容，这就需要我们在日常备考时多加训练。

7. 卷面是否整洁

整洁的卷面会让阅卷者心情舒畅，是取得高分的利器，所以我们在书写的过程中，一定要注意卷面的整体布局。一般来说，以下五点有助于我们打造整洁的卷面。

①使用黑色 0.5mm 签字笔答题。

②各个段落均匀分布。

③不使用修正带、涂改液、胶布等工具修改卷面。

④尽量不要使用修改符号。

⑤尽量减少涂抹。

8. 文字、标点符号是否正确

我们在撰写文章时一定要减少错别字，错别字过多可能会干扰阅卷者对文章的理解。此外，标点符号的使用能够考查我们的基本语文能力，十分重要。关于标点符号的具体使用方法，请参见本书附录。

● 四、高分技巧：学习思路与方法

1. 掌握逻辑思维规律，能够按照正确的逻辑规则讨论、分析问题，这是学习论证有效性分析的基础

论证有效性分析考查的就是我们对材料中逻辑错误的查找与分析，所以，我们必须掌握最基本的逻辑规律和规则。这样，我们才能进行正确的思考。一般来说，我们需要掌握的最基础的逻辑规律是同一律、矛盾律、排中律。

同一律是指在同一思维过程中每一思想需与自身保持同一。同一律有两个基本要求：第一，在同一思维过程中需保持概念自身的同一，否则，就会犯"混淆概念"或"偷换概念"的错误；第二，在同一思维过程中需保持论题自身的同一，否则，就会犯"转移论题"或"偷换论题"的错误。也就是说，同一律要求论述在同一思维过程（同一思考、同一表述、同一交谈、同一论辩）中，一旦确定了在什么意义上使用某个概念，就要自始至终在这个唯一确定的意义上使用这个概念；一旦确定了讨论什么论题，就只讨论这个论题，不能偏题、跑题，不能用讨论这个论题的名义来实际讨论其他论题。

矛盾律是指两个互为矛盾关系或互为上反对关系的判断不能同时为真，必有一假。比如

"二班的所有同学都是男生"和"二班的有些同学是女生"互为矛盾关系，二者不能同真；而"二班的所有同学都是男生"和"二班的所有同学都是女生"互为上反对关系，二者也不能同真。矛盾律要求论述者不能对两个互为矛盾关系或互为上反对关系的判断都肯定，必须否定其中一个，否则就会犯"自相矛盾"的错误。

排中律是指两个互为矛盾关系或互为下反对关系的判断不能同时为假，必有一真。比如"二班的所有同学都是男生"和"二班的有些同学是女生"互为矛盾关系，二者不能同假；而"二班的有些同学是男生"和"二班的有些同学是女生"互为下反对关系，二者也不能同假。排中律要求论述者不能对两个互为矛盾关系或互为下反对关系的判断都否定，必须肯定其中一个，否则就会犯"两不可"的错误。

以上这些基本的逻辑规律和规则，是我们进行思考的起点，也是我们在学习论证有效性分析这一题型时需要优先掌握的。

2. 培养和训练自己的批判性思维，准确判断某一论证的有效性，并能够对论证的缺陷进行论证和修改

批判性思维（Critical Thinking）就是通过一定的标准评价思维，进而改善思维，是合理的、反思性的思维，既是思维技能，也是思维倾向。如果说掌握正确的思维规律是为了保证我们思维中"立论"的准确，那么培养和训练自己的批判性思维就是为了保证我们思维中"驳论"能力的提高。而这种"驳论"能力，正是论证有效性分析考查的核心要点。所以，这一点，是我们复习论证有效性分析的重中之重。对于批判性思维的培养和训练，我们可以从以下两个层面入手。

在理论层面，我们要掌握批判性思维的基本内涵、思维方式等内容，在脑海中构建一个完整的批判性思维的理论框架，作为我们进行思考的理论资源。

在实践层面，一方面，我们要结合考研真题、思维训练题等，对自己掌握的理论进行操练和检验；另一方面，我们要将批判性思维运用到自己的日常工作、学习、生活中来，在丰富的日常生活中，逐步锻炼自己的思维，将批判性思维彻底内化为自己的思想武器。

3. 锻炼自己的阅读理解能力，包括概括材料、总结观点、划分结构的能力，对于给定的题干，能够做到"大卸八块""游刃有余"

在考试时，我们需要对论证有效性分析的材料进行深入的解读和分析。具体来说，就是概括和总结给定的材料，知道材料的中心观点是什么、材料的论证结构是怎样的、材料提出了哪些论据、这些论据是否成立、材料最后得出的中心论点是否可信，等等。这些都依赖于我们对材料的深度阅读和理解。这一部分虽然并不会呈现在答题纸上，却是我们能否写好文章的关键。所以，我们也需要在日常的复习过程中锻炼这一部分的能力。

4. 训练自己的写作基本功，力争达到"心平气和"地讲道理的程度，既能够将自己的观点和看法条理清晰地表达出来，又能够有理有据地反驳别人的意见

论证有效性分析这一题型，要求我们在写作过程中有破有立。所谓"破"，就是要对原材料中的缺陷和错误进行反驳；所谓"立"，就是要把自己的反驳意见娓娓道来。在这两个部分，我们一定要做到"心平气和"，用尽可能准确、精练、朴实的语言，表达对原文的反驳和自己的意见。在复习过程中，我们要对这一点加以注意，锻炼我们的语言输出能力。

5. 了解具有争议性的社会热点话题，有助于我们在思考过程中训练写作思维，同时有助于把握命题的来源

整体观察管理类与经济类综合能力考试的论证有效性分析材料就会发现，很多命题材料都来自当年的热点话题，比如"老年人是否应该继续工作？""纸质阅读方式是否会寿终正寝？"等问题。单纯依靠材料提供的信息是不足以做出全面、系统的评价的。所以我们要在日常生活中对这些问题有所了解和思考。

6. 破除迷信，锻炼自己独立思考的能力。在复习过程中，以考纲为方向，以真题为标准，将二者结合起来，训练自己解题的速度和能力

论证有效性分析的评分标准明确强调"言之成理，即可得分"，也就是说，这道题只有"参考分析要点"，并没有所谓的"标准答案"。所谓的"标准答案"，无非是一些故弄玄虚的人编造出来的障眼法。所以，我们一定要擦亮双眼，珍惜自己宝贵的复习时间。俗话说，好钢使在刀刃上。在具体的复习过程中，只要我们吃透考纲和真题，一定能够事半功倍、金榜题名。

当然，每个人的经验、能力、水平不同，复习方法也有差异，这里提供的只是一些宏观的复习方向，具体的方法需要考生结合自己的实际情况私人订制。唯有如此，才能找到最适合自己的学习路径，最大化提高自己的复习效率，在最短的时间内提高自己的成绩。

● 一、何为论证：逻辑思考的全过程

论证是思考过程中必不可少的一部分，它通过逻辑推理，将一些观察、经验、数据等转化为具有说服力的结论。论证由前提、推理过程和结论三个基本要素组成。

前提是论证的起点，它提供了论证所需的背景信息和基本条件。前提可以分为两类：已知前提和假设前提。已知前提是已经确定的事实或数据，而假设前提则是为解决问题而提出的假设或条件。在论证过程中，前提是论证的基础，它为后续的推理提供了依据和支撑。

推理过程是论证的核心，它是指从前提中推导出结论的过程。推理过程可以分为演绎推理和归纳推理两种。演绎推理是通过已知的事实和规则，推导出未知的结论，例如三段论推理；而归纳推理则是通过已知的事实和数据，总结出一般性的规律或结论，例如通过观察一组数据的模式，得出一个可能性结论。在论证过程中，推理过程是连接前提和结论的桥梁，它使得前提和结论之间建立起逻辑关系。

结论是论证的终点，它是通过推理得出的结果或判断。结论可以是肯定的，也可以是否定的。结论有时可能会与实际情况不符，但它是根据已有的前提和推理规则得出的。在论证过程中，结论是最终的输出结果，它不仅是对前提和推理过程的总结，也是对整个论证过程的反馈和验证。

我们先通过一个简单的论证认识论证的这三个要素：

前提：①一班的人今天都去郊游了，王嘉怡却在自习室自习。

②一班所有的同学都有一个独一无二的学号，王嘉怡却没有。

③一班所有的同学身上都有小猪佩奇的文身，王嘉怡却没有。

推理过程：根据前提①，一班的人今天都去郊游了，而王嘉怡在自习室自习，说明她没有参加一班的活动。根据前提②③，一班所有的同学都有一个独一无二的学号，并且他们身上都有小猪佩奇的文身，而王嘉怡没有，这表明她不具备一班学生的特征。

结论：王嘉怡不是一班的人。

上述论证中，需要判断真假的命题是"王嘉怡不是一班的人"，我们列举出三条证据，通过论证分析，可以断定"王嘉怡不是一班的人"这个命题是成立的。接下来，我们再举一个例子，对论证的构成加以介绍和分析。

芹菜可以降低血压，是因为芹菜中饱含丁基苯酞类物质。芹菜中的丁基苯酞类物质具有镇静安神的作用，所以也叫芹菜镇静素。虽然高血压发作的原因有很多，但血管平滑肌紧张造成肾上腺素分泌过旺几乎是所有高血压患者的共性。芹菜镇静素能抑制血管平滑肌紧张，减少肾

上腺素的分泌，从而降低和平稳血压。

在上面这段论证中，需要判断真假的命题是论点 ——"芹菜可以降低血压"。也就是说，这段论证最终的目标就是要确定这个命题的真假。对此，我们采用的论据有三个：第一，芹菜中饱含丁基苯酞类物质；第二，高血压患者普遍存在肾上腺素分泌过旺的情况；第三，丁基苯酞类物质能减少肾上腺素的分泌。

在这段论证中，作者采用的是因果论证的论证方式，可以简要概括如下：第一，丁基苯酞类物质可以抑制肾上腺素的旺盛分泌；第二，芹菜中饱含丁基苯酞类物质。所以，芹菜可以降低血压。

接下来，请你分析一下下列语段中的前提、推理过程、结论，并将答案写在题干下方的横线处。

【例1】据世界卫生组织统计，人群中每个人都携带 5～6 种隐性遗传病的致病基因。随机婚配（非近亲婚配）时，因为夫妇二人无血缘关系，所以相同的基因很少，他们所携带的隐性致病基因不同，因而不易形成隐性致病基因的纯合体（患者）。而近亲结婚时，夫妇二人携带相同的隐性致病基因的可能性很大，这种基因容易在子代相遇，而使后代遗传病的发病率升高。因此，我国规定直系血亲和三代以内的旁系血亲禁止结婚。

（1）前提：_____

（2）推理过程：_____

（3）结论：_____

✏️ 帅老师解析

（1）前提：①人群中每个人都携带 5～6 种隐性遗传病的致病基因。②随机婚配（非近亲婚配）时，因为夫妇二人无血缘关系，所以相同的基因很少，他们所携带的隐性致病基因不同，因而不易形成隐性致病基因的纯合体（患者）。③近亲结婚时，夫妇二人携带相同的隐性致病基因的可能性很大，这种基因容易在子代相遇，而使后代遗传病的发病率升高。

（2）推理过程：材料通过对比随机婚配和近亲结婚的夫妇携带隐性致病基因的情况，推理出近亲结婚会增加后代遗传病发病率的风险。

（3）结论：我国规定直系血亲和三代以内的旁系血亲禁止结婚。

【例2】长期饮酒，特别是饮烈性酒可引起血压升高。随着饮酒量的增多，高血压的发病率也相应升高。饮酒可使原本有高血压的病人发生脑部出血性中风，且多数病情较重，急性期死亡率极高。长期大量饮酒也会使缺血性中风的危险性增加 20%～30%，因为饮酒不仅会使血压升高，也会使血液黏度增加、红细胞柔韧性降低、血小板聚集性增加，从而易形成血栓。饮酒还会影响脑循环自动调节，导致脑血流量降低，血流缓慢，这进一步增加了血栓形成的风险，可能导致脑梗死。此外，饮酒还会影响心脏健康，增加心脏负担，加重心肌缺血，诱发心肌梗死、心律失常，并由此出现脑血栓。所以，为了健康起见，我们应该适当饮酒。

(1) 前提：＿＿＿＿＿＿＿＿＿＿＿＿＿＿＿＿＿＿＿＿＿＿＿＿＿＿

(2) 推理过程：＿＿＿＿＿＿＿＿＿＿＿＿＿＿＿＿＿＿＿＿＿＿＿＿

(3) 结论：＿＿＿＿＿＿＿＿＿＿＿＿＿＿＿＿＿＿＿＿＿＿＿＿＿＿

✏️ **帅老师解析**

(1) 前提：长期饮酒，特别是饮烈性酒可引起血压升高。高血压发病率随饮酒量的增多而升高。饮酒可使原本有高血压的病人发生脑部出血性中风，且多数病情较重，急性期死亡率极高。长期大量饮酒会增加缺血性中风的危险性，因为饮酒会导致血压升高、血液黏度增加、红细胞柔韧性降低、血小板聚集性增加，易形成血栓。饮酒影响脑循环自动调节，导致脑血流量降低，血流缓慢，易形成血栓，导致脑梗死。饮酒影响心脏健康，增加心脏负担，加重心肌缺血，诱发心肌梗死、心律失常，并由此出现脑血栓。

(2) 推理过程：材料通过列举长期饮酒特别是饮烈性酒的各种负面影响，如血压升高、中风发病率增加（包括出血性中风和缺血性中风）、形成血栓、脑血流量降低、心脏受损等，来论证饮酒对健康的危害。这些负面影响共同指向一个结论，即长期大量饮酒对健康有害。最后，材料提出"适当饮酒"的建议，呼吁人们平衡饮酒带来的乐趣和潜在的健康风险。

(3) 结论：为了健康起见，我们应该适当饮酒。

【例3】"一天一苹果，医生远离我"是人们熟知的健康口号。这个口号的正确性被以下事实证明：苹果含有丰富的糖类、有机酸、纤维素、维生素、矿物质、多酚及黄酮类物质，被科学家称为"全方位的健康水果"。日本弘前大学的研究证实，苹果中的多酚能够抑制癌细胞增殖。而芬兰的一项研究更令人振奋：苹果中含有的黄酮类物质是一种高效抗氧化剂，它不仅是最好的血管清理剂，而且是癌症的克星。如果人们多吃苹果，那么他们患肺癌的概率能降低46%，得其他癌症的概率也能降低20%。法国国家健康与医学研究所的最新研究还告诉我们，苹果中的原花青素能预防结肠癌。

(1) 前提：＿＿＿＿＿＿＿＿＿＿＿＿＿＿＿＿＿＿＿＿＿＿＿＿＿＿

(2) 推理过程：＿＿＿＿＿＿＿＿＿＿＿＿＿＿＿＿＿＿＿＿＿＿＿＿

(3) 结论：＿＿＿＿＿＿＿＿＿＿＿＿＿＿＿＿＿＿＿＿＿＿＿＿＿＿

✏️ **帅老师解析**

(1) 前提："一天一苹果，医生远离我"是人们熟知的健康口号。苹果含有多酚等丰富的营养成分。且科学研究证实多酚能抑制癌细胞增殖，黄酮类物质作为高效抗氧化剂，是最好的血管清理剂、癌症的克星，而原花青素能预防结肠癌。

(2) 推理过程：苹果中的多酚能抑制癌细胞，黄酮类物质是高效抗氧化剂并有助于抗癌，原花青素能预防结肠癌，这些科学研究结果支持了苹果对健康有益处，特别是能降低患癌风险的观点。

(3) 结论："一天一苹果，医生远离我"这个口号正确，因为苹果中的有益成分能显著降低人们的患癌概率，对人们保持健康有积极作用。

● 二、何为论证有效性分析：是否必然成立？

何为论证有效性分析？这是一个非常基础而又特别重要的问题。我们先来看看西方逻辑学界关于这一问题比较通行的定义：

当一个论证的结论必然地遵循其前提而发生时，即称此论证具有有效性。所谓论证有效性分析，就是分析"某一论证的前提是否必然推出结论"。如果能够必然推出，则该论证具有有效性；如果不能必然推出，则该论证不具有有效性。（Validity means that when the conclusion of an argument necessarily follows its premise, it is called effective. The analysis of the validity of an argument is the process of analyzing whether an argument is effective or not.）

为了方便大家更好地理解，我们选择 2020 年管理类综合能力考试真题，为大家详细介绍一下论证有效性分析的内容。

分析下述论证中存在的缺陷和漏洞，选择若干要点，写一篇 600 字左右的文章，对该论证的有效性进行分析和评论。（论证有效性分析的一般要点是：概念特别是核心概念的界定和使用是否准确并前后一致，有无各种明显的逻辑错误，论证的论据是否成立并支持结论，结论成立的条件是否充分，等等。）

北京将联手张家口共同举办 2022 年冬季奥运会。中国南方的一家公司决定在本地投资设立一家商业性的冰雪运动中心。这家公司认为，该中心一旦投入运营，将获得可观的经济效益。这是因为：

北京与张家口共同举办冬奥会，必然会在中国掀起一股冰雪运动热潮。中国南方许多人从未有过冰雪运动的经历，会出于好奇心而投身于冰雪运动。这正是一个千载难逢的绝好商机，不能轻易错过。

而且，冰雪运动与广场舞、跑步等不一样，需要一定的运动用品，例如冰鞋、滑雪板与运动服装等等。这些运动用品价格不菲而具有较高的商业利润。如果在开展商业性冰雪运动的同时也经营冬季运动用品，则公司可以获得更多的利润。

另外，目前中国网络购物已经成为人们的生活习惯，但相对于网络商业，人们更青睐直接体验式的商业模态，而商业性冰雪运动正是直接体验式的商业模态，无疑具有光明的前景。

那么，如何进行论证有效性分析呢？传统的方法分为以下三个步骤：首先，熟悉材料的论证结构；其次，分析材料论据与论证的有效性，形成思路；最后，撰写文章。接下来，帅老师将对这种方法进行介绍。

1. 熟悉材料的论证结构

通过阅读上述材料，我们可以知道，该材料的核心观点是"在南方投资设立一家商业性的冰雪运动中心，将获得可观的经济效益"，为了证明这一点，作者主要进行了以下论述。

分论点	具体论述
目前，投资设立一家商业性的冰雪运动中心是个千载难逢的绝好商机	北京与张家口共同举办冬奥会，必然会在中国掀起一股冰雪运动热潮。中国南方许多人从未有过冰雪运动的经历，会出于好奇心而投身于冰雪运动。这正是一个千载难逢的绝好商机，不能轻易错过
开展商业性冰雪运动的同时也经营冬季运动用品，则公司可以获得更多的利润	冰雪运动与广场舞、跑步等不一样，需要一定的运动用品，例如冰鞋、滑雪板与运动服装等等。这些运动用品价格不菲而具有较高的商业利润。如果在开展商业性冰雪运动的同时也经营冬季运动用品，则公司可以获得更多的利润
商业性冰雪运动具有光明的前景	人们更青睐直接体验式的商业模态，而商业性冰雪运动正是直接体验式的商业模态，无疑具有光明的前景

2. 分析材料所提供的论据是否准确、是否能够支持论点。我们需要仔细地分析材料的论点、论据、论证过程，思考论证过程中是否存在逻辑上的不严密之处

接下来，我们对该文章的每一个分论点加以分析，看一下其中的逻辑错误在哪里。

①首先，冰雪运动是专业性非常高的运动，受地域因素影响很大，能否在南方掀起冰雪运动热潮？这是不一定的。因此，整个计划都有无效类比的嫌疑。

②"北京与张家口共同举办冬奥会，必然会在中国掀起一股冰雪运动热潮。"这个说法固然有一定的合理之处，但是"必然"一词过于绝对，值得进一步分析。

③"中国南方许多人从未有过冰雪运动的经历，会出于好奇心而投身于冰雪运动。"这里明显存在着强加因果的逻辑错误，好奇心真的能推动南方人投身于冰雪运动吗？结合实际情况来看，未必如此。

④"如果在开展商业性冰雪运动的同时也经营冬季运动用品，则公司可以获得更多的利润。"这是建立在"南方人会来这个商业性的冰雪运动中心滑雪"的假设之上的，但是这个假设是否成立还有待进一步商榷。

⑤"目前中国网络购物已经成为人们的生活习惯，但相对于网络商业，人们更青睐直接体验式的商业模态。"这个推论只是作者自己的观点，缺乏事实的支撑，众所周知，网络商业和直接体验式的商业模态孰优孰劣是一个不确定的问题。

⑥退一万步说，即使直接体验式的商业模态更受消费者青睐，商业性冰雪运动就一定具有光明的前景吗？这里显然有偷换概念的嫌疑。

其他逻辑错误，言之成理，即可得分。

材料字数较少，所以大家要从逻辑和事实两个角度仔细分析每一句话。另外，还应该注意，材料是一个具体的商业案例，考生在分析过程中也应该结合社会现实进行反驳，以提高文章的说服力。

3. 在前两步的基础之上撰写文章。文章撰写必须符合考纲的要求，要有条理、中规中矩地表达自己的观点。要注意的是，鉴于写作篇幅有限，在进行论证有效性分析时，不需要面面俱到，只要选择重点错误进行分析即可

以下是一篇例文，供大家参考：

<h2 style="text-align:center">草率的商业计划</h2>

文／帅老师

给定材料中，该公司从理论推演与实践分析两个角度得出了"应该在南方设立商业性的冰雪运动中心"的结论。这一提议，看起来独辟蹊径，实则是标新立异，并不符合实际，现将其错误之处分析如下。

首先，材料在开篇之处就先入为主地认为"北京和张家口举办冬奥会必然会在中国掀起冰雪运动热潮"，所以，在南方设立商业性的冰雪运动中心会获得良好效益。这明显是违背事实的，有无效类比的嫌疑。事实上，冰雪运动受地域因素影响很大，在南方贸然开展这一项目很可能会事与愿违。

其次，材料指出：南方许多人从未有过冰雪运动的经历，会出于好奇心而投身于冰雪运动。并在此基础上推出，此时是从事商业投资的绝佳时机。这样的说法也是违背经济发展规律的，有强加因果的嫌疑。南方人对冰雪运动的热情究竟如何？这是需要进一步调研的。该公司只是凭借一个臆想，就草率地认为这一投资是天赐良机，这也是缺乏合理性的。

再次，该公司还特别强调了冰雪运动与其他运动的不同之处，并且以此为证据认为：在开展商业性冰雪运动的同时经营冬季运动用品也可以提高公司利润。这一观点也是极其片面的简单化思维，完全忽略了在南方开展这些商业活动所面临的经济基础、消费习惯、市场变化等问题。

最后，该公司认为：相对于网络商业，人们更青睐直接体验式的商业模态，而商业性冰雪运动正是直接体验式的商业模态，具有光明前景。这也是坐井观天式的结论。其关于消费者对于商业模式认同的判断是不准确的，所以，在此基础上推断冰雪运动具有光明前景，也就难以成立。

综上所述，材料提供的证据均无法支持其结论的成立。关于是否要在南方设立这样一个商业性的冰雪运动中心，还应该从长计议。

本文对材料的反驳是从两个角度展开的：一是逻辑角度，具体指出材料中不符合逻辑推理规则的地方，这是全文的基础；二是事实角度，结合经济、社会的实际情况，指出"在南方建立商业性的冰雪运动中心"的不合理之处。本文将二者结合起来，就彻底削弱了材料的核心观点。这种写作思路在论证有效性分析的写作中是非常难得的，值得我们学习和借鉴。

第三讲 ||| 论证有效性分析的解题步骤

工欲善其事，必先利其器。想要取得好成绩，必须掌握正确的方法，本讲以 2018 年管理类综合能力考试真题为例，为大家详细介绍论证有效性分析的解题思路与方法。

分析下述论证中存在的缺陷和漏洞，选择若干要点，写一篇 600 字左右的文章，对该论证的有效性进行分析和评论。（论证有效性分析的一般要点是：概念特别是核心概念的界定和使用是否准确并前后一致，有无各种明显的逻辑错误，论证的论据是否成立并支持结论，结论成立的条件是否充分，等等。）

哈佛大学教授本杰明·史华慈（Benjamin I. Schwartz）在二十世纪末指出，开始席卷一切的物质主义潮流将极大地冲击人类社会固有的价值观念，造成人类精神世界的空虚。这一论点值得商榷。

首先，按照唯物主义物质决定精神的基本原理，精神是物质在人类头脑中的反映。因此，物质丰富只会充实精神世界，物质主义潮流不可能造成人类精神世界的空虚。

其次，后物质主义理论认为：个人基本的物质生活一旦得到满足，就会把注意点转移到非物质方面。物质生活丰裕的人，往往会更注重精神生活，追求社会公平、个人尊严等等。

还有，最近一项对某高校大学生的抽样调查表明，有 69% 的人认为物质生活丰富可以丰富人的精神生活，有 22% 的人认为物质生活和精神生活没有什么关系，只有 9% 的人认为物质生活丰富反而会降低人的精神追求。

总之，物质决定精神，社会物质生活水平的提高会促进人类精神世界的发展。担心物质生活的丰富会冲击人类的精神世界，只是杞人忧天罢了。

我们拿到题目之后，一定要按照正确的思维方式进行解析，不要盲目地进行分析。论证有效性分析的基本解题思路如下。

● 一、确定中心论点：擒贼先擒王

在阅读材料的过程中，我们首先要确定的是材料的中心论点，也就是材料想要论述的核心问题。

一般来说，结论提出之前都会有明确的提示词，如"总而言之""综上所述""所以""由此可知""由此可得"等。牢记这些提示词，有助于我们准确掌握文章的中心。比如，2018 年管理类综合能力考试真题的最后一段：

总之，物质决定精神，社会物质生活水平的提高会促进人类精神世界的发展。担心物质生活的丰富会冲击人类的精神世界，只是杞人忧天罢了。

文章的最后，用"总之"一词引出了文章的中心论点——担心物质生活的丰富会冲击人类的精神世界，只是杞人忧天罢了。

● 二、划分论证结构：解剖麻雀

确定完文章的中心论点之后，我们就要划分材料的论证结构，即文章是从哪些方面来论证这一中心论点的。以2018年管理类综合能力考试真题为例，作者为了论证"担心物质生活的丰富会冲击人类的精神世界，只是杞人忧天罢了"这一观点，从以下三个方面展开了论述：

①按照唯物主义物质决定精神的基本原理，精神是物质在人类头脑中的反映。因此，物质丰富只会充实精神世界，物质主义潮流不可能造成人类精神世界的空虚。

②后物质主义理论认为：个人基本的物质生活一旦得到满足，就会把注意点转移到非物质方面。物质生活丰裕的人，往往会更注重精神生活，追求社会公平、个人尊严等等。

③最近一项对某高校大学生的抽样调查表明，有69%的人认为物质生活丰富可以丰富人的精神生活，有22%的人认为物质生活和精神生活没有什么关系，只有9%的人认为物质生活丰富反而会降低人的精神追求。

文章的论证结构可以概括为"① + ② + ③→结论"，而且①②③这三个论据是平行的。

● 三、分析论据可信度：从质疑到否定

划分完论证结构，我们下一步要做的工作就是分析论据的可信度。所谓"可信度"有两层含义：

◆ 论据本身是否成立；

◆ 论据能否支持给定材料的中心论点。

接下来，我们结合具体的真题，对论据的可信度进行分析。为了学习的统一性，我们仍然以2018年管理类综合能力考试真题为例，对这道真题提供的论据分别加以分析：

首先，按照唯物主义物质决定精神的基本原理，精神是物质在人类头脑中的反映。因此，物质丰富只会充实精神世界，物质主义潮流不可能造成人类精神世界的空虚。

这个论据本身也是一个论证过程，但是，这个论据的论证过程是不正确的。文中从"唯物主义物质决定精神的基本原理"出发，认为"物质丰富只会充实精神世界，物质主义潮流不可能造成人类精神世界的空虚"，这显然没有准确理解唯物主义的基本观点，有偷换概念的嫌疑。

"物质决定精神"是哲学上关于何为第一性的问题，"物质丰富只会充实精神世界"是现实生活中价值观的取向问题，将二者混为一谈，必然不能得出正确结论。

其次，后物质主义理论认为：个人基本的物质生活一旦得到满足，就会把注意点转移到非物质方面。物质生活丰裕的人，往往会更注重精神生活，追求社会公平、个人尊严等等。

作者以后物质主义理论来证明"物质生活丰裕的人，往往会更注重精神生活"，这个结论也是很难站得住脚的，有以偏概全的嫌疑。第一，后物质主义理论的观点不是客观事实，未必符合实际情况；第二，有一些物质生活丰裕的人并不注重精神生活；第三，注重精神生活也不等于追求社会公平和个人尊严。

通过以上分析，我们可以知道，这两个论据本身就存在问题，这样的论据是无法支持文章的结论的。

四、评价论证方法：抽丝剥茧

所谓论证，就是使用论据证明论点的过程。论证是否严密，是关系到论点能否成立的重要一环，所以，除了论据，我们还要评估论证方法是否准确，是否存在各种逻辑错误。以2018年管理类综合能力考试真题为例：

还有，最近一项对某高校大学生的抽样调查表明，有69%的人认为物质生活丰富可以丰富人的精神生活，有22%的人认为物质生活和精神生活没有什么关系，只有9%的人认为物质生活丰富反而会降低人的精神追求。

虽然上文的论据正确，但论证过程很明显存在以偏概全的问题，这样得出的结论也必然是不可信的。

五、验证结论是否成立：真相只有一个

论证的最终目的就是确认论点的真假。因此，评价论证的目的自然是评价论点的真假。在论证有效性分析的最后一步，我们需要做的就是检验材料提供的观点是否成立。比如，其论据有错误、论证有缺陷，得出的结果必然不可信。所以，以上述材料为例，最后我们要评价材料观点：

综上所述，作者提出的论据均不足以支持其否定本杰明·史华慈教授的结论。这篇"翻案文章"是不可靠的。

第四讲 ||| 论证中常见的逻辑缺陷

论证有效性分析最重要的环节是找材料中的逻辑缺陷，那么，材料中可能有哪些逻辑缺陷？如何查找和识别这些逻辑缺陷？如何对这些逻辑缺陷进行分析呢？本讲将根据历年真题，深入探讨各类逻辑缺陷的具体表现和识别逻辑缺陷的方法，以及如何进行细致入微的分析。通过本讲的学习，读者将能够更加熟练地运用批判性思维工具，有效提升论证分析与评价的能力。

一、论证中逻辑缺陷的类型

真题题干中会有这样一段答题提示 ——"论证有效性分析的一般要点是：概念特别是核心概念的界定和使用是否准确并前后一致，有无各种明显的逻辑错误，论证的论据是否成立并支持结论，结论成立的条件是否充分，等等。"据此可知，论证有效性分析的错误主要有三大类 —— 概念类、推理类和论据类。接下来，帅老师分别选择典型案例加以介绍：

1. 概念类错误

我们先以"白马非马"为例来看概念类错误。白马非马是一个著名的逻辑问题，出自《公孙龙子·白马论》，其内容概述如下：

战国时一城有令：马匹不得出城。有一天，赵国平原君的食客公孙龙带着一匹白马正要出城。守门的士兵对他说：马匹一概不得出城。

公孙龙说：白马并不是马。因为白马有两个特征，一是白色的，二是具有马的外形，但马只有一个特征，即具有马的外形。具有两个特征的白马怎会是只具有一个特征的马呢？所以白马根本就不是马。

很显然，公孙龙在论辩中巧妙地利用了语言中概念层次的复杂性，混淆了个别与一般、特殊与普遍的逻辑界限。他通过强调白马作为特殊个体（白色且具有马形）与马这一普遍概念（仅具有马形）之间的差异，从而得出白马非马的结论。这一论断忽视了概念之间的内在联系和层级结构，即特殊概念（如白马）是包含在普遍概念（如马）之中的，它们之间并非相互排斥，而是构成了一种包含与被包含的关系。

公孙龙将"白马"这一具体实例从"马"的广泛定义中割裂出来，试图证明特殊可以独立于普遍之外，这是一种对概念本质理解的偏差。在逻辑学中，普遍概念是对一类事物共同特征的抽象概括，而特殊概念则是对具体事物的描述，二者相辅相成，共同构成了我们对世界的认知框架。公孙龙的错误在于，他试图通过强调特殊性来否定普遍性的存在，这违背了逻辑的基本原则。

此类混淆概念的错误，在论证有效性分析真题中屡见不鲜。考生需要警惕那些看似合理，实则偷换概念、混淆视听的论证方式。例如，将某个具体案例的错误归结于整个类别，或者将个别现象当作普遍规律来推广，都是概念界定不清的表现。正确的做法是，明确核心概念的定义，确保在论证过程中始终保持概念的一致性和准确性，避免由于概念模糊或概念偷换而导致的逻辑谬误。

2. 推理类错误

再来看推理类错误，我们来看这样一个"科学实验"：

抓一只健康的青蛙，将其放到桌子上，对它大吼一声。青蛙受到惊吓，就会跳走。将这只青蛙抓回来，并将它的四条腿剪断。之后再对着它大吼，发现青蛙一动也不动。这个实验可以说明——青蛙的耳朵长在腿上。

我们来看这个略显荒诞的实验，其结论显然是基于错误的逻辑推理得出的。实验者观察到，青蛙四肢健全时，对其大吼会导致青蛙跳走；而在剪断青蛙的四条腿后，再对其大吼，青蛙则一动不动。于是，实验者得出了"青蛙的耳朵长在腿上"这一荒谬结论。

然而，我们稍加分析便不难发现，这一推理过程存在严重的逻辑错误。第二次实验中青蛙之所以没有动，并非因为它听不见声音，而是因为它失去了跳跃的能力。实验者错误地将青蛙不动的原因归咎于听觉的丧失，而忽略了青蛙四肢被剪断这一关键因素。这种将两个不相关的事件强行建立因果关系的做法，就是典型的"后此谬误"（Post Hoc Fallacy），即仅仅因为一个事件发生在另一个事件之后，便错误地认为前一个事件就是后一个事件的原因。

在考研中，推理类错误并不罕见。考生需要警惕那些看似合理，实则存在逻辑漏洞的论证。为了避免漏掉这类错误，考生应当学会运用批判性思维，对论证过程进行细致的分析和评估。具体来说，考生要关注论证中的因果关系是否成立，是否存在其他可能的解释或干扰因素，以及结论是否过于草率或片面。

3. 论据类错误

再来看论据类错误，我们先来看一则广告：

X78C 手工酸奶，真正的酸奶，纯正的酸奶！

纯手工制作，没有任何食品添加剂，最新鲜、最原始的味道！

0 脂肪，0 蔗糖，0 蛋白质，0 脂肪酸，0 卡路里，0 碳水化合物！

无负担，放心吃，健康绿色的好酸奶！你值得拥有！

稍有常识的人都可以看出，这则广告中的论证几乎达到了"荒唐"的程度。广告宣称X78C 手工酸奶具备"0 脂肪，0 蔗糖，0 蛋白质，0 脂肪酸，0 卡路里，0 碳水化合物"的特性，这样的声明与营养学和食品科学的基本规律相违背。因为从食品的基本构成来看，酸奶作为乳制品，本身就含有一定的脂肪、蛋白质和碳水化合物，即使是低脂或无糖的酸奶，也不可能完全去除这些成分，更不用说同时做到"0脂肪，0蛋白质，0碳水化合物"了。

更进一步地说，蛋白质是酸奶的主要成分之一，它在维持人体健康、促进肌肉生长和修复方面具有不可替代的作用。而脂肪酸，尤其是某些必需脂肪酸，是人体无法自行合成，必须通过食物摄取的。因此，这款声称"0蛋白质，0脂肪酸"的酸奶，从营养学上来看是没有价值的，甚至可能对人体健康产生负面影响。

前面分析指出，酸奶作为乳制品，本身含有一定的脂肪、蛋白质和碳水化合物，而卡路里（热量）的产生是由于食物中的碳水化合物、脂肪、蛋白质等在人体内代谢过程中释放能量，所以酸奶不会是"0卡路里"的。

综上所述，广告中提供的论据——"0脂肪，0蔗糖，0蛋白质，0脂肪酸，0卡路里，0碳水化合物"——完全是虚假的。这样的论据无法支持广告中"X78C手工酸奶无负担、健康、绿色"这个论点，因此，这个论点是完全不可能成立的。

4. 三类错误的交叉

在论证有效性分析中，三类错误——概念类、推理类和论据类错误往往不是孤立存在的，而是相互交叉的。下面我们将通过一个综合案例来说明这一点。

神奇减肥茶，让你轻松瘦身，无须节食，无须运动！本产品采用纯天然草本配方，无任何副作用，喝了就能瘦，一周减重十斤不是梦！

概念类错误：广告中的"纯天然草本配方"和"无任何副作用"是两个模糊且可能误导人的概念。首先，"纯天然"并不意味着"安全无害"，因为某些天然成分也可能对人体产生不良影响。其次，"无任何副作用"是一个绝对化的表述，任何药物或保健品都难以做到完全没有副作用。这里的概念混淆和夸大其词，构成概念类错误。

推理类错误：广告中声称"喝了就能瘦，一周减重十斤不是梦"，这是一个典型的过度推断。并不能由产品含有某些草本成分，直接推断出喝了这种产品就能达到如此显著的减肥效果。此外，减肥效果受多种因素影响，如个人体质、饮食习惯、运动量等，广告中忽略了这些因素，仅将减肥效果与产品相关联，构成了推理类错误。

论据类错误：广告中的论据（产品的草本配方和"无任何副作用"）本身存在缺陷（喝了就能轻松瘦身）。实际上，减肥是一个复杂的过程，需要综合考虑饮食、运动、生活习惯等多个方面。广告中缺乏对这些方面的讨论和证据支持，仅凭产品本身的宣传来推断减肥效果，构成了论据类错误。此外，广告中的"一周减重十斤"这一说法也缺乏科学依据和临床验证，进一步削弱了其论证的有效性。

在这个综合案例中，我们可以看到概念类、推理类和论据类错误是如何相互交叉的。广告中的概念混淆和夸大其词为推理类和论据类错误提供了土壤；而推理类和论据类错误则进一步加剧了广告的不实宣传和误导性。因此，在进行论证有效性分析时，我们需要全面考虑各类错误的可能性，并运用批判性思维对论证过程进行细致的分析和评估。

● 二、概念类逻辑缺陷高频考点

什么是概念？概念亦即反映事物的本质属性的思维形式。概念具有两个基本特征，即概念的内涵和外延。

在论证有效性分析题目的材料中，我们要特别留意概念的界定和使用是否准确。根据历年真题，论证中概念界定和使用经常存在以下几种错误。

1. 模糊概念

模糊概念的本质就是对材料中提出的名词缺乏必要的界定，造成概念指代不清，意义含混不清。这种错误在考试中也经常出现，比如：

【例1】每年的诺贝尔奖，特别是诺贝尔经济学奖公布后，都会在中国引起很大反响。诺贝尔经济学奖的得主是当之无愧的真正的经济学家。……然而，我们不得不面对的现状是，中国的经济学还远远没有走到经济科学的门口，中国真正意义上的经济学家，最多不超过5个。……说"中国真正意义上的经济学家，最多不超过5个"，听起来刻薄，但只要去看一看国际上经济学界那些最重要的学术刊物，有多少文章是来自中国国内的经济学家，就会知道这还是比较客观和宽容的一种评价。【199管综2007年1月真题】

✏️**帅老师解析论证** 这段论证存在的主要错误是作者虽然提出了"真正的经济学家"这个概念，但是通观全文，作者并没有准确地界定到底什么样的经济学家是"真正的经济学家"，概念含混不清。

✏️**帅老师反驳示例** 文中不断强调"真正的经济学家"这一概念，然而作者始终未能对这一概念的具体内涵与外延进行明确而科学的界定，使得"真正的经济学家"的概念模糊不清，缺乏统一的判断标准。这样的论证方式不仅难以令人信服，也削弱了文章的整体逻辑性和说服力。

2. 混淆概念

混淆概念的本质是指一个词具有几种不同的含义，但是在论证过程中，论述者把这些不同的含义混淆在一起，造成语义模糊。这类错误在真题材料中也经常出现，比如：

【例2】甲：西医自然有长于中医的地方，但中医也有长于西医之处。中医体现了对人体完整系统的把握，强调整体观念、系统思维，这是西医所欠缺的。

乙：我去医院看西医，人家用现代科技手段从头到脚给我检查一遍，怎么没有整体观念、系统思维呢？【199管综2008年1月真题】

帅老师解析论证 这段论证存在的主要问题在于甲和乙在讨论过程中，没有站在同一个角度解释"整体观念、系统思维"。

帅老师反驳示例 材料中提及的"整体观念、系统思维"概念，甲在使用时指的是中医对人体完整系统的把握，强调宏观调理；而乙在反驳时，将其理解为全身检查，两者含义截然不同。乙将两者混为一谈，所得结论自然难以成立。

【例3】常言道："十年树木，百年树人。"这说明培养人才需要相当长的时间。即使不需要一百年，现在把一个人从小学培养到大学毕业，至少也要十五六年。【199管综2024年真题】

帅老师解析论证 这段话中的概念混淆问题体现在将"百年树人"的寓意从原本强调培养人才的难度大、过程复杂，混淆成指培养人才的时间长。原句"十年树木，百年树人"意在强调教育的艰巨与长期性，涵盖了教育的全面性和深度，并非单指时间跨度。

帅老师反驳示例 材料中引用的"十年树木，百年树人"，本意在于强调教育过程的复杂性和艰巨性，而不仅是指培养人才耗时长久。然而，该论述却将这一深刻寓意简化为仅仅指培养人才的时间长度，即从小学至大学毕业所需的十五六年。这种混淆概念的做法忽视了"百年树人"所强调的教育质量与深度，以及培养全面发展的人才所需的努力。

【例4】常言道："好马不吃回头草。"人们说这句话的时候，往往不是指马而言，而是用来比喻人事。在我们看来，好马完全可以吃回头草。

例如，一般人认为夫妻离异了就应该分道扬镳，但分手的他或她根本没有想到，言归于好、破镜重圆也可能是一个不错的选择，为什么一定要纠结于"好马不吃回头草"而义无反顾地背道而驰呢？【396经综2024年真题】

帅老师解析论证 该论证混淆了"好马不吃回头草"这一成语的原始含义与比喻意义。这句话的原始含义确实关乎马匹习性，但其在广泛流传中已演化为一种人生态度或行为准则。论述者试图将两者等同，用实际生活中"好马"可能吃"回头草"的现象，来反驳用于比喻的"好马不吃回头草"，属于典型的混淆概念的错误。

帅老师反驳示例 材料混淆了"好马不吃回头草"的原始含义与比喻意义。此句意在鼓励人们勇往前行，不轻易回头。夫妻离异后选择复合，虽类似于"吃回头草"，却非该句本意。将两者相提并论，是对此句内涵的曲解。因此，原文论证逻辑有误，混淆了不同语境下的概念。

3. 偷换概念

根据概念的范围，概念之间的关系有五种：全异、交叉、种属、属种、全同。若在论证中，把不是全同的概念当成全同来对待，就犯了偷换概念的错误。偷换概念的错误往往有以下几种情况：

（1）两个概念是交叉的关系，论述者却将二者当成全同概念来使用，比如下面这道真题：

【例5】有人提出，应当把"孝"作为选拔官员的一项标准，理由是，一个没有孝心、连自己父母都不孝顺的人，怎么能忠诚地为国家和社会尽职尽责呢？我不赞同这种观点。现在已经是21世纪了，我们的思想意识怎么能停留在封建时代呢？【199管综2008年10月真题】

帅老师解析论证 我们知道，"孝"和"封建时代的思想观念"应该是交叉的关系，也就是说，提倡孝不等于思想意识停留在封建时代。

帅老师反驳示例 该论述中将"孝"与"封建时代的思想观念"两个本为交叉关系的概念错误地视为全同概念。提倡"孝"作为选拔官员的标准，并不等同于全面接受封建时代的所有思想观念或思想意识停留在封建时代。将两者混同，不仅忽略了"孝"作为传统美德跨越时代的普遍价值，也未能准确认识不同历史背景下思想观念的多样性与复杂性。

（2）两个概念是全异的关系，论述者却将二者当成全同概念来使用，比如下面这道真题：

【例6】甲："科学无国界"是一个广为流传的谬误。如果科学真的无国界，为什么外国制药公司会诉讼中国企业侵犯其知识产权呢？【199管综2008年1月真题】

帅老师解析论证 国界和知识产权是两种完全不同的概念，科学无国界，不等于科学没有知识产权。

帅老师反驳示例 甲的观点存在明显的偷换概念的错误。他错误地将"科学无国界"这一理念与"科学没有知识产权"等同，而实际上这两者是全异的概念。科学无国界，意味着科学知识具有普遍性和共享性，它不受地域限制；而知识产权则是保护创新成果的一种法律机制，确保创作者的权益得到尊重。外国制药公司诉讼中国企业侵犯其知识产权，是基于对知识产权的保护，而非对"科学无国界"的否定。

（3）两个概念本来是属种关系，论述者却将二者当成全同概念来使用，比如下面这道真题：

【例7】有人在判断当前某一股价的高低时，不注重股票的历史表现，而只注重股票今后的走势，这是一种危险的行为。因为股票的历史表现是一种客观事实，客观事实具有无可争辩的确定性；股票的今后走势只是一种主观预测，主观预测具有极大的不确定性。我们怎么可以只凭主观预测而不顾客观事实呢？【199管综2011年1月真题】

帅老师解析论证 前文说明股票的历史表现是一种客观事实，而股票的今后走势是一种主观预测。但我们注重今后走势，不能推出我们只凭主观预测，我们不看历史表现也不能推出我们不顾客观事实。

帅老师反驳示例 该论述在逻辑上犯了将属种关系混淆为全同关系的错误。具体来说，它将"股票的历史表现"视为客观事实的全部，同时将"股票的今后走势"等同于主观预测的全部，进而错误地构建了两者之间的对立关系。事实上，"股票的今后走势"虽包含主观预测的成分，却也不应被简化为纯粹的主观臆断。

4. 非黑即白

全异概念还可以细分为两种关系，即矛盾关系与反对关系。矛盾关系是指两个词在意义和立场上完全相反和对立的关系，是指对立的两种情况，此时没有第三种情况存在，非此即彼，非彼即此。比如"生"和"死"，不是"生"就一定是"死"。反对关系是指在对立的两种情况之外，还存在其他情况，非此不一定彼，非彼不一定此。比如"黑色"和"白色"。一种颜色不是"黑色"，不一定就是"白色"，因为还有其他颜色存在。如果把本来应该是反对关系的两个概念当成矛盾关系来论述，就忽视了两个概念中的中间地带，这类错误我们称之为非黑即白。比如：

【例 8】既然依靠设置监察官的方法不合理，那么依靠什么呢？可以利用赏罚的方法来促使臣民去监督。谁揭发官员的以权谋私就奖赏谁，谁不揭发官员的以权谋私就惩罚谁，臣民出于好利恶害的本性，就会揭发官员的以权谋私。【199 管综 2017 年真题】

帅老师解析论证 "谁揭发官员的以权谋私就奖赏谁，谁不揭发官员的以权谋私就惩罚谁"犯了非黑即白的错误。

帅老师反驳示例 根据实际情况去"揭发"固然可以奖赏，但是不能因此非黑即白地认为"不揭发就要惩罚"，因为还存在臣民确实没有掌握以权谋私的证据而无法"揭发"等的情况，所以这样的思维明显是极端的两极化思维。

【例 9】如果老年人不再继续工作而退出劳动力市场，就势必会打破劳动力市场的原有平衡，从而造成社会劳动力的短缺。如果老年人继续工作，就能有效地避免这一问题。【199 管综 2023 年真题】

帅老师解析论证 在这段论述中，存在一个非黑即白的逻辑谬误。论述假设了老年人只有两个选择：要么退出劳动力市场，造成社会劳动力短缺；要么继续工作，避免这一问题。这种表述忽视了老年人可能采取的其他多种行动方式，以及劳动力市场可能通过其他途径达到平衡的可能性。

帅老师解析论证 材料将老年人是否继续工作与劳动力市场是否平衡简单地理解为"老年人退出劳动力市场→打破平衡""老年人不退出劳动力市场→保持平衡"。这种二元化思维是不能成立的。

帅老师反驳示例 上述论证明显是非此即彼的两极化片面思维。事实上，老年人退出劳动力市场不意味着劳动力市场的原有平衡被打破，因为还可能会有新的劳动力注入劳动力市场，所以无论从理论上还是实践上来看，该论证都是不能成立的。

三、推理类逻辑缺陷高频考点

1. 忽略他因

因果关系是世界上最普遍的一种联系，但是现实社会中的因果关系往往不是一对一的，可能是多因一果，也可能是多果一因。如果论证片面强调多种原因中的一个，就犯了忽略他因的错误。比如：

【例10】中医在中国居于主导地位的时候，中国人的平均寿命只有三十岁左右；现代中国人的平均寿命约七十岁，完全拜现代医学之赐。【199管综 2008 年 1 月真题】

帅老师解析论证 中国人平均寿命的提高是多个原因共同作用的结果，作者却简单地将这一现象归功于现代医学，显然忽略了其他原因。

帅老师反驳示例 作者将中国人平均寿命的提高单一归因于现代医学，这种论断忽略了历史进程中多种因素的综合作用。实际上，平均寿命的提高是一个复杂的社会现象，它不仅仅依赖于医学的进步，还与营养条件的改善、生活水平的提高、公共卫生体系的建立、教育的普及以及社会的稳定等多个方面密切相关。

【例11】因此，只要根据市场需求调整高校专业设置，对大学生进行就业教育以改变他们的就业观念，鼓励大学生自主创业，那么大学生的就业难问题将不复存在。【199管综 2016 年真题】

帅老师解析论证 材料默认大学生的就业难问题仅由高校专业设置不合理、大学生的就业观念有偏差以及自主创业意愿缺乏这三个因素导致，并且认为只要解决了这三个问题，大学生就业难的问题就会迎刃而解。然而，这种看法过于简化了问题的复杂性。

帅老师反驳示例 材料过于简化了大学生就业难这一复杂问题，将这一问题归咎于高校专业设置不合理、大学生的就业观念有偏差和自主创业意愿缺乏这三个方面，并认为只要对这三方面做出调整，问题就能迎刃而解。然而，这种看法忽略了其他众多影响大学生就业的重要因素。实际上，大学生就业难问题的成因是多方面的，包括但不限于经济形势的变化、行业发展的波动、用人单位的招聘标准过高、教育质量与市场需求的不匹配、大学生就业期望与现实的差距，以及社会对不同专业和背景的大学生的接纳程度等。

2. 强加因果

本来不具有因果关系的两件事，论证者却把其中一个当成原因，把另一个当成结果，这类错误就是强加因果。比如：

【例12】按照唯物主义物质决定精神的基本原理，精神是物质在人类头脑中的反映。因此，物质丰富只会充实精神世界，物质主义潮流不可能造成人类精神世界的空虚。【199管综 2018 年真题】

✏️ **帅老师解析论证** 此论断存在强加因果的逻辑错误。它错误地在物质丰富与精神世界的充实之间建立了必然的因果关系，同时否认了物质主义潮流可能导致精神空虚的可能性。这种推理忽略了物质与精神之间复杂的相互作用，以及不同社会、文化和个人背景下物质与精神关系的多样性。

✏️ **帅老师反驳示例** 该论断错误地将物质丰富视为精神世界充实的充分条件，同时排除了其他可能影响精神世界的因素。事实上，物质丰富并不一定会导致精神世界的充实，因为精神世界的充实程度还受到文化背景、生活经历、个人的价值观等多种因素的影响。

【例 13】默默无闻、无私奉献的精神所赖以存在的行为特点是不事张扬、不为人知。既然如此，它就得不到传播，也就不可能成为社会的道德精神。【199 管综 2022 年真题】

✏️ **帅老师解析论证** 此论断存在强加因果的逻辑错误。它错误地将"默默无闻、无私奉献的精神不事张扬、不为人知"作为"其得不到传播，不可能成为社会的道德精神"的原因。然而，这种推理忽略了默默无闻、无私奉献的精神可以通过多种途径被社会所认知和推崇，即使其初衷是不为人知的。

✏️ **帅老师反驳示例** 该论断强加了一个不合理的因果关系，即认为无私奉献的精神因其不事张扬、不为人知的特点，而无法得到传播，且不能成为社会的道德精神。然而，事实上，无私奉献的精神可以通过口碑相传、媒体报道、文艺作品传播等多种方式被社会所了解和推崇。这些传播方式并不依赖于行为的张扬，而是依赖于其内在的价值和感召力。因此，无私奉献的精神完全有可能成为社会的道德精神。

【例 14】很多诈骗犯虽然骗术高明，但都被绳之以法，这说明在法治社会中，诈骗犯根本无处藏身。这样，谁还敢继续行骗呢？没有人敢继续行骗，诈骗不是被根治了吗？【396 经综 2021 年真题】

✏️ **帅老师解析论证** 论证中，"这说明"和"这样"两个推理词表明其前后存在因果关系。从很多诈骗犯被惩处推导出诈骗犯在法治社会中无处藏身，进而认为无人敢行骗，最终断言诈骗可以被根治，这一系列推理过于绝对，忽略了诈骗行为的复杂性和多样性，以及法律打击的局限性。

✏️ **帅老师反驳示例** 该论证通过强加因果，由有限事实推导出绝对结论，认为诈骗在法治社会中已被根治，这是片面和乐观的看法。诈骗问题根源复杂，法律打击难以全面覆盖，且贪婪等心理因素仍可能驱使诈骗行为。因此，该结论不可靠，需多方面综合论证。

3. 无效类比

论述者将有相似之处，但也有所差别的两个事物进行类比，此时，由两个或两类事物在某些方面相似，推出它们在另外的方面仍相似的结论，就不具有必然性。这类错误在历年真题中也比较常见，比如：

【例 15】因此，在企业管理的字典里，"终身制"和"铁饭碗"应该是褒义词。不少国家包括美国不是有终身教授吗？既然允许有捧着"铁饭碗"的教授，为什么不允许有捧着"铁饭碗"的工人呢？【199 管综 2007 年 10 月真题】

帅老师解析论证 "教授"和"工人"虽然在很多属性上非常相似，但是在终身制问题上是不能类比的。

帅老师反驳示例 此论证错误地将"教授"与"工人"在终身制问题上进行类比。尽管教授和工人在许多方面相似，如二者都是社会劳动力的一部分，都从事着专业性的工作，但在终身制这一特定议题上，两者存在着本质的区别。与工人的终身制不同的是，教授的终身制往往与其学术成就、研究贡献及教学经验紧密相关，是对其长期努力工作和专业地位的认可。

【例 16】北京与张家口共同举办冬奥会，必然会在中国掀起一股冰雪运动热潮。中国南方许多人从未有过冰雪运动的经历，会出于好奇心而投身于冰雪运动。这正是一个千载难逢的绝好商机，不能轻易错过。【199 管综 2020 年真题】

帅老师解析论证 北京与张家口作为冬奥会的举办地，其冰雪运动市场需求自然会有显著增加，但这并不能直接类比到中国南方的冰雪运动市场。

帅老师反驳示例 首先，地理位置和气候条件的差异决定了中国南方并不具备像北方那样天然的冰雪运动环境，因此冰雪运动在南方市场基础相对薄弱。其次，虽然冬奥会能够提升全民对冰雪运动的关注度，但并不代表这种关注能直接转化为对商业性的冰雪运动中心的实际消费需求，特别是在远离冬奥赛区的南方地区。

4. 以偏概全

一般说来，真题材料涉及的样本主要有以下几种错误：

（1）样本过小，即论证所列举的事例太少，从而出现以偏概全，甚至是诉诸特例的情况，不足以推出整体情况。比如：

【例 17】个人的财富不是省出来的。只靠节省，财富的积累是有限的；靠开源，财富才可能会滚滚而来。试想，比尔·盖茨的财富是靠省出来的吗？【199 管综 2013 年 10 月真题】

帅老师解析论证 以比尔·盖茨为例论证问题，显然是诉诸特例。

帅老师反驳示例 该论证以比尔·盖茨这一单个成功案例作为论据，试图证明"个人的财富不是省出来的，而是靠开源"这一观点，这是典型的诉诸特例的谬误。比尔·盖茨的成功是多方面作用的结果，包括他的才华、机遇、努力以及节俭等多重因素，不能简单归因于"开源"。此外，一个人的成功并不能代表所有人的情况，更不能以此推断出普遍规律。因此，该论据并不具有普遍性，无法有效支持结论。

（2）样本不公正，意思是说材料所选择的样本具有明显的结果导向性，根据这个样本推出的结论显然不科学。比如：

【例 18】该公司去年在 100 家洋快餐店内进行的大量问卷调查结果显示，超过 90％的中国消费者认为食用洋快餐对于个人的营养均衡有所帮助。【199 管综 2005 年 10 月真题】

✏️ **帅老师解析论证** 此例中的样本选择存在明显的不公正性。在洋快餐店内进行问卷调查，样本中的消费者群体很可能对洋快餐持有正面看法。这样的样本选择忽略了那些可能基于健康或营养考虑而选择不食用洋快餐的消费者，因此样本具有明显的结果导向性，无法代表中国消费者这个整体对洋快餐的看法。

✏️ **帅老师反驳示例** 该问卷调查的结果存在严重的样本不公正的问题。在洋快餐店内进行问卷调查，意味着调查对象是已经选择在这种餐厅就餐的消费者，他们很可能对洋快餐持有正面态度。然而，这样的样本选择忽略了更广泛的消费者群体，特别是那些基于健康、营养或其他原因而选择不食用洋快餐的人。因此，这个调查结果无法代表中国消费者这个整体对洋快餐的看法，更不能作为判断洋快餐对于个人的营养均衡是否有帮助的可靠依据。要得出更科学的结论，需要采用更公正、更广泛的样本选择方法。

【例 19】机器人也必将取代人类。这并非危言耸听。机器的地位在已经迈入自动化的产业中将更加稳固。当机器人最终彻底取代组装流水线上的工人以后，它们也将很快取代库房管理工人。这些不知疲惫的铁皮家伙能够全天无休地举起 70 千克重的货物，并对其检索、分类，然后装上卡车。水果和蔬菜采摘的机器化也将继续推进，到最后，除农家乐以外，不会再有人类采摘果蔬。药房只需配备一台负责发药的机器人，药剂师也因此可以将更多精力花在病人咨询上。然后，打扫办公室和学校这种更需要灵活技巧的工作会被夜间工作的清洁机器人取代，而奔驰在高速公路上的卡车司机也将变为自动驾驶机器人。【396 经综 2019 年真题】

✏️ **帅老师解析论证** 作者基于机器人在少数领域的成功应用，如组装流水线和库房管理，就断言机器人必将取代人类，这显然是犯了以偏概全的错误。不同行业和职位对技能和适应性的要求千差万别，不能简单地将个别案例推广至全局。

✏️ **帅老师反驳示例** 论断中提到机器人将取代果蔬采摘、药房发药等工作岗位上的人类，却忽略了这些工作背后的人际沟通、应急处理等多维度需求。虽然机器人擅长重复性任务，但人类在处理复杂情况中的灵活性和创造力仍无法被完全替代，故此推论过于片面。

5. 夸大可能性

夸大可能性的错误，就是片面夸大某一因素、某一事件对整体结果的作用。比如：

【例 20】可以预言，由于信息技术的迅猛发展，世界的经济格局与政治格局将会发生巨大的变化，世界最不发达国家和最发达国家之间再也不会让人有天壤之别的感觉，非洲大陆将会成为另一个北美。【199 管综 2010 年 1 月真题】

✏️ **帅老师解析论证** 此例中的错误在于夸大了信息技术的发展对世界经济格局与政治格局变化的作用，以及信息技术的发展对缩小最不发达国家和最发达国家之间差距的作用。尽管信息技术的发展确实可能带来一些变革，但将其影响夸大到能够彻底改变世界的经济格局与政治格局，甚至使非洲大陆成为另一个北美，显然是不切实际的。

✎帅老师反驳示例 虽然信息技术的迅猛发展确实可能对世界的经济格局与政治格局产生一定影响，但预言它将导致世界最不发达国家和最发达国家之间不再有巨大差距，以及非洲大陆将成为另一个北美，显然过于夸大了信息技术的作用。经济格局和政治格局的变化是多因素综合作用的结果，信息技术只是其中之一。此外，不同国家和地区的发展状况、历史背景、文化传统等都存在巨大差异，这些因素都会对经济格局和政治格局的变化产生重要影响。因此，不能片面地夸大信息技术的作用，而应该全面、客观地看待其对世界经济格局和政治格局的影响。

【例 21】"黄金周"造成了景区混乱和资源调配不合理，浪费了社会资源，打乱了正常的生活秩序，不利于经济长期可持续发展。【396 经综 2013 年真题】

✎帅老师解析论证 材料夸大了"黄金周"对景区、资源调配、社会资源和正常生活秩序的负面影响，进而断定其不利于经济长期可持续发展，这一结论显然过于偏颇。

✎帅老师反驳示例 材料对"黄金周"的负面影响的夸大并不符合事实，"黄金周"制度在促进旅游消费、拉动经济增长、提升民众生活质量等方面发挥着重要作用，只要加强管理和科学规划，就能更好地发挥其积极作用。

● 四、论据类逻辑缺陷高频考点

1. 前提假设

简单来说，前提假设是指在论证或推理中那些未明确表达，但被默认为真，从而支持整个论证或推理成立的前提条件。在逻辑推理中，前提假设往往是隐含的、未言明的，但它却是连接论据与结论的桥梁，是论证或推理能够顺利进行的基础。

【例 22】而且，冰雪运动与广场舞、跑步等不一样，需要一定的运动用品。例如冰鞋、滑雪板与运动服装等等。这些运动用品因价格不菲而具有较高的商业利润。如果在开展商业性冰雪运动的同时也经营冬季运动用品，则公司可以获得更多的利润。【199 管综 2020 年真题】

✎帅老师解析论证 这段材料中，除了明显提到的冰雪运动需要特定且价格不菲的运动用品，以及这些运动用品具有较高的商业利润，论证还隐含了一个关键的前提假设，即公司有能力且能有效地同时开展商业性冰雪运动和销售冬季运动用品。这个假设忽略了可能存在的运营挑战，如资源分配、管理复杂度增加、市场风险等。此外，论证还假设了市场对这些运动用品的需求是持续且足够的，以及公司能够以有利可图的价格销售这些运动用品。如果市场需求不足或竞争加剧而导致价格下降，那么经营这些运动用品可能并不会为公司带来更多的利润。

✎帅老师反驳示例 尽管冬季运动用品价格高且有利润空间，但经营该类产品并不一定能保证公司获得更多的利润，还需考虑成本、市场需求、竞争等因素。若成本高昂或市场饱和，则开展商业性冰雪运动的同时经营冬季运动用品反而可能降低利润。

【例23】 再次，还可以通过全社会的防范来防止诈骗的发生。诈骗的目的，无非是想骗取钱财。凡是要你花钱的事情，你都要慎重考虑。例如，有些投资公司建议你向它们投资，有些机构推荐你参加高收费的培训，有些婚恋对象向你借巨款。诸如此类，其实都不靠谱。所有的人如果都不相信这些话，诈骗就无法得逞。诈骗无法得逞，不就是被根治了吗？如果建立更加有效的防范机制，根治诈骗就更容易了。**【396 经综 2021 年真题】**

✎ **帅老师解析论证** 材料中的论证依赖于一个核心的前提假设：所有的人都不相信诈骗者的话（诈骗者的诱饵）。这样的话，诈骗就无法得逞，进而得出诈骗能被根治的结论。这一假设忽略了人性的复杂性、信息的不对称性以及诈骗手段的不断演变，过分简化了防范诈骗的实际情况。

✎ **帅老师反驳示例** 尽管提高公众的警惕性对于防范诈骗至关重要，但假设"所有的人都不相信诈骗者的话"是不切实际的。因经验、知识水平、心理状态等因素的差异，不可能所有人都能够识别诈骗。此外，诈骗者会不断变换手法，利用新技术、新情境进行欺诈，使得防范难度增加。因此，仅凭公众的判断并不能根治诈骗，还需要依靠法律、技术、教育等多方面的综合作用。

2. 绝对化论证

绝对化论证是指在论证的过程中，论述者的说法过于绝对，不留余地。这样的论证，往往采用"一定、必然、必定"等具有绝对性的话语，得出偏颇的结论。这类错误在考试中经常出现，比如：

【例24】 在现代社会，企业和劳动者个人都面临着不断变化的市场环境。而变化的环境必然导致机会主义行为。**【199 管综 2007 年 10 月真题】**

✎ **帅老师解析论证** 该论证的错误在于，它假定变化的市场环境是机会主义行为出现的唯一或必然原因，这种绝对化的推理忽略了其他可能影响个人行为的多重因素，如个人道德观念、企业文化、法律法规等。

✎ **帅老师反驳示例** 材料中"变化的环境必然导致机会主义行为"的说法显然过于绝对，忽略了其他的可能原因。变化的市场环境虽然可能为企业和劳动者提供了更多选择和机会，但并不一定导致机会主义行为。个人的行为还受到价值观、职业素养、企业规章制度以及法律约束等多重因素的影响。因此，不能简单地将环境变化与机会主义行为画等号。

【例25】 选择越多，我们在考察分析选项时势必付出更多的精力，也就势必带来更多的烦恼和痛苦。事实也正是如此。我们在做考卷中的选择题时，选项越多选择起来就越麻烦，也就越感到痛苦。**【199 管综 2019 年真题】**

✎ **帅老师解析论证** 上述论证中频繁使用"势必"一词，将"选择增多"与"付出更多精力、带来更多烦恼和痛苦"之间的关系绝对化了。诚然，在选择增多的情况下，人们可能需要花费更多时间去考察和分析各个选项，但这并不意味着其必然导致更多的烦恼和痛苦。个人的选择能力、决策效率以及对选择的期望值等因素都会影响人们做选择时的感受。

🖊️**帅老师反驳示例** 上述论证中的"势必"一词过于绝对，忽略了人们在面对选择时的主观能动性和多种可能的应对方式。现实中，有一部分人可以认识到选择增多带来的挑战，并尝试有效地应对这些挑战，而不是简单地将其视为痛苦和烦恼的源泉。

3. 自相矛盾

论证中的自相矛盾是指论点、论据出现了相互矛盾或相互反对的情况，使得这些论点、论据无法同时成立。这种矛盾可能直接体现在论点与论点之间、论据与论据之间，或者论点与论据之间，会导致论证的逻辑链条断裂，从而削弱或破坏论证的有效性和说服力。

【例 26】一般来说，要正确判断某一股票的价格高低，唯一的途径就是看它的历史表现。……再说，股价的未来走势充满各种变数，它的涨和跌不是必然的，而是或然的，我们只能借助概率进行预测。【199 管综 2011 年 1 月真题】

🖊️**帅老师解析论证** 材料中的"唯一的途径就是看它的历史表现"和"只能借助概率进行预测"明显自相矛盾。

🖊️**帅老师反驳示例** 材料论证中，前面说判断某一股票价格高低的唯一途径就是看其历史表现，即否定了存在其他方法或途径的可能；但材料后面的表述中又指出，股价的未来走势充满各种变数，只能借助概率进行预测，同样否定了存在其他方法或途径的可能。材料的前后表述产生了矛盾。

4. 数字陷阱

数字陷阱一般指论证中对百分数和平均数使用不当造成的误区。我们一定要注意，材料存在百分数的时候，一定要考虑基数；材料存在平均数的时候，一定要考虑极大值和极小值。这类错误在真题材料中也经常出现，比如：

【例 27】中国、俄罗斯等国作为合作伙伴，也被邀请参与 A350 飞机的研发与生产过程，其中，中国将承担 A350 飞机 5% 的设计和制造工作。

这意味着未来空中客车公司每销售 100 架 A350 飞机，就将有 5 架由中国制造。【199 管综 2006 年 1 月真题】

🖊️**帅老师解析论证** 在上例中，数字陷阱体现在对百分比基数的误用上。首先，材料提到的"中国将承担 A350 飞机 5% 的设计和制造工作"是指在设计和制造工作的总量中，中国负责的部分占 5%。而随后材料提到的"每销售 100 架 A350 飞机，就将有 5 架由中国制造"则是将 5% 的基数错误地视为飞机的销售数量。这两个百分比的基数完全不同，因此该论证犯了数字陷阱的错误。

🖊️**帅老师反驳示例** 材料中的论述存在数字陷阱。中国承担 A350 飞机 5% 的设计和制造工作，并不意味着每销售 100 架飞机就有 5 架由中国制造。此处的 5% 是指中国在整个设计和制造工作中所占的比例，而非在销售数量上所占的比例。因此，不能简单地将两者等同起来，这样的推理是不准确的。

五、一题多解：横看成岭侧成峰

在逻辑论证中，"横看成岭侧成峰"恰如其分地描述了同一论证从不同角度审视可能展现出的不同逻辑缺陷。因此，全面审视论证，从不同维度剖析逻辑缺陷，是做论证有效性分析题目的关键。接下来以真题为例进行分析：

1. 例句讲解：答案不止一个

【例 28】据国家统计局数据，2012 年我国劳动年龄人口比 2011 年减少了 345 万，这说明我国劳动力的供应从过剩变成了短缺。【199 管综 2016 年真题】

关于这一题目，我们可以从以下几个角度进行分析：

①强加因果：原文中"据国家统计局数据，2012 年我国劳动年龄人口比 2011 年减少了 345 万，这说明我国劳动力的供应从过剩变成了短缺"这一论断，错误地在"劳动年龄人口的减少"与"劳动力的供应从过剩转为短缺"之间建立了直接的因果关系。劳动年龄人口的减少并不一定直接导致劳动力短缺，因为短缺与否还需考虑劳动力市场的需求变化、劳动力质量、产业结构调整等多重因素。因此，"这说明"前后的因果关系并不成立，该论证犯了强加因果的逻辑错误。

②以偏概全：该论证仅凭 2011 年至 2012 年的劳动年龄人口数据变动，就断定我国劳动力的供应状态发生了根本性变化（从过剩转变为短缺），这种做法显然是以偏概全的。劳动力市场的动态受多种因素影响，一年的数据变化不足以全面反映长期趋势，该论证需要用更长时间跨度的数据来支撑结论。因此，这一论证存在数据有限和代表性不足的问题。

③偷换概念：材料将"劳动年龄人口"与"劳动力"两个概念混为一谈，构成了偷换概念的错误。劳动年龄人口仅指处于一定年龄段、有劳动能力的人口，而劳动力则是指实际参与社会生产活动的人口。两者虽有重叠，但并不完全等同。劳动年龄人口的减少并不一定意味着实际劳动力的减少，因为可能存在部分劳动年龄人口基于各种原因（如教育、健康等）并未实际参与劳动的情况。

④非黑即白：论证中隐含了一种非黑即白的逻辑，即认为劳动力供应只有过剩和短缺两种极端状态，忽视了中间状态的可能性。实际上，劳动力市场的供需关系可能处于动态平衡之中，既不过剩也不短缺。因此，仅凭劳动年龄人口的减少就断定劳动力的供应短缺，忽略了市场调节的复杂性和多样性。

⑤忽略他因：在判断劳动力的供应是否短缺时，材料仅考虑了劳动年龄人口减少这一单一因素，而完全忽略了其他可能影响供需的重要因素。例如，劳动力需求的变化、劳动力市场

的政策调整、技术进步对劳动力替代的影响等。衡量劳动力是过剩还是短缺，需要综合考虑供需双方的变化情况。因此，原文中的论证忽略了其他关键因素，导致了结论的片面性和不准确性。

【例29】市场规模决定了先进技术的采用与否。没有大的市场规模就别指望能涌现高新的技术企业。中国不仅拥有庞大的国内市场，而且拥有更庞大的国际市场，所以大可不必为中国低技术、低附加值、低工资的劳动密集型企业担心，更不要大动干戈搞什么产业结构升级。政府应该采取"无为而治"的方针，让市场去进行"自然选择"，决定什么样的企业最终存活下来。【396经综2017年真题】

①忽略他因：市场规模确实是影响先进技术采用与否的重要因素，但它并非唯一因素。技术进步还受到研发投入、政策支持、人才培养等多方面因素影响。原文忽略了这些其他关键要素，单一地将庞大的市场规模视为采用先进技术的唯一条件，这是不全面的。

②绝对化论证："没有大的市场规模就别指望涌现高新技术企业"过于绝对。虽然市场规模对高新技术企业的成长有重要的推动作用，但它并非必要条件。有些高新技术企业通过技术创新、独特的商业模式或精准的市场定位，也能在小规模市场中脱颖而出。

③强加因果：原文错误地将中国拥有庞大的市场规模这一事实，与不必为中国低技术企业担心及政府应采取"无为而治"的方针直接联系起来。这种强加因果的推理忽视了产业结构升级对于国家经济长远发展的重要性，以及政府在引导产业升级中的积极作用。市场规模并不能直接决定企业类型或政府政策的有效性。

④非黑即白：原文将政府干预与市场机制对立起来，认为选择"无为而治"就是完全排斥政府作用，这是一种非黑即白的思维误区。实际上，政府与市场可以形成互补关系，政府在维护市场秩序、提供公共服务、促进公平竞争等方面发挥着不可替代的作用。政府可以通过制定政策、提供激励等措施，与市场机制共同推动产业结构的优化升级。

2. 396经综2021年真题多角度解析

分析下述论证中存在的缺陷和漏洞，选择若干要点，写一篇600字左右的文章，对该论证的有效性进行分析和评论。（论证有效性分析的一般要点是：概念特别是核心概念的界定和使用是否准确并前后一致，有无各种明显的逻辑错误，论证的论据是否成立并支持结论，结论成立的条件是否充分，等等。）

人们受骗上当的事时有发生，乃至有人认为如今的骗术太高明而无法根治。其实，如今要根治诈骗并不难。

首先，从道理上讲，正义终将战胜邪恶，这是历史已证明的规律。诈骗是一种邪恶的行为，最终必将被正义的力量彻底消灭。既然如此，诈骗怎么不能根治呢？

其次，很多诈骗犯虽然骗术高明，但都被绳之以法，这说明在法治社会中，诈骗犯根本无处藏身。这样，谁还敢继续行骗呢？没有人敢继续行骗，诈骗不是被根治了吗？

再次，还可以通过全社会的防范来防止诈骗的发生。诈骗的目的，无非是想骗取钱财。凡是要你花钱的事情，你都要慎重考虑。例如，有些投资公司建议你向它们投资，有些机构推荐你参加高收费的培训，有些婚恋对象向你借巨款。诸如此类，其实都不靠谱。所有的人如果都不相信这些话，诈骗就无法得逞。诈骗无法得逞，不就是被根治了吗？如果建立更加有效的防范机制，根治诈骗就更容易了。

总之，无论从道理上讲，还是从行骗者或被骗者的角度来看，如今要根治诈骗根本不是难事。

本题分析如下：

首先，从道理上讲，正义终将战胜邪恶，这是历史已证明的规律。诈骗是一种邪恶的行为，最终必将被正义的力量彻底消灭。既然如此，诈骗怎么不能根治呢？

✏️ **帅老师解析**

①偷换概念：原文中，"正义终将战胜邪恶"是一个宏观的、普遍性的历史规律，它描述的是正义与邪恶之间长期斗争的最终走向。然而，将这一宏观规律直接应用在"诈骗"这一具体的邪恶行为上，存在概念上的偷换。

②绝对化论证："诈骗最终必将被正义的力量彻底消灭"这种表述过于绝对。虽然从长远来看，诈骗行为会受到法律制裁和社会谴责，但"彻底消灭"这一说法忽略了社会现象的复杂性和多变性。诈骗事件所以存在，与人性弱点、制度漏洞等多个方面密切相关，难以一蹴而就地完全消灭。

③强加因果：原文中的"既然如此，诈骗怎么不能根治呢？"犯了强加因果的逻辑错误。这里的"既然"指的是"正义终将战胜邪恶"的宏观规律，而"因此"得出的结论却是关于诈骗这一具体行为的可根治性，两者之间的因果关系并不紧密甚至并不成立。

其次，很多诈骗犯虽然骗术高明，但都被绳之以法，这说明在法治社会中，诈骗犯根本无处藏身。这样，谁还敢继续行骗呢？没有人敢继续行骗，诈骗不是被根治了吗？

✏️ **帅老师解析**

①以偏概全：原文中提到"很多诈骗犯虽然骗术高明，但都被绳之以法"，并以此推断"在法治社会中，诈骗犯根本无处藏身"。然而，"很多"并不能代表"所有"。

②强加因果：原文通过"这说明"和"这样"将"诈骗犯被绳之以法"与"诈骗犯在法治社会中无处藏身"以及"无人敢继续行骗"强行联系起来，构成逻辑上的因果链条。但这种因果关系并不正确，因为即便诈骗犯受到制裁，也不能直接推断出他们在法治社会中完全无处藏身，更不能断定无人敢继续行骗。这种推理忽视了其他可能影响诈骗行为发生的复杂因素。

③前提假设："没有人敢继续行骗"是原文中的一个关键假设，它是基于前面的逻辑链条得出的。然而，这个假设没有考虑到人性的复杂性、利益的驱动性以及犯罪心理的多样性。在

现实生活中，即便存在法律制裁的风险，仍有人可能因贪婪、绝望或其他动机而铤而走险，进行诈骗。

再次，还可以通过全社会的防范来防止诈骗的发生。诈骗的目的，无非是想骗取钱财。凡是要你花钱的事情，你都要慎重考虑。例如，有些投资公司建议你向它们投资，有些机构推荐你参加高收费的培训，有些婚恋对象向你借巨款。诸如此类，其实都不靠谱。所有的人如果都不相信这些话，诈骗就无法得逞。诈骗无法得逞，不就是被根治了吗？如果建立更加有效的防范机制，根治诈骗就更容易了。

✏️ **帅老师解析**

①忽略他因：原文提出的"诈骗的目的，无非是想骗取钱财，因此凡是要花钱的事都应慎重考虑"这种观点，忽略了诈骗目的的多样性和复杂性。诈骗目的不仅局限于直接骗取钱财，还可能涉及身份盗用、情感欺骗等，简单地将防范诈骗等同于对花钱的事情慎重考虑，显然忽视了其他重要的防骗措施。

②以偏概全：原文通过几个具体例子（投资、参加高收费培训、婚恋对象借款）来论证所有类似情况都"不靠谱"，这种做法过于片面。现实生活中，并非所有此类建议或请求都是诈骗，这种以偏概全的方式容易误导公众，导致人们对正当商业活动或人际关系产生不必要的怀疑。

③前提假设：原文中的"所有的人都不相信这些话"和"建立更加有效的防范机制"都是假设。这些假设在现实中难以实现，因为它们忽略了人性、社会环境、信息传播速度等多方面的复杂性。建立更加有效的防范机制是一项艰巨的任务，且无法保证所有人都能时刻保持高度警惕。

④绝对化论证："凡是""都""根治诈骗"等表述过于绝对，缺乏现实依据。防范诈骗是一个复杂且长期的过程，不可能通过简单的规则或机制一蹴而就。同时，"所有的人"这一表述也忽略了人群间的差异性和多样性，不同人群在面对诈骗时的反应和防范能力不相同。因此，将防骗效果绝对化是不切实际的。

3. 199 管综 2024 年真题多角度解析

分析下述论证中存在的缺陷和漏洞，选择若干要点，写一篇 600 字左右的文章，对该论证的有效性进行分析和评论。（论证有效性分析的一般要点是：概念特别是核心概念的界定和使用是否准确并前后一致，有无各种明显的逻辑错误，论证的论据是否成立并支持结论，结论成立的条件是否充分，等等。）

人才是社会经济发展的重要因素，许多单位都十分注重培养自己需要的人才。其实，人才除了靠自己培养，还应该靠引进。

常言道："十年树木，百年树人。"这说明培养人才需要相当长的时间。即使不需要一百年，现在把一个人从小学培养到大学毕业，至少也要十五六年。由此可见，靠自己单位来培养人才根本不能解决当务之急。

其次，只注重培养而不注重引进并留住人才，结果往往事与愿违。例如，企业辛辛苦苦培养的一些人才跳槽了，一些高校的优秀毕业生出国了。因此，只着眼于培养，只能是为他人作嫁衣裳。

再次，从历史上来看，秦孝公靠商鞅变法使秦国强大了，而商鞅是卫国人，是秦孝公招揽引进的。可见，招揽引进人才，就能使国家强大起来。

可喜的是，如今不少单位出台了各种措施，引进了越来越多的人才。这样，我国的人才数量必将大幅增长，国家就会更加富强了。

本题分析如下：

常言道："十年树木，百年树人。"这说明培养人才需要相当长的时间。即使不需要一百年，现在把一个人从小学培养到大学毕业，至少也要十五六年。由此可见，靠自己单位来培养人才根本不能解决当务之急。

✏️ **帅老师解析**

①偷换概念：原文中的"百年树人"意指培养人才的长期性和艰巨性，而非字面意义上的需要整整一百年。将"百年树人"简化为时间上的绝对长度，忽略其背后的深层含义，是对这一古语的误解且存在偷换概念的错误。

②强加因果："十年树木，百年树人"所阐述的是培养人才的长期性，而原文却错误地将此作为"靠自己单位培养人才根本不能解决当务之急"的原因，两者间并无直接逻辑联系。

③无效类比：论证将从小学到大学的教育与单位内部的人才培养直接进行类比，是不恰当的。学校教育具有系统性和全面性，而单位的人才培养往往更侧重于专业技能和职业素养的提升，两者在培养目标、培养内容和培养方式上存在差异，因此这种类比无效。

其次，只注重培养而不注重引进并留住人才，结果往往事与愿违。例如，企业辛辛苦苦培养的一些人才跳槽了，一些高校的优秀毕业生出国了。因此，只着眼于培养，只能是为他人作嫁衣裳。

✏️ **帅老师解析**

①偷换概念：原文将"人才跳槽"和"优秀毕业生出国"简单等同于"为他人作嫁衣裳"，忽略了个人职业发展和选择的多样性。

②强加因果：原文将人才流失直接归因于只注重培养而不注重引进并留住人才，忽视了市场、政策、个人职业规划等多重因素，因此该因果关系不成立。

③以偏概全：材料以个别企业或高校的具体案例来概括所有情况，忽略了不同组织在人才管理上的差异性和复杂性。

④非黑即白：原文在探讨单位培养人才的可能性时，将培养人才与引进人才作为互斥的选

择。实际上，许多组织采用内部培养和外部引进两种方式来构建人才梯队。原文将两者置于对立面，呈现出非此即彼的极端思维。

⑤绝对化论证：材料使用"只能"一词，将"只着眼于培养"的效果绝对化为"为他人作嫁衣裳"，忽略了多种可能性和中间状态。

再次，从历史上来看，秦孝公靠商鞅变法使秦国强大了，而商鞅是卫国人，是秦孝公招揽引进的。可见，招揽引进人才，就能使国家强大起来。

帅老师解析

①以偏概全：仅依据商鞅变法使秦国强大这一个例，就断定招揽引进人才是国家强大的充分条件，显然是以偏概全。历史上，国家强大的原因复杂多样，不能简单归因于单一的人才引进措施。

②强加因果："招揽引进人才，就能使国家强大起来"这一结论，错误地将商鞅变法成功的部分原因（引进人才）直接等同于国家强大的充分条件。

③忽略他因：论证在强调商鞅作为引进人才对秦国变强的贡献时，忽略了秦国本土人才的配合与支持作用。任何重大变革的成功实施，都离不开本土力量的支持与配合，此论证显然忽略了这一重要因素。

④夸大可能性：材料认为仅仅招揽引进人才，就能使任何国家强大起来，这种看法忽略了国家强大的多维度因素，如经济基础、政治稳定、文化背景等，夸大了人才引进的作用。

⑤绝对化论证："就能"一词使得结论过于绝对化。国家强大的因素复杂多样，不能简单归结为单一的人才引进措施。这种绝对化的论证方式忽略了问题的复杂性和多变性。

可喜的是，如今不少单位出台了各种措施，引进了越来越多的人才。这样，我国的人才数量必将大幅增长，国家就会更加富强了。

帅老师解析

①强加因果：原文提到了"不少单位出台了各种措施，引进了越来越多的人才"，并据此推断"我国的人才数量必将大幅增长"。这种推断忽略了人才引进数量与人才总量增长之间的复杂关系。人才引进越来越多并不能说明人才总量增加，因为人才引进的同时也可能存在人才流失。因此，原文中的因果联系过于牵强，缺乏充分的逻辑依据。

②夸大可能性：原文在"我国的人才数量必将大幅增长"的基础上进一步推出"国家就会更加富强了"，这一结论过分夸大了人才对于国家富强的作用。虽然人才是国家发展的重要资源，但国家的富强受多种因素影响，包括但不限于经济、政治、文化、科技等多个方面。原文简单地将人才引进与国家富强直接等同起来，忽略了其他关键因素的作用，夸大了人才引进的效果。

第五讲 | 精准定位：论证有效性分析查错的方法与技巧

本讲聚焦于提升考生在论证有效性分析部分的查错能力，通过细致解析具体的题目，训练考生快速准确地识别论证中的逻辑缺陷的能力。本讲采用理论与实践结合的方式，先剖析缺陷特征，再通过案例分析让考生直观理解其在实际论证中的表现。同时，强调技巧训练，包括快速浏览、深度解读和归纳总结，以提高查错效率。通过反复练习，考生不仅能提升查错能力，还能在速度与准确度之间找到平衡，从而在考试时迅速且准确地撰写出高质量的论证有效性分析文章，成为逻辑严密的思考者与表达者。

● 一、语句分析训练："批阅"朋友圈

请仔细分析下列语句的逻辑是否正确。如果错误，错在哪里？将你的答案写在横线处。

(1)"六日复明丸"，眼病患者的福音，可以快速根治各种眼病，长期服用可明目健身、延年益寿。

_____

(2) 本次考试，一班平均分为 98 分，二班平均分为 90 分。显然，我们应该在一班选择一人参加奥林匹克数学竞赛。

_____

(3) 张经理提出的"买一送一"促销方案是不可行的，一旦推广，必然损害我们现有市场的规模。

_____

(4) 听完帅老师的论证有效性分析课程，我开阔了视野，锻炼了思维，提高了能力，强健了体魄，收获了爱情，打败了高富帅，迎娶了白富美，走向了人生巅峰。

_____

(5) 各大高校频繁爆出各种学术丑闻，个别学者抄袭，无耻至极。这说明，现在我们的大学早已不是神圣的象牙塔，而是一片污泥浊水。

_____

(6) 经理：这是一个非常紧急的任务，你立刻通知相关人员，在适当时刻，到指定地点集合，而且一定要通知他们准备好所需的材料。

_____

(7) 如果我们研发的"真好吃"牌方便面的销售额在今后二十年都保持 2024 年的增长速度，那么到 2044 年，我将成为世界首富。

_____

(8) 一天是失败者，一辈子是失败者。

_____

(9) 比尔·盖茨中途辍学创办微软的例子可以证明，大学生没有必要死守在校园里，应该走向更加广阔的社会。

_____

(10) 毫无疑问，我成功考上 P 大研究生的唯一原因就是我自己的聪明才智和不懈奋斗。

_____

(11) 东北人都是活雷锋。

_____

(12) 人生就是这样，要么出局，要么出众。

_____

(13) 那个女孩子肯定是喜欢上你了，不然她为什么一直盯着你看呢？

_____

🖊️ 帅老师解析

(1) 此句宣传"六日复明丸"能快速根治各种眼病，并声称长期服用此药可明目健身、延年益寿，这种表述显然过分夸大了药效。药物效果需经科学验证，且眼病种类多、成因复杂，不可能有一种药物能快速根治所有眼病。同时，长期服用药物需考虑副作用，其能否延年益寿有待考证。

(2) 仅凭"一班平均分为 98 分，二班平均分为 90 分"，就断定"应该在一班选择一人参加奥林匹克数学竞赛"，这陷入了数据陷阱。平均数只能反映整体水平，不能代表个体能力。一班中可能有低分学生，二班中也可能有高分学生，因此应综合考虑个体成绩和能力来选拔参赛者。

(3) 此句指出"买一送一"促销方案不可行，且一旦推广必然损害现有市场的规模，这种论证过于绝对化。促销方案的效果需结合市场实际情况和消费者需求来评估，不能仅凭主观臆断就得出必然损害市场规模的结论。

(4) 此句列举了"我"听完帅老师的论证有效性分析课程后的诸多收获，如开阔视野、锻炼思维等，甚至夸大到收获爱情、打败高富帅等。这显然过分夸大了课程的作用，不能将所有积极变化都归因于一门课程。

（5）因个别学者存在抄袭问题就断定大学已不是神圣的象牙塔，而是一片污泥浊水，这是以偏概全的错误。大学中有众多学者，个别不良行为不能代表整体情况。

（6）经理的指示存在模糊概念的问题。如"相关人员""适当时刻""指定地点"和"所需的材料"等表述都不明确，这会给通知者带来困惑和误解，影响任务的顺利完成。

（7）假设"真好吃"牌方便面的销售额在今后二十年都保持 2024 年的增长速度，从而推断出到 2044 年"我"将成为世界首富，这是无效类比。未来的市场环境和竞争态势都是不确定的，不能简单地将过去的增长速度类比到未来。

（8）"一天是失败者，一辈子是失败者"这种说法属于无效类比。人生的成败不是由一天或一时的表现决定的，而是由长期的努力和坚持决定的。因此，不能因一时的失败就断定一个人一辈子都是失败者。

（9）该句以比尔·盖茨中途辍学创办微软的成功案例来推断所有大学生都应该走向社会，犯了以偏概全的错误。每个人的情况和目标都不同，不能盲目模仿他人的成功路径。

（10）该句将成功考上 P 大研究生的原因仅归结为个人的聪明才智和不懈奋斗，忽略了其他可能的影响因素，如家庭环境、教育资源等。这种论证方式忽略了外部条件的作用，过于简化了成功的复杂性。

（11）"东北人都是活雷锋"这种说法属于以偏概全。东北是一个地域广阔、人口众多的地区，不能简单地认为所有东北人都是活雷锋。每个人的性格和行为都是独特的，不能因地域而一概而论。

（12）"人生就是这样，要么出局，要么出众"犯了非黑即白的错误。人生并不是只有出局和出众两种极端情况，还存在许多中间状态。这种说法过分简化了人生的复杂性和多样性。

（13）仅凭女孩子一直盯着"你"看就断定她喜欢上"你"了，犯了强加因果的错误。盯着看可能有多种原因，如好奇、欣赏、误认等，并不能直接推断出喜欢。因此，不能仅凭这一行为就做出"喜欢"的判断。

● 二、语段查错训练：无处不在的逻辑问题

请仔细分析下列语段的逻辑是否正确。如果错误，错在哪里？将你的答案写在横线处。

（1）针对胃病，目前市场上有两种药物：一种是"AZ"，另一种是"BY"。其中，"AZ"的主要功效是调节胃酸，而"BY"的主要功效是促进消化。从实际处方数来看，"AZ"的处方数比"BY"多出 4 567 万份。所以，那些希望快速治疗胃病的患者，应该选择"AZ"。

(2) 在过去的三十年里，L 城的旅游行业经历了迅猛的发展。这种发展势头势必会在今后二十年内继续保持。因此，我们应该砍掉我们在 L 城的餐饮业务，转而投资旅游行业。

(3) 十年前，在按城市居民生活质量进行的城市排名中，辽城排名第 14 位。这个消息使得正在搬往辽城所在省的人更加认同这个地方。至少，这里教育条件好，住房费用承担得起，居民友好，环境优美且艺术繁荣。

(4) 时光咖啡馆的经营者做出的搬出核心商圈的决策是完全正确的，否则他们的经营是不可能取得成功的。自时光咖啡馆搬走之后，一家钢琴店、一家宠物医院、一家图书馆都在那个位置经营过，且都经历了失败。

(5) 去年在 P 市建造购物中心的决策是完全错误的。自这个购物中心建成以来，许多沿线商家开始倒闭，市区环境遭到极大破坏，市容市貌遭受很大冲击，社会治安日趋混乱，全市 GDP 也逐渐走低。所以，我们应该以此为鉴，不能在 Q 市再建造类似的购物中心。

(6) 为了吸引更多的会员，W 健身中心新建了一个室内游泳池，但是会员人数并没有增加。所以，如果想让会员人数增加，M 健身中心应该采用另一种方法 —— 降低会员的费用，而不是建设新的昂贵设施。

(7) 目前房地产交易混乱，原因是某些"炒房团"等别有用心之徒的炒作。显然，政府已经认识到了这一点，相继出台了各项政策。只要这些政策真正得到落实，房地产市场的混乱现象必然会得到有效的抑制，房价自然而然就会回落。

(8) 去年对 100 个创业成功的大学生进行了深度访谈，调查发现，大学生的创业意愿极其强烈。有意愿，就会不懈努力，就会找到好的创业项目，就会刺激自己的创新性思维，就会取得事业的成功。既然如此，何乐而不为呢？

(9) 为什么要读 MBA？无非就是为了升职、加薪、扩展人脉。这些目标完全可以通过别的渠道实现，为什么要通过投入三四年的时间、十几万的费用来实现呢？显然事倍功半。而且 MBA 教育的一个重要目标就是培养商业人才，而现实却恰恰相反，马云、任正非等高级商业人才都没有接受过 MBA 教育。

（10）最近一项专门针对娱乐公司的调查显示，绝大多数人认为娱乐产业是推动社会进步的重要力量。至于有些人指出的色情、暴力等现象，实在是不足为虑，因为市场经济条件下，优胜劣汰完全可以解决这样的问题。

✏️ **帅老师解析**

（1）针对治疗胃病的两种药物"AZ"和"BY"，仅凭"AZ"的处方数比"BY"多出 4 567 万份，就断定希望快速治疗胃病的患者应选择"AZ"，犯了强加因果的逻辑错误。患者一般根据自身病情、经济情况和医生建议，选择最适合自己的药物。处方数的多少并不能直接反映药物的治疗效果。因此，不能仅凭处方数就判断哪种药物更适合快速治疗胃病。

（2）L 城旅游行业过去三十年的迅猛发展，并不能作为今后二十年继续保持这种势头的依据。这种无效类比忽略了市场环境的变化、政策调整、消费者需求的变化等多种因素。同时，仅凭旅游行业的发展势头迅猛就决定砍掉餐饮业务并投资旅游行业，这种决策过于草率，缺乏全面的市场分析和风险评估。企业决策应综合考虑多种因素，制订科学合理的战略计划。

（3）辽城十年前的城市排名并不能直接反映其当前的教育条件、住房费用、居民友好的程度、环境质量和艺术繁荣程度。这种无效类比忽略了时间的变化和城市发展的动态性。同时，城市排名只是人们基于特定标准和数据做出的综合评价，不能全面反映城市的各个方面。因此，不能仅凭城市排名就断定辽城及其所在省的各种优势。

（4）时光咖啡馆搬出核心商圈这个决策是否正确，不能仅凭其搬走后其他店铺的经营情况来判断。这种绝对化论证忽略了市场竞争、消费者需求等多种因素。同时，不同店铺的经营项目和定位不同，其成功或失败的原因也各不相同，不能简单地进行类比。因此，不能仅凭其他店铺的失败就断定时光咖啡馆搬离核心商圈这个决策是正确的。

（5）去年在 P 市建造购物中心的决策是否完全错误，不能仅凭其建成后沿线商家的经营情况、市区环境、市容市貌、社会治安和全市 GDP 等来判断。这种夸大可能性的论证忽略了其他可能导致这些现象的因素，如市场竞争、消费者需求变化、政策调整等。同时，不能简单地将 P 市的情况类比到 Q 市，因为两个城市的市场环境、消费者需求、政策环境等都可能存在差异。

（6）不能仅凭 W 健身中心新建室内游泳池后会员人数没有增加，直接得出 M 健身中心应该采用降低会员费用的方法吸引会员。这种无效类比忽略了 W 和 M 两个健身中心的周边环境、消费者需求、经营管理等方面的差异。同时，以偏概全地认为建设新的昂贵设施都会失败，以及非黑即白地认为降低会员费用就会成功，都是不合理的推断。因此，M 健身中心应根据自身情况和市场需求来制订合适的会员增长策略。

（7）房地产交易混乱的原因可能多种多样，不能简单地将其归咎于"炒房团"等别有用心之徒的炒作。这种忽略他因的论证方式过于片面。同时，夸大政策落实后房地产市场混乱现象会得到有效抑制的可能性，以及强加因果地认为房价自然而然就会回落，都是不合理的推断。政府应全面分析房地产交易混乱的原因，出台科学合理的政策措施，并加大监管和执法力度。

（8）由 100 个创业成功的大学生创业意愿强烈，无法得出所有大学生的创业意愿都强烈。这种以偏概全的论证方式忽略了大学生创业意愿的多样性和差异性。同时，夸大了有创业意愿对不懈努力、找到好项目、刺激创新性思维和取得事业成功的影响，也是不合理的推断。大学生若想创业，应结合自身兴趣、能力和市场需求来制订合理的创业计划。

（9）读 MBA 并不仅仅是为了升职、加薪和扩展人脉，因此，不能简单地认为读 MBA 是事倍功半的选择。同时，以马云、任正非等高级商业人才没有接受过 MBA 教育为例，来否定 MBA 教育的价值，也是以偏概全的论证。很可能有大量商业人才接受过 MBA 教育且受益匪浅。因此，人们是否读 MBA，应根据个人职业规划、兴趣爱好和经济实力等因素进行综合考虑。

（10）材料将针对娱乐公司的调查结果应用于整个社会，得出不必担忧色情、暴力等现象的荒唐结论。显然，选择娱乐公司作为研究娱乐课题的样本是有失公平的，这种明显具有导向性的样本并不具有推测整体的可能。所以，以此得出的结论显然不可信。

● 三、材料分析训练：逻辑问题全扫描

请仔细阅读下列材料，并分析这则材料在论证过程中存在的错误。（论证有效性分析的一般要点：概念特别是核心概念的界定和使用是否准确并前后一致，有无各种明显的逻辑错误，论证的论据是否成立并支持结论，结论成立的条件是否充分，等等。）

甲：有些中小企业以"花费太高""水土不服"为由拒绝企业内训，我不赞同。全球化的今天，领导者的思想意识不能停留在"闭关锁国"的层面。事实上，世界一流的跨国企业每年都要花费高昂的成本开展大规模的企业内训，中国的中小企业想要发展，也应该如此。

乙：中西方的社会制度完全不同，因此，企业的管理、运行必然呈现截然不同的面貌。如果要求中小企业每年都花钱搞培训，就会浪费企业的人力、物力资源，进而影响企业发展，更有甚者，会扰乱市场秩序、动摇经济根基。而且管理工作实操性极强，管理者要想做好任何管理工作，都需要亲身经历企业运营过程并加以总结，这种参与式学习是培训无法提供的。

甲：企业内训的项目中包含了很多案例分析、游戏互动，怎么不能提供参与式学习呢？而且这种参与感打破了现实存在的身份差异，任何人都可以发表自己的看法，集思广益，这样企业在今后的发展中就会避免失误。也就是说，只要有了企业内训，企业成功就有了保障。

乙：所谓企业内训，无非就是开开会、谈谈心、旅旅游，这些对企业，尤其是中小企业来说，毫无疑问是有百害而无一利的。喊破嗓子，不如甩开膀子。企业发展靠的是真抓实干，一味强调培训，也就是毫不重视实际的生产经营，是十分危险的。

甲：但事实并非如此，去年对本土十家最大的培训企业的中层经理人进行了大量的问卷调查，超过90%的中层经理人认为，企业培训是企业发展的重要环节之一。自改革开放以来，中国的培训行业迅猛发展，照此速度发展下去，估计在未来十年内，培训行业会成为中国经济的支柱产业。

乙：中国并没有达到发达国家的经济水平，昂贵的培训费用往往给企业带来巨大负担，A公司就因此而陷入困局，至今没有摆脱困境。

甲：那是因为A公司搞的不是"真正的培训"。在西方企业管理过程中，"真正的培训"并不是这样的。中国企业要想进步，必须学习西方企业，搞"真正的培训"。事实上，"真正的培训"是许多西方著名公司成功的唯一原因。

乙：橘生淮南则为橘，橘生淮北则为枳。自然界如此，同理，将西方的管理培训制度移植到中国，注定会失败。

这道题目涵盖了管理类与经济类综合能力考试中论证有效性分析部分可能出现的所有常见逻辑错误。这是一个非常重要的训练，因为在实际考试中，很多考生都因为无法准确识别这些逻辑错误而影响了答题的准确度和速度。

接下来，我将对每一句话进行详细的讲解和分析。大家一定要认真分析每个句子，理解其内在的逻辑关系，这样才能在考试时快速准确地识别出各种逻辑错误。同时，我还会提供大量的实例，帮助大家更好地理解和掌握这些逻辑错误。相信通过我的讲解和分析，大家一定能够在论证有效性分析这个部分取得更好的成绩。

甲：有些中小企业以"花费太高""水土不服"为由拒绝企业内训，我不赞同。全球化的今天，领导者的思想意识不能停留在"闭关锁国"的层面。事实上，世界一流的跨国企业每年都要花费高昂的成本开展大规模的企业内训，中国的中小企业想要发展，也应该如此。

✏️ **师老师解析** ①"有些中小企业以'花费太高''水土不服'为由拒绝企业内训，我不赞同。全球化的今天，领导者的思想意识不能停留在'闭关锁国'的层面。"这种论证不确切，有偷换概念的嫌疑，拒绝企业内训不等于思想意识停留在"闭关锁国"的层面。

②文中认为，世界一流的跨国企业每年都要花费高昂的成本开展大规模的企业内训，中国的中小企业想要发展，也应该如此。这是把前者的发展经验机械地套用到后者上，属于无效类比。

乙：中西方的社会制度完全不同，因此，企业的管理、运行必然呈现出截然不同的面貌。如果要求中小企业每年都花钱搞培训，就会浪费企业的人力、物力资源，进而影响企业发展，更有甚者，会扰乱市场秩序、动摇经济根基。而且管理工作实操性极强，管理者要想做好任何管理工作，都需要亲身经历企业运营过程并加以总结，这种参与式学习是培训无法提供的。

帅老师解析 ③"中西方的社会制度完全不同，因此，企业的管理、运行必然呈现出截然不同的面貌。"这样的论证属于强加因果，不能因为社会制度不同推出企业管理制度完全不同，而且"必然呈现"这种论述过于绝对化。

④"如果要求中小企业每年都花钱搞培训，就会浪费企业的人力、物力资源，进而影响企业发展，更有甚者，会扰乱市场秩序、动摇经济根基。"这句话过分地夸大了花钱搞培训对中小企业发展的不良影响。

⑤前文讨论的都是"企业内训"，而这段话讨论的却是"中小企业每年都花钱搞培训"，有偷换概念的嫌疑。

⑥"而且管理工作实操性极强，管理者要想做好任何管理工作，都需要亲身经历企业运营过程并加以总结，这种参与式学习是培训无法提供的。"此处论证将亲身经历企业运营过程作为管理者做好管理工作的必要条件，过于绝对化。

甲：企业内训的项目中包含了很多案例分析、游戏互动，怎么不能提供参与式学习呢？而且这种参与感打破了现实存在的身份差异，任何人都可以发表自己的看法，集思广益，这样企业在今后的发展中就会避免失误。也就是说，只要有了企业内训，企业成功就有了保障。

帅老师解析 ⑦"企业内训的项目中包含了很多案例分析、游戏互动，怎么不能提供参与式学习呢？"前文所说的参与式学习指的是"亲身经历企业运营过程并加以总结"，此处的参与式学习指的是"案例分析、游戏互动"，二者并不完全相同，材料此处有偷换概念的嫌疑。

⑧"而且这种参与感打破了现实存在的身份差异，任何人都可以发表自己的看法，集思广益，这样企业在今后的发展中就会避免失误。"此处说法过于绝对化，失误只能减少，不可能完全避免。

⑨"也就是说，只要有了企业内训，企业成功就有了保障。"此处论证忽略了影响企业成功的其他因素，夸大了企业内训对于企业成功的作用。

乙：所谓企业内训，无非就是开开会、谈谈心、旅旅游，这些对企业，尤其是中小企业来说，毫无疑问是有百害而无一利的。喊破嗓子，不如甩开膀子。企业发展靠的是真抓实干，一味强调培训，也就是毫不重视实际的生产经营，是十分危险的。

帅老师解析 ⑩"所谓企业内训，无非就是开开会、谈谈心、旅旅游，这些对企业，尤其是中小企业来说，毫无疑问是有百害而无一利的。"企业内训包括开会、谈心、旅游等内容，但是绝不等同于只有这些内容，这里有混淆概念的嫌疑。而且"有百害而无一利"的说法有些片面。

⑪"喊破嗓子，不如甩开膀子。企业发展靠的是真抓实干，一味强调培训，也就是毫不重视实际的生产经营，是十分危险的。"强调培训并不等于不重视生产经营，这段论证是典型的非黑即白。

甲：但事实并非如此，去年对本土十家最大的培训企业的中层经理人进行了大量的问卷调查，超过90%的中层经理人认为，企业培训是企业发展的重要环节之一。自改革开放以来，中国的培训行业迅猛发展，照此速度发展下去，估计在未来十年内，培训行业会成为中国经济的支柱产业。

帅老师解析 ⑫此处将对"本土十家最大的培训企业的中层经理人"的调查结果作为论据，样本少，可能不够公正，所列举的事例不足以推出结论。另外，培训行业会成为中国经济的支柱产业，也是夸大可能性的说法。

乙：中国并没有达到发达国家的经济水平，昂贵的培训费用往往给企业带来巨大负担，A公司就因此而陷入困局，至今没有摆脱困境。

帅老师解析 ⑬仅以A公司为例，得出"昂贵的培训费用往往给企业带来巨大负担"的结论属于诉诸特例，此处忽视了导致A公司失败的其他原因。

甲：那是因为A公司搞的不是"真正的培训"。在西方企业管理过程中，"真正的培训"并不是这样的。中国企业要想进步，必须学习西方企业，搞"真正的培训"。事实上，"真正的培训"是许多西方著名公司成功的唯一原因。

帅老师解析 ⑭"那是因为A公司搞的不是'真正的培训'。在西方企业管理过程中，'真正的培训'并不是这样的。中国企业要想进步，必须学习西方企业，搞'真正的培训'。"此处概念模糊，到底何为"真正的培训"？

⑮"事实上，'真正的培训'是许多西方著名公司成功的唯一原因。"这句话过于绝对，忽略了许多西方著名公司成功的其他原因。

乙：橘生淮南则为橘，橘生淮北则为枳。自然界如此，同理，将西方的管理培训制度移植到中国，注定会失败。

帅老师解析 ⑯将自然界的规律机械地套用到企业管理中，有无效类比的嫌疑。而且，"注定会失败"的说法也是不准确的。

四、真题实战训练：制胜考场的技巧

1. 199管综2005年10月真题训练

分析下述论证中存在的缺陷和漏洞，选择若干要点，写一篇600字左右的文章，对该论证的有效性进行分析和评论。（论证有效性分析的一般要点是：概念特别是核心概念的界定和使用是否准确并前后一致，有无各种明显的逻辑错误，论证的论据是否成立并支持结论，结论成立的条件是否充分，等等。）

某管理咨询公司最近公布了一份洋快餐行业发展情况的分析报告，对洋快餐在中国的发展趋势给出了相当乐观的预判。

该报告指出，过去 5 年中，洋快餐在大城市中的网点数每年以 40% 的惊人速度增长，而在中国广大的中小城市和乡镇还有广阔的市场成长空间；照此速度发展下去，估计未来 10 年，洋快餐在中国饮食行业的市场占有率将超过 20%，成为中国百姓饮食的重要选择。

饮食行业的某些人士认为，从营养角度看，长期食用洋快餐对人体健康不利，洋快餐的快速增长会因此受到制约。但该报告指出，洋快餐在中国受到广大消费者，特别是少年儿童消费群体的喜爱。显然，那些认为洋快餐不利健康的观点是站不住脚的。该公司去年在 100 家洋快餐店内进行的大量问卷调查结果显示，超过 90% 的中国消费者认为食用洋快餐对于个人的营养均衡有所帮助。而已经喜爱上洋快餐的未成年人在未来成为更有消费能力的成年群体之后，洋快餐的市场需求会大幅度跃升。

洋快餐长期稳定的产品组合以及产品和服务的标准化，迎合了消费者希望获得无差异食品和服务的需要，这也是洋快餐快速发展的重要优势。

该报告预测，如果中国式快餐在未来没有较大幅度的发展，洋快餐一定会成为中国饮食行业的霸主。

本文主要逻辑缺陷如下：

①由过去 5 年洋快餐网点数在大城市的增长情况，直接推导洋快餐未来 10 年的发展情况，是典型的静止看问题（说时间上的无效类比也可以）。考生在写作过程中，最好从逻辑上点清楚"时地全同"的问题。

②洋快餐网点数大量增长并不意味着洋快餐在中国所有城市饮食行业的市场份额也在增长。考生在写作时应该点明："网点数"只是一个绝对数，而"市场份额"是相对数，二者不能混为一谈。

③材料由"洋快餐受到少年儿童群体的喜爱"推出"洋快餐不利健康的观点站不住脚"，这 推理过于草率，二者不具有因果关系。考生要注意，这里如果写"受喜爱不等同于健康，原文有偷换概念的嫌疑"也是完全可以的。

④在 100 家洋快餐店内进行问卷调查，调查样本过少，而且不公正。考生在写作中一定要强调"不公正"这一点，即在"洋快餐店"调研"洋快餐"的受欢迎程度是不公正的。

⑤"已经喜爱上洋快餐的未成年人在未来成为更有消费能力的成年群体之后，洋快餐的市场需求会大幅度跃升。"此处犯了静止地看问题的错误，未成年人在成年以后，口味等方面可能会改变，不一定会导致洋快餐的市场需求大幅度跃升。

⑥"洋快餐长期稳定的产品组合以及产品和服务的标准化，迎合了消费者希望获得无差异食品和服务的需要，这也是洋快餐快速发展的重要优势。"此处材料只看到了标准化带来的优

势，而忽略了其在长远发展方面的劣势。

⑦"如果中国式快餐在未来没有较大幅度的发展，洋快餐一定会成为中国饮食行业的霸主"存在非黑即白的问题。事实上，中国饮食行业不只有洋快餐和中国式快餐两种类别，人们还有许多其他选择。

其他逻辑错误，言之成理，即可得分。

关于写作思路的提示：本文所选择的案例"洋快餐在中国的崛起"是考生在日常生活中比较熟悉的话题，考生在写作过程中可以结合现实发展情况进行分析。但是，一定要注意，援引事实时不要"喧宾夺主"，还是要以反驳材料中的逻辑错误为主。

2. 396 经综 2024 年真题训练

分析下述论证中存在的缺陷和漏洞，选择若干要点，写一篇 600 字左右的文章，对该论证的有效性进行分析和评论。（论证有效性分析的一般要点是：概念特别是核心概念的界定和使用是否准确并前后一致，有无各种明显的逻辑错误，论证的论据是否成立并支持结论，结论成立的条件是否充分，等等。）

常言道："好马不吃回头草。"人们说这句话的时候，往往不是指马而言，而是用来比喻人事。在我们看来，好马完全可以吃回头草。

例如，一般人认为夫妻离异了就应该分道扬镳，但分手的他或她根本没有想到，言归于好、破镜重圆也可能是一个不错的选择，那么为什么一定要纠结于"好马不吃回头草"而义无反顾地背道而驰呢？

又如，现在跳槽已是司空见惯的事，但跳槽者往往会发现，外面的世界很精彩，但外面的世界又很无奈。跳槽者大可不必再纠结于"好马不吃回头草"，完全可以回原单位工作，因为回到原单位工作，比到其他单位工作无疑更加熟悉，更容易获得成功。说穿了，如今不愿吃回头草的人，不过是因为觉得面子上过不去。其实，为了成就自己的事业，根本不应该碍于面子而不吃回头草。

现在出国留学的学生很多，他们更应该打破"好马不吃回头草"的旧观念，学成后回国为祖国的建设贡献力量，因为国内的"草"很有营养，吃回头草不但有利于国家的事业，也有利于自己的发展，能使自己成为新时代的千里马。

本文主要逻辑缺陷如下：

①本题的结论是"好马完全可以吃回头草"，但是全文并没有准确理解"好马不吃回头草"这一成语的真正含义。"好马不吃回头草"的意思是"坚持向前，不走回头路"，材料却将其理解为夫妻离异之后复合、跳槽之后重回原单位、留学生回国等问题，这是典型的偷换概念。全文都有这一错误，考生可以重点加以分析。

②材料中夫妻离异之后复合、跳槽之后重回原单位、留学生回国等，都是"例如"式的样

本，缺乏公正性，存在以偏概全的错误。

③关于夫妻离异之后复合的例子可以从以下几个方面来反驳。第一，"一般人认为夫妻离异了就应该分道扬镳"这一说法过于绝对。第二，即使现实生活中有"一定要纠结于'好马不吃回头草'而义无反顾地背道而驰"的情况，也是极少数个例，不能说明问题。第三，夫妻感情是比较特殊的关系，即使复合也不是"好马吃回头草"的表现。

④关于跳槽之后完全可以回原单位工作的论证可以从以下几个方面反驳。第一，材料过分夸大"好马不吃回头草"这一观念的影响，现实生活中人们往往遵循"良禽择木而栖"的观念选择工作，哪里适合发展就去哪里。第二，"因为回到原单位工作，比到其他单位工作无疑更加熟悉，更容易获得成功"这一观点是值得商榷的。第三，"如今不愿吃回头草的人，不过是因为觉得面子上过不去"是典型的忽略他因的说法。第四，"为了成就自己的事业，根本不应该碍于面子而不吃回头草"的说法过于绝对。

⑤关于留学生学成后回国的问题可以从以下几个方面反驳。第一，留学生学成后回国为祖国的建设贡献力量是理所应当的，怎么能说是"吃回头草"？材料完全在偷换概念。第二，"吃回头草不但有利于国家的事业，也有利于自己的发展，能使自己成为新时代的千里马"的说法更是在错误概念上进行的滑坡谬误式的分析。

其他逻辑错误，言之成理，即可得分。

第六讲 ||| 快速成文：论证有效性分析的写作思路和方法

本讲重点讲解如何撰写论证有效性分析的文章。我们以 2017 年管理类综合能力考试真题为例，采用"解剖麻雀"的方法，以小见大，来介绍文章的具体写法。

分析下述论证中存在的缺陷和漏洞，选择若干要点，写一篇 600 字左右的文章，对该论证的有效性进行分析和评论。（论证有效性分析的一般要点是：概念特别是核心概念的界定和使用是否准确并前后一致，有无各种明显的逻辑错误，论证的论据是否成立并支持结论，结论成立的条件是否充分，等等。）

如果我们把古代荀子、商鞅、韩非等人的一些主张归纳起来，可以得出如下一套理论：

人的本性是"好荣恶辱，好利恶害"的，所以，人们都会追求奖赏、逃避刑罚。因此，拥有足够权力的国君只要利用赏罚就可以把臣民治理好了。

既然人的本性是好利恶害的，那么在选拔官员时，既没有可能也没有必要去寻求那些不求私利的廉洁之士，因为世界上根本不存在这样的人。廉政建设的关键，其实只在于任用官员之后有效地防止他们以权谋私。

怎样防止官员以权谋私呢？国君通常依靠设置监察官的方法。这种方法其实是不合理的。因为监察官也是人，也是好利恶害的，所以依靠监察官去制止其他官吏以权谋私，就是让一部分以权谋私者制止另一部分人以权谋私，结果只能使他们共谋私利。

既然依靠设置监察官的方法不合理，那么依靠什么呢？可以利用赏罚的方法来促使臣民去监督。谁揭发官员的以权谋私就奖赏谁，谁不揭发官员的以权谋私就惩罚谁，臣民出于好利恶害的本性，就会揭发官员的以权谋私。这样，以权谋私的罪恶行为就无法藏身，就是最贪婪的人也不敢以权谋私了。

纵观全文，本文的核心观点为：拥有足够权力的国君只要利用赏罚就可以把臣民治理好了。找出核心观点之后，大家从逻辑推理和实践两个角度都可以判断出它是不准确的。接下来，我们将对材料中的论据和论证方法进行分析。

材料中的论据如下表所示。

论据支撑	荀子、商鞅、韩非等人的主张→人的本性是"好荣恶辱，好利恶害"的→人们都会追求奖赏、逃避刑罚
	人的本性是好利恶害的→在选拔官员时，既没有可能也没有必要去寻求那些不求私利的廉洁之士，因为世界上根本不存在这样的人

论据支撑	廉政建设的关键，其实只在于任用官员之后有效地防止他们以权谋私
	监察官也是人，也是好利恶害的→依靠监察官制止其他官吏以权谋私，就是让一部分以权谋私者去制止另一部分人以权谋私，结果只能使他们共谋私利
	监察官制度不合理→利用赏罚促使臣民去监督→谁揭发官员的以权谋私就奖赏谁，谁不揭发官员的以权谋私就惩罚谁
	臣民出于好利恶害的本性→揭发官员的以权谋私

关于材料中的论证方法，我们可以从不同的角度展开分析。比如，可以重点从下面九个方面分析材料的缺陷。

①仅凭荀子、商鞅、韩非等人的观点未必能准确推断出人的本性，材料有以偏概全的嫌疑。

②根据"人的本性是'好荣恶辱，好利恶害'的"推断出"人们都会追求奖赏、逃避刑罚"，有强加因果的嫌疑。

③"好荣恶辱，好利恶害"中的"荣"和"利"不能简单等同于奖赏，"辱"和"害"也不能简单等同于惩罚，这里有偷换概念的嫌疑。

④"在选拔官员时，既没有可能也没有必要去寻求那些不求私利的廉洁之士，因为世界上根本不存在这样的人。"这里"根本不存在"这一表达过于绝对化，有绝对化论证的嫌疑。

⑤"廉政建设的关键，其实只在于任用官员之后有效地防止他们以权谋私"把廉政建设的关键看得过于简单，有忽略他因的嫌疑。

⑥材料认为，因为监察官也是人，也是好利恶害的，所以设置监察官制度是不合理的，这里有强加因果的嫌疑。

⑦材料认为，设置监察官制度是不合理的，所以应该利用赏罚。其实二者不是非此即彼的关系，这里有非黑即白的嫌疑。

⑧材料认为，谁揭发官员的以权谋私就应该奖赏谁，否则就惩罚谁。这种方法是不可行的，这里有非黑即白的嫌疑。

⑨"臣民出于好利恶害的本性，就会揭发官员的以权谋私。"这里有强加因果的嫌疑，事实上基于种种原因，臣民有些时候不会揭发官员的以权谋私。

其他逻辑错误，言之成理，即可得分。

在对上述材料进行分析后，接下来我们将重点讲解文章的写作。在讲述的过程中，我们采取"带写"这一最直接的方式，帮助大家掌握论证有效性分析的写法。

一、提纲的拟定：排兵布阵

文章的写作必须做到胸有成竹。大家在动笔之前，一定要对文章各个部分进行仔细思考，排兵布阵，这样才能手到擒来。这里为大家介绍帅老师独创的"六段 15 句作文法"提纲。

开头	第 1 自然段	简要概括题干 + 表明质疑态度
主体	第 2、3、4、5 自然段	找出错误语句 + 指出逻辑错误 + 给出具体分析
结尾	第 6 自然段	否定推理结构 + 回应全文观点

接下来，根据这一提纲，我将详细地带大家一起动手写一篇论证有效性分析的文章。

二、标题的拟定："标题党"是怎样诞生的？

一个好的标题，往往能起到画龙点睛的作用，让人眼前一亮。相反，如果标题取得不够好，则会影响阅卷老师对这篇文章的第一印象，从而导致文章得低分。比如，下面八个标题就是反例。

①论证有效性分析

②一份值得商榷的论证

③如此论证，如同放屁！

④"吹牛逼"能不能讲点逻辑？

⑤完全错误的论证

⑥漏洞百出的论证

⑦物质主义真的不会冲击人类精神世界进而造成空虚吗？

⑧论监察官制度

这些标题都"踩雷"了。其中：①根本没有理解作文的要求；②是考生常选的标题之一，给人以雷同之感；③和④语言粗鄙，语气生硬，最不值得提倡；⑤和⑥完全否定了材料，这是不符合考试大纲要求的；⑦标题过长；⑧写成了论说文的标题。

那么如何拟定作文标题才不会踏入这些雷区呢？在这里，帅老师介绍两种方法。

1. 模板拟题法

所谓模板拟题法，就是采用固有的标题来作为论证有效性分析的题目。常见的标题有：

①似是而非的论证

②且慢草率下结论

③如此论证，岂能服人？

④难以成立的推理

⑤一份值得考量的论证

⑥莫把狡辩当真理

⑦粗疏的推理，偏颇的论证

这些均可以直接作为文章的标题。这种方法比较方便、快捷，但是也容易给人造成套用模板的印象。那么，我们就需要更好的拟题方法。所以，本部分接下来介绍"中心拟题法"。

2. 中心拟题法

所谓中心拟题法，就是找出材料的中心，并进行概括总结，在此基础之上，对原材料的中心进行否定、质疑和折中，并以此作为文章的标题。比如，材料的结论是"**拥有足够权力的国君只要利用赏罚就可以把臣民治理好了**"，我们可以拟定的标题有：

①只利用赏罚未必能治理好臣民

②赏罚制度是万能的吗？

③理性看待赏罚制度

④只利用赏罚就可以治理好臣民吗？

用这个方法拟定的标题，可以展现出我们对材料的熟悉，起到画龙点睛的作用。所以，作文想要冲刺高分的同学一定要掌握这种方法。

● 三、开头的写法：来个精彩亮相

一个精彩的开头往往能够让人眼前一亮，那么，我们在撰写论证有效性分析的文章时，如何能够在开头部分给人这种感觉呢？我们可以采取概括论述法。概括论述法是通过总结材料中的论据和论点，对全文加以概括，作为文章的开头，并在此基础上，指出材料的不准确。此法可以总结为：

给定材料通过证据A，得出了结论C。这一观点看似有理，实则存在诸多值得商榷之处，现简要分析如下。

比如，这篇文章的开头我们就可以写成：

材料从人"好荣恶辱，好利恶害"的本性入手，结合现实情况加以分析，认为"拥有足够权力的国君只要利用赏罚就可以把臣民治理好了"。这一说法看似言之凿凿，实则经不起推敲，现将其主要失误之处分析如下。

在文章开头的段落，以下语句可以作为我们总结材料、分析缺陷时的参考。常见的总结材料的语句有：

①给定材料从 A 和 B 两个方面入手，得出结论 C。

②在材料中，作者对 A 问题进行了详细的讨论，得出了结论 B。

③作者认为，B 是基于对 A 的分析得出的。

④文章对 A 问题进行了详细的分析，并得出了一系列结论。

⑤材料之所以认为 B，是因为 A。

指出文章缺陷时，常用的语句有：

①这些说法看似有理，实则存在诸多值得商榷之处，现简要分析如下。

②这些结论都是不准确的，接下来加以分析。

③文章的结论，无论从逻辑还是事实上说，均是错误的，现加以分析。

④这些观点是难以必然成立的，现分析如下。

四、主体的展开：稳扎稳打，步步为营

主体段落是我们文章最主要的部分，在这一部分，我们需要完成的任务是分析材料中存在的逻辑漏洞，指出材料中的论据无法支持材料的观点，所以论证是无效的。一般来说，在具体的写作过程中，我们遵循这样的公式：

找出错误语句 + 指出逻辑错误 + 给出具体分析

所谓找出错误语句，就是指出原材料中哪里不对。如果原文不长，可以直接摘抄；如果原文过长，则需进行适当的压缩提炼。

所谓指出逻辑错误，就是指出材料中出错的地方具体犯了什么类型的逻辑错误。

所谓给出具体分析，就是对材料中存在的问题针对性地给出具体的分析。

通过这种三位一体的方法，我们可以对原材料进行系统的分析，完成主体段落的写作。接下来我们来写一部分主体语段，并对其进行具体分析。

（1）人性"好荣恶辱，好利恶害"的观点，是作者基于荀子、商鞅、韩非等人的主张归纳出来的。（2）此观点具有很大的偏颇之处，有以偏概全的嫌疑。（3）众所周知，这些人均是法家"性恶论"思想的倡导者，他们对人性的认识是片面的，不能用他们的一家之言断定人类的本性。

我们来看这个段落：首先，（1）找出了材料中的错误语句，作为下文进行有效性分析的基础；其次，（2）具体指出了材料中的逻辑错误所在，这是论证有效性分析的核心；最后，（3）给出了这一问题的具体分析，这是论证有效性分析的目的。这样三位一体，就可以全面地

分析出材料中的逻辑错误。

我们需要注意，这个结构在具体的写作过程中是十分灵活的，可以根据题目适当地进行变化。比如，这篇文章接下来可以这样写：

其次，文中还提出这样的观点：世界上根本不存在不求私利的廉洁之士。这显然是不准确的，有绝对化论证的嫌疑。众所周知，包拯一身正气，海瑞两袖清风，于成龙为民请命，杨善洲造福苍生，这些古往今来的楷模，不正是不求私利的廉洁之士吗？

再次，材料试图论证这样的观点：设置监察官制度来防止以权谋私是不合理的，其结果只能导致监察官与官员一起以权谋私。如此草率地思考问题，怎能得出符合实际的结论？事实上，我们知道，监察官制度作为一种有效防治手段，是经过了实践检验的，其积极作用怎可因为一个不合理的判断而被全然否定？

最后，作者提出了自己遏制腐败的方法：谁揭发官员的以权谋私就奖赏谁，谁不揭发官员的以权谋私就惩罚谁，臣民出于好利恶害的本性，就会揭发官员的以权谋私。可以毫不夸张地说，这是指雁为羹、画饼充饥式的看法，将反腐大计视若儿戏。揭发就奖赏，不揭发就惩罚，如此简单的两极化思维是不可能得出可靠的结论的。

仔细分析上面的语段，就能基本掌握论证有效性分析的写法。在阅读过程中，我们也可以积累一些高分语料。比如，摘录原文时，常用的语句有：

①文中认为……

②材料中指出……

③作者希望论证这样的结论……

④材料中存在这样的论证结构……

⑤论述者无非是想要确立这样的观点……

⑥材料在最后提出了如下论述……

再比如，指出材料中的缺陷时，常用的语句有：

①很明显这是不准确的。

②这一观点难以必然成立。

③这一说法值得进一步分析与思考。

④这样的推理过程是难以让人信服的。

⑤这一说法很显然在逻辑上站不住脚。

⑥这样的论断，岂能让人信服？

五、结尾的写法：言有尽，意无穷

结尾段落主要的任务有以下两个：

否定推理结构 + 回应全文观点

这两个任务是相辅相成的。否定推理结构，就是要指出材料中的推理是不成立的，违背基本逻辑规则。这就可以证明，整个论证都是不可信的，在此基础上，可以进一步回应开头对题干结论的质疑。比如，本文的结尾可以写成：

综上所述，材料列举的证据均无法支持其结论，关于监察官制度和赏罚制度，我们还应进行更加理性的思考。

结尾段落只要完成了上文所说的两个任务即可，其写法比较自由，考生可以充分发挥自己的文采，但是要注意一点，最后一段不要写太长，一般以 2～4 句话为宜。更多结尾段落举例如下，供大家参考。

①综上所述，给定题干中存在诸多值得商榷之处，其得出的结论必然是不可信的。

②总而言之，作者在论据使用和论证方法上存在诸多值得商榷之处，其得出的结论也是不符合事实的。

③所以，该论证存在诸多缺陷，经过评估，其论证的有效性值得进一步商榷，得出的结论也是难以成立的。

六、语言的锤炼：从"写完"到"写好"

掌握了写作的基本思路和框架之后，我们就要在文章的语言上下功夫，语言的准确、鲜明、生动和多样会让文章锦上添花。我们选取两篇文章进行批改，在批改的过程中，重点让大家体会如何锤炼语言。

一份似是而非的论证❶

"好荣恶辱，好利恶害"出自《荀子》第四篇《荣辱篇》，文中论述看似有理，实则存在诸多值得商榷之处。❷《荣辱篇》所论及的人性，其本质恰是无所谓善恶的"本始材朴"的自然，它既有转化为恶的可能，也有发展为善的机会。❸

首先，文中认为人们都会追求奖赏，逃避刑罚。国君只要利用赏罚就可以把臣民治理好了。❹这种说话过于绝对化。❺中国战国时期，秦横扫七国，为何二世则亡？日本战国时期，织田信长采取严刑峻法，颁发如"一钱

❶ 改为：似是而非的论证。

❷ 整个第一段，只有这一句话是有用的，而且表达过于简略。

❸ 文章开头虽然旁征博引，但是论述的内容大多与论证有效性分析无关，喧宾夺主。这是典型的炫才行为，是非常不值得提倡的。

❹ 这句话上下不搭配，而且篡改了原文，应该改成：文中认为，拥有足够权力的国君只要利用赏罚就可以把臣民治理好了。

❺ 语言表达不通顺。这句话应该改为：这里有绝对化论证的嫌疑。或者改为：这一说法过于绝对化，难以必然成立。

斩"等一系列苛法，残暴对待属下及国民，间接触发本能寺之变，日本统一历史由他之死一同被改写。❻因此，不是只要利用赏罚就可以把臣民治理好。

其次，文中认为在选拔官员时，没有必要去寻求廉洁之士，因为世界上根本不存在这样的人。这种说话过于绝对化。❼古代廉臣包拯，廉洁公正，铁面无私，敢于替百姓申不平，"包青天"一名被后世奉为神明。因此，廉洁之士应去寻找，其执政后，方能更好地造福一方百姓。❽

再次，文中认为国君设置监察官的方法其实是不合理的。因为监察官也是人，也是好利恶害的，结果只能是他们共谋私利。这种说话过于绝对，❾强加因果怎能让人信服？史册有证，秦自孝公以后的历代君主，大部分都是"监察主义"者，通过监察整治朝纲、净化各朝代政治环境。监察是治国的重要法宝之一。

最后，谁揭发官员的以权谋私就奖赏谁，谁不揭发官员的以权谋私就惩罚谁。这种观点极其危险。❿武则天当政期间，任用酷吏来俊臣，他写过一部《告密罗织经》，专讲如何罗织罪名以残害异己，又设推事院，大兴刑狱，任意捏造罪状置人于死地。大臣及宗室被其枉杀灭族者达数千家。原太子李忠暴毙，武则天次子李贤被逼自尽，数万宗族被杀、无辜生命惨死。⓫

综上所述，这是一份不严谨的论证。⓬

一篇有待商榷的论证❶

文中对赏罚制度进行了分析，并得出结论。❷这个结论是完全错误的，❸分析如下。❹

❺文中说❻人的本性是"好荣恶辱，好利恶害"的，所以人们都会追求奖赏，逃避刑罚。这里"人的本性是'好荣恶辱，好利恶害'的"和"人们都会追求奖赏，逃避刑罚"存在一定的联系，但不是逻辑上的因果关系，这里有强加因果的嫌疑，需要进一步推敲。❼

其次，文中写道❽："廉政建设的关键，其实只在于任用官员之后有效地防止他们以权谋私。"这里将廉政

❻ 整个画横线的部分有喧宾夺主之嫌。我们在论证有效性分析中可以举例子，但是不能如此写作。

❼ 同❺。

❽ 语言过于烦琐，改为：古有包青天，今有焦裕禄，都是不求私利的廉洁之士。

❾ 同❺，而且语言高度重复。

❿ 不要写这种危言耸听的评价，要写具体违反了什么逻辑规律。

⓫ 整个倒数第二段，完全是论说文的写法，这是大错特错的。

⓬ 结尾这么写完全可以，但是过于简略，建议再呼应一下开头的质疑。

❶ 此标题是可以的，但是原文中心论点明确，建议采用中心拟题法。

❷ 得出了什么结论？

❸ 用词过重，大家千万记住不能完全否定材料。

❹ 整个开头段有两个问题：第一，语气过重；第二，语言过于简略。

❺ 对于主体段落，每段段首最好加上逻辑提示词，如：首先、其次、再次、最后。

❻ "文中说"这种表达固然没错，但是过于口语化，建议改成"文中认为""文中提到"等。

❼ 这两句话的意思高度重复，基本属于同义语复述，这是完全不可以的。此处没有体现具体的问题，只是在批评。要指出，为什么不具有因果关系？

❽ "写道"的表达也过于口语化。

建设的关键单纯归结于防止任用的官员以权谋私，忽略了廉政建设中其他的关键因素。❾

再次，文中认为世界上根本不存在不求私利的廉洁之士。这种观点过于武断，太绝对化。不求私利的廉洁之士在世界上是存在的，如历史上北宋的王安石、西汉的司马迁、明朝的海瑞等。而且历史的进步、人民生活的安定也都离不开这些廉洁之士。❿

最后，文中提到臣民出于好利恶害的本性，就会揭发官员的以权谋私。臣民可能基于其他因素而不会去揭发官员的以权谋私，如有的臣民，像普通的老百姓，可能不会过问政治问题，更不会去揭发以权谋私的官员。⓫

综上所述，这确实是一篇值得商榷的论证。⓬

❾ 其他因素是什么？一定要写出来。

❿ 就事论事，这句话是多余的，删除。

⓫ 整个段落的语气如同抬杠，并不是在进行论证有效性分析。大家一定要用一句有逻辑的话指出材料中的错误。

⓬ 语言过于简略，且没有贴合材料。

● 七、范文的分析：高分是怎样炼成的？

以上为大家介绍的就是论证有效性分析的写法，但是学无止境，文无定法，以上思路只是一个基础，要想写出更好的文章，我们就要不断学习，理清自己的思路，完善自己的框架，精炼自己的语言。我在这里分享一篇范文，大家可以对照着这篇文章，梳理一下论证有效性分析的写作方法。

只利用赏罚就可以治理好臣民？❶

文／帅老师

给定题干从法家的"性恶论"思想入手，否定了监察官制度，并得出了"拥有足够权力的国君只要利用赏罚就可以把臣民治理好了"的结论。❷整个推理过程看似真知灼见，实则标新立异，现将其失误之处简要分析如下。❸

首先，❹材料以荀子、商鞅、韩非等人的观点推断人的本性。这本身就是以偏概全的说法。更何况"好荣恶辱，好利恶害"也不能简单、机械地理解为人们都会追求奖赏，逃避刑罚。这完全是指鹿为马式的偷换概念。❺想要正确了解人的本性，必须对经典进行更加深入的理解和分析。❻

其次，材料还指出，世界上根本不存在不求私利的廉洁之士。这一说法也是过于绝对的。古有包青天，今

❶ 标题采用中心式拟题法，紧扣材料中心。

❷ 分为三个小分句，全面概括了材料的论证，形成照应，并不做泛泛之论。

❸ "看似真知灼见，实则标新立异"为高分语料，值得积累。

❹ "首先、其次、再次、最后"为逻辑提示词，按照顺序罗列，彰显文章的内在逻辑性。

❺ 高分语料，值得积累。

❻ 整个段落采取组合式分析，将材料中所有的错误加以分析，指出了材料中"以偏概全"和"偷换概念"两个逻辑错误。

有焦裕禄，都是毫不利己、专门利人的英雄。❼而且，"廉政建设的关键，其实只在于任用官员之后有效地防止他们以权谋私"这一句也是忽略他因的思维方式。"不敢腐""不能腐"只是廉政建设的一个目的，更高的追求是建设"不愿腐""不想腐"的廉政文化。❽

再次，作者又强调，监察官制度是不合理的，因为监察官也是人，也是好利恶害的。此处的论证简直是匪夷所思的，如此强加因果，怎能得出可靠的结论？如前文所述，"所有人都好利恶害"这个假设就是不成立的，以此为前提，做出的推理简直就是无根之木。❿

最后，材料给出了解决办法：可以利用赏罚的方法来促使臣民去监督。揭发就奖赏，不揭发就惩罚，并天真地认为臣民出于好利恶害的本性，就会揭发官员的以权谋私。该说法明显与现实背道而驰。第一，揭发可以奖赏，不揭发为什么要惩罚？这种非黑即白的思维是不可取的。第二，臣民真的会因为"奖赏"而揭发官员吗？这也是值得商榷的。⓫

综上所述，材料列举的证据或是曲解经典，或是误解事实，或是违背逻辑，⓬都是难以必然成立的，⓭关于"监察官制度""赏罚制度"等还应进行更加全面的分析。⓮

❼ 这三个句子，严格按照"找出错误语句＋指出逻辑错误＋给出具体分析"的方法进行写作，言简意赅，刀刀见血。

❽ 结合现实情况反驳材料，有高度，有深度。

❾ 高分语料，值得积累。

❿ 前后照应。

⓫ 整个段落分析了材料中的两个错误，形成前后照应，增强了文章的说服力。

⓬ 高分语料，值得积累。

⓭ 强调"难以必然成立"，这个"必然"体现了本文作者对论证有效性分析理解得十分到位。

⓮ 这篇文章的字数超出了考试的要求范围，考生在具体学习过程中，可根据实际情况进行适当的删减。

大家可以参照批注，仔细体会范文的思路、框架和语言，并在此基础上研究论证有效性分析，进一步提升写作的方法和技巧。

● 八、真题的示范：直击考场

1. 199 管综 2021 年真题示范

分析下述论证中存在的缺陷和漏洞，选择若干要点，写一篇 600 字左右的文章，对该论证的有效性进行分析和评论。（论证有效性分析的一般要点是：概念特别是核心概念的界定和使用是否准确并前后一致，有无各种明显的逻辑错误，论证的论据是否成立并支持结论，结论成立的条件是否充分，等等。）

常言道："耳听为虚，眼见为实。"其实，"眼所见者未必实"。

从哲学意义上来说，事物的表象不等于事物的真相。我们亲眼看到的，显然只是事物的表象而不是真相。只有将看到的表象加以分析，透过现象看本质，才能看到真相。换言之，我们亲眼看到的未必是真实的东西，即"眼所见者未必实"。

举例来说，人们都看到旭日东升，夕阳西下，也就是说，太阳环绕地球转。但是，这只是人们站在地球上看到的表象而已，其实这是地球自转造成的。由此可见，眼所见者未必实。

我国古代哲学家老子早就看到了这一点。他说过，人们只看到房子的"有"（有形的结构），但人们没看到的"无"（房子中无形的空间）才有实际效用。这也说明眼所见者未必实，未见者为实。

老子还说，讲究表面的礼节是"忠信之薄"的表现。韩非解释时举例说，父母和子女因为感情深厚而不讲究礼节，可见讲究礼节是感情不深的表现。现在人们把那种客气的行为称作"见外"，也是这个道理。这其实也是一种"眼所见者未必实"的现象。因此，如果你看到有人对你很客气，就认为他对你好，那就错了。

✏️ **帅老师解析** 本题主要考查考生对材料结构以及内部逻辑错误的分析。题干中的主要逻辑错误如下。

① "从哲学意义上来说，事物的表象不等于事物的真相。我们亲眼看到的，显然只是事物的表象而不是真相。"这是不准确的。将"我们亲眼看到的"等同于"事物的表象"，从概念上讲，二者的内涵和外延都是完全不同的。"我们亲眼看到的"是在人的主观能动性范围内能够观察到的具体事物的外在形态，而"事物的表象"是客观事物所呈现的具体的实在，二者不能等同。

② "只有将看到的表象加以分析，透过现象看本质，才能看到真相。"这很明显是不准确的。"分析表象，透过现象看本质"固然是我们认识真相的一个途径，但是这并不是必要条件。洞悉事物真相的方法有很多，不可能只凭这一点。

③ "我们亲眼看到的未必是真实的东西，即'眼所见者未必实'。"这里有偷换概念的嫌疑。"真实"的"实"是哲学上是否存在的"是"，而"眼所见者未必实"的"实"是价值判断真假中的"真"，二者不能等同。

④ "举例来说，人们都看到旭日东升，夕阳西下，也就是说，太阳环绕地球转。但是，这只是人们站在地球上看到的表象而已，其实这是地球自转造成的。由此可见，眼所见者未必实。"由地球自转现象推断"眼所见者未必实"这一观点也是不准确的。该案例涉及参照物的问题，"太阳环绕地球转"这一假设是先民限于科技条件，基于地球不动做出的判断，这是一种科学上的误解，并不涉及"真实"的"实"。

⑤ "我国古代哲学家老子早就看到了这一点。他说过，人们只看到房子的'有'（有形的结构），但人们没看到的'无'（房子中无形的空间）才有实际效用。这也说明眼所见者未必实，未见者为实。"这里老子讲的是客观实在与主观存在之间的辩证关系，和"眼见为实"完全不是一个维度。换言之，"有"不等于"真实"，"无"也不等于"不为实"。

⑥ "老子还说，讲究表面的礼节是'忠信之薄'的表现。韩非解释时举例说，父母和子女

因为感情深厚而不讲究礼节，可见讲究礼节是感情不深的表现。"这里的"礼节"指的是繁文缛节，是和璧、隋珠上不必要的装饰，而不是正常的、必要的礼仪。因此，以这句话说明"眼所见者未必实""如果你看到有人对你很客气，就认为他对你好，那就错了"是不准确的。

其他逻辑错误，言之成理，即可得分。

本题参考范文如下。

眼所见者未必实

文 / 帅老师

给定题干从哲学推理、玄学思想、礼学观念三个角度入手，得出了"眼所见者未必实"的结论。整个推理过程在学科内涵上存在很多"硬伤"，直接削弱了题干的结论，造成了论证与结论南辕北辙式的自相矛盾。

首先，将"我们亲眼看到的"等同于"事物的表象"，从概念上讲，二者的内涵和外延都是完全不同的。前者是在人的主观能动性范围内能够观察到的具体事物的外在形态，而后者是客观事物所呈现的具体的实在，二者不能等同。

其次，由地球自转现象推断"眼所见者未必实"这一观点也是不准确的。该案例涉及参照物的问题，"太阳环绕地球转"这一假设是先民限于科技条件，基于地球不动做出的判断，这是一种科学上的误解，并不涉及"真实"的"实"。

再次，老子所说的"有"和"无"讲的是客观实在与主观存在之间的辩证关系，和"眼见为实"完全不是一个维度。换言之，"有"不等于"真实"，"无"也不等于"不为实"。

最后，"韩非解释时举例说，父母和子女因为感情深厚而不讲究礼节，可见讲究礼节是感情不深的表现。"这里的"礼节"指的都是繁文缛节，是和璧、隋珠上不必要的装饰，而不是正常的、必要的礼仪。因此，以这句话说明"眼所见者未必实""如果你看到有人对你很客气，就认为他对你好，那就错了"是不准确的。

综上，该论证虽然想要自有建树，但是究其本质，终究还是难以自圆其说。"眼所见者未必实"这一结论，还需要紧密结合哲学上的"物质"观念进行详细的分析。

2. 396 经综 2021 年真题示范

分析下述论证中存在的缺陷和漏洞，选择若干要点，写一篇600字左右的文章，对该论证的有效性进行分析和评论。（论证有效性分析的一般要点是：概念特别是核心概念的界定和使用是否准确并前后一致，有无各种明显的逻辑错误，论证的论据是否成立并支持结论，结论成立的条件是否充分，等等。）

人们受骗上当的事时有发生，乃至有人认为如今的骗术太高明而无法根治。其实，如今要根治诈骗并不难。

首先，从道理上讲，正义终将战胜邪恶，这是历史已证明的规律。诈骗是一种邪恶的行为，最终必将被正义的力量彻底消灭。既然如此，诈骗怎么不能根治呢？

其次，很多诈骗犯虽然骗术高明，但都被绳之以法，这说明在法治社会中，诈骗犯根本无处藏身。这样，谁还敢继续行骗呢？没有人敢继续行骗，诈骗不是被根治了吗？

再次，还可以通过全社会的防范来防止诈骗的发生。诈骗的目的，无非是想骗取钱财。凡是要你花钱的事情，你都要慎重考虑。例如，有些投资公司建议你向它们投资，有些机构推荐你参加高收费的培训，有些婚恋对象向你借巨款。诸如此类，其实都不靠谱。所有的人如果都不相信这些话，诈骗就无法得逞。诈骗无法得逞，不就是被根治了吗？如果建立更加有效的防范机制，根治诈骗就更容易了。

总之，无论从道理上讲，还是从行骗者或被骗者的角度来看，如今要根治诈骗根本不是难事。

✏️ **帅老师解析**　本题考查的内容和现实生活联系紧密，大家有一定的认知基础。本题的难度中等，主要逻辑缺陷如下。

①"诈骗是一种邪恶的行为，最终必将被正义的力量彻底消灭。"这里明显存在偷换概念的嫌疑，将"邪恶的行为"这一概念与"诈骗"这一概念混淆。

②"很多诈骗犯虽然骗术高明，但都被绳之以法，这说明在法治社会中，诈骗犯根本无处藏身。""很多诈骗犯被绳之以法"只能说明打击力度大，无法说明"诈骗犯无处藏身"。

③"在法治社会中，诈骗犯根本无处藏身。这样，谁还敢继续行骗呢？没有人敢继续行骗，诈骗不是被根治了吗？"从事实上看这是不符合实际情况的。所谓利令智昏，只要有巨额利润，肯定会有人铤而走险。

④"还可以通过全社会的防范来防止诈骗的发生。诈骗的目的，无非是想骗取钱财。凡是要你花钱的事情，你都要慎重考虑。"即使慎重考虑，有些时候依然会落入骗子的陷阱。

⑤"有些投资公司建议你向它们投资，有些机构推荐你参加高收费的培训，有些婚恋对象向你借巨款。诸如此类，其实都不靠谱。所有的人如果都不相信这些话，诈骗就无法得逞。"此处存在以偏概全，有些人识别能力弱，还是会上当的。

其他逻辑错误，言之成理，即可得分。

本题参考范文如下。

根治诈骗真的不难吗？

文／帅老师

对于给定的题干观点"根治诈骗并不难"，虽然可以理解其初衷是积极的，但经过深入剖析，我们发现这一观点的成立并非必然。

首先，从历史的角度来看，正义确实常常战胜邪恶，这是一个被广泛认可的规律。然而，这并不能直接推断出诈骗行为会被彻底根除。原因在于，"正义战胜邪恶"是一个宏观的、长期的过程，而诈骗行为的防治，需要考虑到这一行为在现实生活中的复杂性和多样性。诈骗行为往往在短时间内难以被发现和惩治，因此谈不上"根治"。

其次，虽然有许多诈骗犯因为其骗术被揭穿而受到法律的制裁，但这并不能说明在法治社会中诈骗犯就无法藏身。确实，在法治社会中，违法行为会受到法律的制裁，但法律的执行和诈骗的查处需要一个过程，这种滞后性给了诈骗犯可乘之机。同时，因为巨额经济利益的驱动，一些人会选择冒险进行诈骗，这也是一个需要重视的现实。

再次，作者提出凡是要你花钱的事情都要慎重考虑，这是正确的。然而，这并不意味着其能够完全防止诈骗行为的发生。在现实生活中，有些人知识水平较低、防范意识较差，可能无法准确识别诈骗行为，从而成为诈骗的受害者。

最后，关于"所有的人如果都不相信这些话，诈骗就无法得逞"的观点过于乐观。实际上，很多人无法依靠自己来分辨诈骗行为。即使人们增强了防骗意识，由于社会的复杂性和信息的不对称性，诈骗犯仍然有可能得逞。

综上所述，材料的观点是难以必然成立的。"防骗"路漫漫，还需要全社会进一步的努力。

3.396 经综 2011 年真题示范

分析下述论证中存在的缺陷和漏洞，选择若干要点，写一篇600字左右的文章，对该论证的有效性进行分析和评论。（论证有效性分析的一般要点是：概念特别是核心概念的界定和使用是否准确并前后一致，有无各种明显的逻辑错误，论证的论据是否成立并支持结论，结论成立的条件是否充分，等等。）

从今年开始，教育部、国家语委将在某些城市试点推出一项针对国人的汉语水平考试——"汉语能力测试（HNC）"。该测试主要考查以母语为汉语的人的听、说、读、写四方面的综合能力，并将按照难度分为各个等级，其中最低等级相当于小学四年级水平（扫盲水平），最高等级相当于大学中文专业毕业水平。考生不受职业、学历、年龄限制，可直接报考。公众对于这项新事物，支持和反对的意见都有。

支持者认为，在世界各地掀起学习汉语热潮的今天，孔子学院遍地开花，俨然一个"全世界都在说中国话"的时代就要来临。但是国人的汉语能力令人担忧，如提笔忘字、中英文混杂、网络用语不规范等现象普遍存在。目前大家都感到母语水平下降，但是对差到何种程度、差在哪里、怎么入手解决却无人能言。而汉语能力测试有一个科学的评测标准，可以帮助应试者了解其汉语水平在特定人群、地域中的位置。这样的测试一定会唤起大家对母语文化的重视。

以下是几种有代表性的反对观点。观点一，汉语学习更多的是培养一种读书氛围，养成良好的阅读习惯，不能太功利；汉语要保存，要维系，需要培养的是修养而不是一种应试能力；在当前汉语衰退的环境下，要让汉语重新"热"起来，应从维系汉语文化的长远发展着手，营造一种大众的、自由的、向上的母语学习环境。观点二，中国的孩子在中国的土地上学习母语有完整的教育体系，在这种情况下，这项测试的诞生不仅是一种浪费，还严重干扰了当前的汉语教学；汉语的综合水平量化，就会使得原来丰富生动的语言扭曲化、简陋化。观点三，对于把汉语作为母语的中国人来说，汉语会用会说就可以了，不是人人都要成为作家，汉语类的能力测试更适合外国人来参加。

（摘编自《汉语能力测试：你怎么看？》，《人民日报（海外版）》2011年8月8日；《国家汉语能力测试10月份在江苏等地试点》，《中国日报》2011年8月14日）

✏️ **帅老师解析** 本题考查的内容和现实生活联系紧密，大家有一定的认知基础。本题的难度中等，主要逻辑缺陷如下。

①随着信息技术的发展，我国确实存在许多国人提笔忘字、中英文混杂、网络用语不规范的现象，但这不能等同于国人汉语水平普遍下降。

②国人在汉语使用方面的确存在一些问题，但这并不意味着国人不知道"差到何种程度、差在哪里"。

③即便参加了汉语能力测试，应试者也不一定能够根据测试结果了解其汉语水平在特定人群、地域中所处的位置。

④由"汉语能力测试可以帮助应试者了解自身汉语水平"，得不出"这样的测试一定会唤起大家对母语文化的重视"的结论。

⑤即便汉语学习是为了培养良好的读书氛围和阅读习惯，也不意味着汉语能力测试的推出是将汉语学习功利化。

⑥汉语的保存和维系需要培养修养，这种修养可以在一定程度上通过汉语水平测试体现出来。

⑦"当前汉语衰退的环境"这样的表述与实际情况存在出入，缺乏准确性。

⑧举行汉语能力测试与营造大众的、自由的、向上的母语学习环境并不矛盾，前者可以推动后者这种环境的形成。

⑨"汉语能力测试的诞生不仅是一种浪费，还严重干扰了当前的汉语教学；汉语的综合水平量化，就会使得原来丰富生动的语言扭曲化、简陋化。"这种说法太过片面。

⑩中国人对汉语的使用绝不能仅停留在"会用会说"的水平上，提高汉语水平的长远意义不容忽略。

其他逻辑错误，言之成理，即可得分。

本题参考范文如下。

汉语能力测试是否应该举行？

文/帅老师

由汉语能力测试引发了支持与反对两方讨论，材料对此进行了诸多阐述，看似有理，实则双方都存在不少逻辑问题，现分析如下。

支持者认为，"全世界都在说中国话"的时代就要来临，但国人汉语能力令人担忧，如提笔忘字、中英文混杂、网络用语不规范等现象普遍存在，国人母语水平正在下降。这种说法是不准确的，国人在使用汉语时的确存在一些问题，但这并不意味着国人汉语水平普遍下降。此外，汉语能力测试有科学的评测标准，但这只是一个相对的标准，没有实际比较价值，即便参加了汉语能力测试，应试者也不一定能够根据测试结果了解其汉语水平在特定人群、地域中所处的位置。参加汉语能力测试虽然可以帮助应试者了解自身汉语水平，但规范母语使用和培养母语文化不相同，要想唤起人们对母语文化的重视，还需要在语言环境等诸多因素上做出努力。

反对者认为，汉语学习不能太功利，汉语需要培养的是修养而不是一种应试能力。这样的说法是有一定道理的，但汉语能力测试的举行并不意味着将汉语学习功利化，也不能将其机械地看成一种应试能力的培养，它与营造大众的、自由的、向上的母语学习环境并不矛盾，相反，它可以推动这种环境的形成。"汉语能力测试的诞生是一种浪费，会使得原来丰富生动的语言扭曲化、简陋化"，这种说法未免太过牵强。汉语这样富有内涵的语言不会因为考试这种形式而扭曲。要想保护并发扬汉语文化，国人仅仅会用会说汉语是远远不够的，我们不仅要规范使用汉语，还要为汉语文化的发扬与传承贡献力量。

综上所述，人们对于汉语能力测试的举行褒贬不一，但都无法进行有力论证。对于汉语能力测试是否应该继续推行下去，还需要进一步考量。

本文最值得学习的地方是其归纳论述的方法和技巧。本文主要分为两大部分，以中立、客观的态度分别阐述了支持者和反对者意见中的逻辑错误。这种写作的思路和框架是值得我们学习的。

4. 199 管综 2022 年真题示范

分析下述论证中存在的缺陷和漏洞，选择若干要点，写一篇 600 字左右的文章，对该论证的有效性进行分析和评论。（论证有效性分析的一般要点：概念特别是核心概念的界定和使用是否准确并前后一致，有无各种明显的逻辑错误，论证的论据是否成立并支持结论，结论成立的条件是否充分，等等。）

默默无闻、无私奉献虽然是人们尊崇的德行，但这种德行其实不可能成为社会的道德精神。

一种德行必须借助大众媒体的传播，让大家受其感染，并转化为自觉意识，然后才能成为社会的道德精神。但是，默默无闻、无私奉献的精神所赖以存在的行为特点是不事张扬、不为人知。既然如此，它就得不到传播，也就不可能成为社会的道德精神。

退一步讲，默默无闻、无私奉献的善举经媒体大力宣传后为更多的人所了解，这就从根本上使这一善举失去了默默无闻的特性。既然如此，这一命题就无从谈起了。

再者，默默无闻的善举一旦被媒体大力宣传，当事人必然会受到社会的肯定与赞赏，而这就是社会对他的回报。既然他从社会得到了回报，怎么还可以说是无私奉献呢？

由此可见，默默无闻、无私奉献的德行注定不可能成为社会的道德精神。

✎**帅老师解析** 本题考查的内容和现实生活联系紧密，大家有一定的认知基础。本题的难度中等，主要逻辑缺陷如下。

①"一种德行必须借助大众媒体的传播，让大家受其感染，并转化为自觉意识，然后才能成为社会的道德精神。"这一说法过于绝对化，同时忽略了促使"一种德行"成为"社会的道德精神"的其他因素。

②"默默无闻、无私奉献的精神所赖以存在的行为特点是不事张扬、不为人知。既然如此，它就得不到传播，也就不可能成为社会的道德精神。"这里存在着两个错误：第一，"不事张扬、不为人知"和"得不到传播"之间不构成因果关系，也无法推出其"不可能成为社会的道德精神"；第二，"不可能"的表达过于绝对化。

③"默默无闻、无私奉献的善举经媒体大力宣传后为更多的人所了解，这就从根本上使这一善举失去了默默无闻的特性。"这一说法过于绝对化，媒体宣传的正是其"默默无闻"的品质，怎么能说使其丧失了这一特性呢？在此基础上认为"这一命题就无从谈起了"也是强加因果的说法。

④"默默无闻的善举一旦被媒体大力宣传，当事人必然会受到社会的肯定与赞赏，而这就是社会对他的回报。既然他从社会得到了回报，怎么还可以说是无私奉献呢？"整段都犯了偷换概念的错误："当事人得到了回报"和"无私奉献"完全是两码事，不能混为一谈。

其他逻辑错误，言之成理，即可得分。

本题参考范文如下。

如此论证，岂能服人？

文／帅老师

材料从多个角度加以分析，得出了"默默无闻、无私奉献不能成为社会的道德精神"的结论。整个推理过程看似真知灼见，实则标新立异，现将主要失误之处简要分析如下。

首先，材料先入为主地认为：一种德行必须借助大众媒体的传播，让大家受其感染，并转化为自觉意识，然后才能成为社会的道德精神。这样的说法是不符合实际情况的，有绝对化论证的嫌疑。众所周知，社会的道德精神中，有很多是一个社会、一个民族融入血脉的精神力量，是"与生俱来"的，何必还要依靠"大众媒体的传播"？

其次，作者进一步指出：默默无闻、无私奉献的精神所赖以存在的行为特点是不事张扬、不为人知。既然如此，它就得不到传播，也就不可能成为社会的道德精神。此处的推理在逻辑上难以必然成立，有偷换概念的嫌疑。很显然，"不为人知"不等于"得不到传播"，在此基础上认为其"不可能成为社会的道德精神"，也显然是不成立的。

再次，材料还提出：默默无闻、无私奉献的善举经媒体大力宣传后为更多的人所了解，这就从根本上使这一善举失去了默默无闻的特性。该说法有强加因果的嫌疑。宣传这些善举正是为了让"默默无闻"的美德感染更多人，使其发扬光大，怎能说使其丧失这一特性呢？

最后，论述者还提出：默默无闻的善举一旦被媒体大力宣传，当事人就会收到社会对他的回报，如此，就不能说是无私奉献。该推理也是难以必然成立的，有强加因果的嫌疑。众所周知，无私奉献在前，社会回报在后，前者发生并不必然导致后者发生，后者发生也不能否定前者。怎可如此推理？

综上所述，材料列举的证据均无法支持其结论，所得出的结论也是难以必然成立的。"默默无闻""无私奉献"是值得我们提倡的社会道德精神。

本文采取"总—分—总"的结构，逐条反驳了材料中的逻辑错误。值得我们学习的有以下几点：第一，对材料的理解非常透彻，能够抓住材料的核心观点，并围绕这一观点展开论证；第二，在具体的反驳过程中，能够借力打力，从材料的逻辑出发，采用反证法，指出其论据的不合理之处；第三，文章语言要言不烦，刀刀见血。

分析下面的论证在概念、论证方法、论据及结论等方面的有效性。600字左右。（论证有效性分析的一般要点是：概念特别是核心概念的界定和使用是否准确并前后一致，有无各种明显的逻辑错误，论证的论据是否成立并支持结论，结论成立的条件是否充分，等等。）

甲：有人以中医不为西方人普遍接受为由，否定中医的科学性，我不赞同。西方人普遍不能接受中医是因为他们不理解中国的传统文化。

乙：西医是以科学研究为根据的，科学研究的对象是普适的自然规律。因此，科学没有国界，科学的发展不受民族或文化因素的影响。将中医的科学地位不为西方科学界所认可归咎于西方人不了解中国文化是荒唐的。

甲："科学没有国界"是一个广为流传的谬误。如果科学真的没有国界，为什么外国制药公司会诉讼中国企业侵犯其知识产权呢？

乙：从科学角度讲，现代医学以生物学为基础，而生物学建立在物理、化学等学科的基础之上。中医不以这些学科为基础，因此它与科学不兼容，只能说是伪科学。

甲：中医在中国有几千年的历史，治好了很多人，怎么能说它是伪科学呢？人们为什么崇尚科学？是因为科学对人类有用。既然中医对人类有用，凭什么说它不是科学？西医自然有长于中医的地方，但中医也有长于西医之处。中医体现了对人体完整系统的把握，强调整体观念、系统思维，这是西医所欠缺的。

乙：我去医院看西医，人家用现代科技手段从头到脚给我检查一遍，怎么没有整体观念、系统思维呢？中医在中国居于主导地位的时候，中国人的平均寿命只有三十岁左右，现代中国人的平均寿命约七十岁，完全拜现代医学之赐。

拿到考题之后，我们要逐字逐句地阅读材料，再在材料上标注其中存在的错误。

甲：有人以中医不为西方人普遍接受为由，否定中医的科学性，我不赞同。西方人普遍不能接受中医是因为他们不理解中国的传统文化。**（忽略他因）**

乙：西医是以科学研究为根据的，科学研究的对象是普适的自然规律。因此，科学没有国界，**（强加因果）**科学的发展不受民族或文化因素的影响。**（孤立看问题）**将中医的科学地位不为西方科学界所认可归咎于西方人不了解中国文化是荒唐的。

甲："科学没有国界"是一个广为流传的谬误。如果科学真的没有国界，为什么外国制药公司会诉讼中国企业侵犯其知识产权呢？**（偷换概念）**

乙：从科学角度讲，现代医学以生物学为基础，而生物学建立在物理、化学等学科的基础之上。中医不以这些学科为基础，因此它与科学不兼容，**（强加因果）**只能说是伪科学。**（非黑即白）**

甲：中医在中国有几千年的历史，治好了很多人，怎么能说它是伪科学呢？**（强加因果）** 人们为什么崇尚科学？是因为科学对人类有用。既然中医对人类有用，凭什么说它不是科学？**（偷换概念）** 西医自然有长于中医的地方，但中医也有长于西医之处。中医体现了对人体完整系统的把握，强调整体观念、系统思维，这是西医所欠缺的。

乙：我去医院看西医，人家用现代科技手段从头到脚给我检查一遍，怎么没有整体观念、系统思维呢？**（偷换概念）** 中医在中国居于主导地位的时候，中国人的平均寿命只有三十岁左右，现代中国人的平均寿命约七十岁，**（忽略他因）** 完全拜现代医学之赐。**（绝对化论证）**

注意：括号内指出的逻辑错误仅供参考。其他逻辑错误，言之成理，即可得分。

接下来，我将选取不同类型的文章，为考生详细讲解各类试卷的差距以及得分的标准点，考生通过阅读以下范文，就可以知道具体的评分标准。

一、一类卷范文分析

科学看待中医

给定材料中，甲和乙就"中医是否符合科学"这一问题展开了论述，双方都提出了自己的看法。这些说法看似有理，实则存在诸多值得商榷之处，现择其要点简要分析如下。

首先，甲认为："科学没有国界"是一个广为流传的谬误。如果科学真的没有国界，为什么外国制药公司会诉讼中国企业侵犯其知识产权呢？这一说法很显然难以必然成立，有偷换概念的嫌疑。事实上，科学没有国界并不等于科学没有知识产权，二者之间的内涵与外延并不相同。

其次，乙提出：中医不以物理、化学等学科为基础，因此，它与科学不兼容，只能说是伪科学。这样的论述很显然是片面的，不能得出正确的结论。第一，不能简单地认为中医不以物理、化学等学科为基础就是与科学不兼容；第二，即使中医与科学不兼容，也不一定就是伪科学，乙这种非黑即白的思维也是错误的。

再次，甲强调：中医有几千年的历史，治好了很多人，因此，它一定是科学的。如此强加因果，怎能得出可靠的结论？历史悠久和疗效显著这两个因素，不能必然推出"中医一定科学"的结论。想要衡量中医科学与否，需要进行系统的论证，不能仅靠这两个因素。

最后，甲和乙还就"中医是否存在整体观念和系统思维"这一话题展开了辩论，但是二者的论证纯属"鸡同鸭讲"。一方说的是对人体完整系统的把握，另一方说的是从头到脚检查一遍，两人根本没有在同一个层面上进行辩论。这完全不符合逻辑的同一律。

综上所述，二人关于"中医是否符合科学"的论证均存在问题，不能得出准确结论。关于中医是否科学，还应进行更加理性的论证。

本文为一类卷。文章简明扼要，一针见血地指出了四个错误，并明确地指出了这些错误的类型，同时中肯地给出了具体分析；文章逻辑结构清晰，语言精练。

二、二类卷范文分析

一份似是而非的论证

文中甲、乙二人围绕中西医被接受的程度进行了辩论，看似都有理，实则有许多值得商榷之处，试论述如下。

第一，乙认为：西医是以科学研究为根据的，科学研究的对象是普适的自然规律。因此，科学没有国界。这一看法是不准确的。"科学研究的对象是普适的自然规律"是指大多数的现象都可以用科学解释，而"科学没有国界"是指科学可以跨越地区、文化进行交流，这二者并没有直接的关联。

第二，乙认为：中医不以物理、化学等学科为基础，因此它与科学不兼容，只能说是伪科学。这一看法是不严密的，值得进一步推敲。以物理、化学等学科为基础的可以称之为科学，但不以此为基础也不代表不是科学或无法与科学兼容，中医没有以物理、化学等学科为基础并不能得出中医与科学不兼容。

第三，甲认为：中医体现了对人体完整系统的把握，强调整体观念、系统思维，这是西医所欠缺的。而乙反驳说：西医用现代科技手段从头到脚给我检查一遍，怎么没有整体观念、系统思维呢？乙的反驳显然是无法成立的。甲所说的"整体观念、系统思维"是对人体完整系统的把握，而乙认为的"整体观念、系统思维"是用现代科技手段从头到脚检查一遍，二者显然不同，不能混为一谈。从逻辑上来说，他们所说的"整体观念、系统思维"的内涵与外延都不相同。

第四，乙认为：中医在中国居于主导地位的时候，中国人的平均寿命只有三十岁左右，现代中国人的平均寿命约七十岁，完全拜现代医学之赐。这一观点显然是不准确的。中医在中国居于主导地位的时候，人们物质条件差，这种条件下想要身体健康、长寿本就是很困难的，不能说是中医导致了寿命短；而现代中国人更注重养生、膳食搭配，本就会有利于长寿，并不能说明都是现代医学的功劳。

综上所述，这是一篇不严密的论证。

本文为二类卷。文章简明扼要，指出了论证中最主要的四个错误，并给出了具体分析；全文逻辑清晰，语言流畅。但本文字数过多，应该进行压缩，进一步精练语言。

三、三类卷文章分析

一份值得考量的论证

文中通过甲、乙两人对西方人普遍不能接受中医的原因展开讨论，看似有理，实则存在诸多值得商榷之处，试论述如下。

首先，文中乙认为科学研究的对象是普适的自然规律，因此，科学没有国界。这一看法显然是不正确的。这里认为科学研究的对象是导致科学没有国界的原因，而事实上，二者之间明显没有直接的因果联系，材料论述过于武断。从逻辑上讲，科学研究的对象是普适的自然规律并不能推出科学没有国界。

其次，文中甲认为如果科学真的没有国界，外国制药公司就不会诉讼中国企业侵犯其知识产权了。这一看法在逻辑上难以成立。将科学没有国界完全等同于科学没有知识产权是不合理的，从逻辑上讲，科学没有国界不等于科学没有知识产权。

再次，文中甲认为中医体现了对人体完整系统的把握，强调整体观念、系统思维，这是西医所欠缺的。乙认为西医用现代科技手段从头到脚给他检查一遍，也有整体观念、系统思维。这种看法是不严密的，值得进一步推敲。乙将对人体完整系统的把握等同于用现代科技手段从头到脚检查一遍，这种概念界定有误。从理论上来看，对人体完整系统的把握并不意味着用现代科技手段从头到脚检查一遍。

最后，文中乙认为中医在中国居于主导地位的时候，中国人的平均寿命只有三十岁左右，现代中国人的平均寿命约七十岁，完全拜现代医学之赐。这个观点是值得进一步讨论的。这里将现代中国人的平均寿命的提高简单归因于现代医学，显然忽略了诸如生活方式、饮食、遗传等因素的影响。从事实上来看，现代中国人的寿命长短受多种因素影响。

综上所述，这是一份不严密的论证。

本文为三类卷。文章虽然整体架构不错，问题的发现与分析也都对，但是在语言表达上存在大量的重复，虽然字数并未超出要求特别多，但是各个句子之间反复表达一个意思，使得语言过于啰唆。

且慢草率下结论

文中甲与乙就中医和西医哪个更好展开了激烈的辩论。他们的说法看似有理，实则存在诸多值得商榷之处，试论述如下。

第一，甲认为西方人普遍不能接受中医是因为他们不理解中国的传统文化。这一看法显然是不准确的。

第二，乙认为科学的发展不受民族或文化因素的影响。这一看法在逻辑上难以成立。把科学发展孤立开来，没有和民族、文化联系在一起，这显然是不准确的。

第三，甲认为如果科学真的没有国界，为什么外国制药公司会诉讼中国企业侵犯其知识产权呢？这一反问值得进一步推敲。

第四，乙认为现代中国人的平均寿命约七十岁，完全拜现代医学之赐。这一观点值得进一步商榷。这里将现代医学作为中国人平均寿命提高的唯一原因，是错误的。

综上所述，这是一份不严密的论证。

本文为三类卷。作者虽然找到了错误的句子，但是并没有进行分析和论证，而且语言过于简略。

● 四、四类卷错误分析

一份似是而非的论证

第一，文中认为西方人普遍不能接受中医是因为他们不理解中国的传统文化。这一看法显然是不正确的。文中将西方人不理解中国的传统文化作为其不能接受中医的唯一原因，显然忽略了生活环境、所受教育等其他因素。从道理上看，西方人不理解中国的传统文化只是其不能接受中医的一方面原因，不可将其视为唯一原因。

第二，文中认为科学研究的对象是普适的自然规律，因此，科学没有国界。这一看法显然存在漏洞。这里认为"科学研究的对象是普适的自然规律"是导致"科学没有国界"的原因，而事实上，二者之间虽然存在联系，但这种联系并不是逻辑上的因果关系，材料论述过于武断。从事实上看，科学有无国界与科学研究的对象是不是普适的自然规律并无直接关系，因此，从"科学研究的对象是普适的自然规律"不能推断出"科学没有国界"。

第三，文中认为科学的发展不受民族或文化因素的影响。这一看法在逻辑上是难以成立的。科学的发展是否受民族或文化因素的影响，并不能从文中看出，这里存在孤立看问题的嫌疑。从事实上看，不同的民族，其中包括存在着文化差异的民族，它们之间科学的发展情况是不同的，因此，不能说科学的发展不受民族或文化因素的影响。

第四，文中认为：如果科学真的没有国界，为什么外国制药公司会诉讼中国企业侵犯其知识产权呢？这一看法是不严密的，值得进一步推敲。文中认为科学没有国界等同于侵犯知识产权。这里有偷换概念的嫌疑。从逻辑上看，"科学没有国界"是一个概念，"侵犯知识产权"是另一个概念，二者的内涵和外延都不同，不能如文中一般将它们混为一谈。

第五，文中认为中医不以这些学科为基础，因此它与科学不兼容。这一看法明显不准确。这里认为中医不以这些学科为基础是其与科学不兼容的原因，事实上，这二者之间虽然存在着联系，但这种联系并非逻辑上的因果关系，材料论述过于武断。从道理上看，这些学科不等同于科学，所以中医不以这些学科为基础并不能说明它与科学不兼容。

第六，文中认为它与科学不兼容，只能说是伪科学。这一看法显然是不准确的。与科学不兼容和伪科学在逻辑上是反对关系，而材料中却将其混淆为矛盾关系，忽略了科学与伪科学的中间地带。从逻辑上讲，与科学不兼容不等同于伪科学，所以不能如文中一般将二者对等。

本文为四类卷。文章过于冗长，不能突出重点；语言啰唆，并没有找到问题的本质；结构不合理，不能做到首尾呼应。

一份似是而非的论证

西方人普遍不能接受中医是因为他们不理解中国的传统文化，这一看法显然是不正确的。而且文中认为科学研究的对象是普适的自然规律，因此，科学没有国界，这一看法显然存在漏洞。文中认为科学的发展不受民族或文化因素的影响，这一看法在逻辑上是难以成立的。科学的发展是否受民族或文化因素的影响，并不能从文中看出，这里存在孤立看问题的嫌疑。文中认为：如果科学真的没有国界，为什么外国制药公司会诉讼中国企业侵犯其知识产权呢？这一看法是不严密的，值得进一步推敲。文中认为科学没有国界等同于侵犯知识产权，这有偷换概念的嫌疑。文中认为中医不以这些学科为基础，因此它与科学不兼容，这明显不准确。文中认为它与科学不兼容，只能说是伪科学，这显然是不准确的。与科学不兼容和伪科学在逻辑上是反对关系，而材料中却将其混淆为矛盾关系，忽略了科学与伪科学的中间地带。从逻辑上讲，与科学不兼容不等同于伪科学，所以不能如文中一般将其对等。文中还存在其他错误，时间有限，不能一一列举。

本文为四类卷。作者根本没有理解论证有效性分析的考试要求，写作混乱，没有重点。

五、化腐朽为神奇：学员文章批改

论证有效性分析❶

本文通过一系列的推理分析否定中医的科学有效性。❷看似有理，❸实则存在诸多值得商榷之处，试论证如下。

首先，文中认为科学研究的对象是普适的自然规律，因此科学没有国界，不受民族或文化因素的影响。❹此处属于强加因果。不能因为科学研究的对象是普适的自然规律就推断出科学没有国界。❺从道理上讲，中医带有非常强的中国文化特性，而非单纯的现代科学，❻因此，把中医的科学地位不受西方科学界认可归咎于西方人不了解中国文化是荒唐的，这一论断有待推敲。

其次，材料中提出如果科学没有国界，为什么外国制药公司会诉讼中国企业侵犯其知识产权？这一观点我是不赞成的，❼混淆了国界和知识产权的问题，知识产权与国界并无关联。即便是在同一国界内，不同企业之间的知识产权也是独立不容侵犯的。❽

再次，文中认为现代医学以生物学为基础，而生物学建立在物理、化学等学科的基础上。中医不以这些学科为基础，因此它与科学不兼容，只能说是伪科学。❾这一论述无效类比，❿中医是自然学科与人文社会学科等多种学科融会贯通的学科，并非单纯的生物学科，不能与现代医学类比。⓫并且，不以物理、化学等学科为基础，就是伪科学的说法过于绝对化。⓬

最后，材料中提到，现代中国人的平均寿命约七十岁完全拜现代医学所赐。这一说法太绝对，忽略了他因。⓭

综上所述，这是一份不严密的论证。⓮

❶ 标题不恰当，建议改为"似是而非的论证"。

❷ 这句话是对原材料的概括，存在错误。其对原材料的论证过程概括得过于笼统，而且对材料结论的总结也是不正确的。建议改为"材料中甲和乙对中医是否科学的问题展开了讨论，得出了截然不同的结论"。

❸ 这句话缺主语，建议改为"这一材料看似合理"。

❹ 这句话的标点符号使用不够严谨，应该改为——文中认为：科学研究的对象是普适的自然规律，因此科学没有国界，不受民族或文化因素的影响。

❺ 此句与本段第一句重复，语言过于啰唆，建议删除此句。

❻ 这句话语义不明：中医当然不是现代科学，作者到底要表达什么意见？建议改为"中医具有其独特的学理逻辑"。

❼ 尽量（注意是尽量）不要出现一些主观表达。建议改为"这样的观点不符合客观现实"。

❽ 这句话要写出该论证和中心论点的具体关系。建议改为"以此推断中医是否科学显然是偏颇的"。

❾ 援引材料时一定要注意语言的简练。

❿ 病句，缺谓语。

⓫ 原材料并没有类比，此处属于作者给材料添加的错误。所以，此段建议删除。

⓬ 这句话反驳不到位，这个论证的核心错误在于：与科学不兼容的是非科学，而不是伪科学。文章对原材料的反驳，有失偏颇。此外，作者应该明确提出"非科学"不是"伪科学"。

⓭ 这句话只是在套用逻辑术语。考生应该具体指出忽略了什么他因。

⓮ 结尾过于平淡，可以修改为"综上所述，甲和乙对中医的态度都是有失偏颇的，他们得出的结论必然不可信，值得进一步推敲"。

似是而非的论证

文中通过甲、乙双方关于中医、西医的辩论，①得出了一系列结论。初读之下看似有理，实则逻辑上存在诸多值得商榷之处。②现论证如下。

③文中提到④西方人普遍不能接受中医是因为他们不理解中国的传统文化。这是不正确的，不接受中医与不理解中国传统文化没有因果关系，这是强加因果。⑤

文中提道：如果科学没有国界，为什么外国制药公司会诉讼中国企业侵犯其知识产权呢？科学不等同于知识产权，⑥这是偷换概念。物理、化学等基础学科是没有国界、可以共享的，但是知识产权，如产品上的创新、药品的新发明，是属于个人或企业的。⑦

文中提到中医不以物理、化学等学科为基础，因此它与科学不兼容。⑧这个结论过于绝对化，而且不以物理、化学等学科为基础并不能说明与科学不兼容，二者没有因果关系。⑨中医中药的发展、骨折复位术的发展，都是以生物学、人体解剖学为基础的，怎么能说它与科学不兼容呢？⑩

文中提到现代中国人的平均寿命约七十岁，中医占主导地位的时候，平均寿命只有三十岁左右，平均寿命的延长完全拜现代医学所赐⑪不可否认现代医学在平均寿命的增长中具有重要作用，但作者忽略了其他因素。⑫

综上所述，这是一份不严密的论证。⑬

理性看待中医①

文中甲、乙两人围绕中医、西医展开了一系列的讨论。②看似有理，③然而在论证过程中存在一

① 文中的核心问题是讨论中医，并未延伸到西医，概括不准确。建议将"西医"删除。
② 语言啰唆，应该改为"实则存在诸多值得商榷之处"。
③ 第二、三、四、五自然段的段首应该分别加上"首先、其次、再次、最后"这样的逻辑提示词，这些词可将全文组织起来，构成一个结构严谨的整体。
④ 文章在援引原材料的时候，一直使用"文中提到"这样的论述，文字大量重复，让人有厌倦的感觉，这一点是我们写作时一定要注意避免的。建议用"材料认为""作者指出"等进行替换。
⑤ 还要进一步阐述"怎么修改"的问题，这里只是指出这句话不对，以及这句话存在的逻辑错误类型，但是要如何改正这个论证的逻辑错误从而得出正确的结论呢？建议在文中加一句"事实上，西方人不能接受中医的原因不能一概而论"。
⑥ 这句话完全错误，材料中最主要的错误是"科学没有国界不等于科学没有知识产权"。
⑦ 这个反驳十分蹩脚，是想当然的写法，作者并没有分析清楚材料中的错误，建议将这句删除。
⑧ 材料中这句话最主要的错误是"只能说是伪科学"，但是文章在征引材料的时候，并没有提到这一点。
⑨ 这里的语言过于啰唆，建议改为"中医不以物理、化学等学科为基础，不足以说明其为伪科学"。
⑩ 反驳不当，作者既没有理解材料，也没有理解中医。
⑪ 引用原文时，语言过于啰唆，建议改为"现代中国人的平均寿命约七十岁，完全拜现代医学所赐"。
⑫ 其他因素分别是什么？应该列举出来。
⑬ 结尾没有指出题干论证能否成立。建议加一句"关于中医是否符合科学，还应进一步分析"。

① 概括了文章中甲和乙的主要论证焦点，作为标题非常恰当。
② 这句话改为：文中甲、乙两人围绕"中医是否科学"这样一个核心问题展开了一系列的讨论。
③ 考生经常在这里犯错误，此句要有主语——谁的论证看似有理。

些令人难以信服的缺陷。❹

首先，作者指出：科学的发展不受民族或文化因素的影响。❺这一看法显然把科学的发展孤立化了。科学本源自生活，是人类为了发展在实践中总结经验、不断创新，融合本民族文化的产物，科学的发展是有其文化背景的，而不是凭空发展而来的。❻

其次，材料认为：如果科学真的没有国界，为什么外国制药公司会诉讼中国企业侵犯其知识产权呢？❼科学并不等同于知识产权，因此将二者做如此推理属偷换概念。知识产权属个人对其智力成果所持有的财产权利，而科学是对知识的研究，是在逐步完善的知识体系，显然二者不同。❽

再次，文中强调：中医不以这些学科为基础，❾因此它与科学不兼容，只能说是伪科学。中医不以这些学科为基础，并不能说明它与科学不兼容，此属强加因果，题中的这些学科并不能代表科学的全部学科。而它与科学不兼容也无法推断出它就是伪科学，与科学不兼容的应属非科学，文中推理非黑即白，得不出伪科学的结论。❿

最后，论证中认为：现代中国人的平均寿命约七十岁，完全拜现代医学之赐。这显然过于绝对化，忽略了其他因素的作用，除了医学的发展，生产力的提高、科技的进步、人们对健康饮食和规律作息的重视程度都对平均寿命有着影响，而不仅仅是现代医学的成果。⓫

综上所述，原文存在如此多的论证推理漏洞，其得出的结论难以让人信服。

一个❶值得商榷的论证

材料中甲、乙两人就"中医是不是科学"这个话题展开了针锋相对的激烈辩论。看似有理，❷实则存在诸多值得商榷之处，试论述如下。

首先，文中甲认为西方人不接受中医是因为他们不理解中国的传统文化，这一观点犯了忽略他因的错误，此处论证不确切。❸

❹ 指出材料有问题之后，要加上一句话引出下文我们所要论证的内容，所以建议在段落最后加上一句"现将其逻辑错误分析如下"。

❺ 这个援引原文的方法值得我们学习，对于给定题干中的错误，我们不要照抄照搬全文，而要进行提炼，将最核心的错误加以总结。

❻ 这段对原文的反驳是非常到位的。我们在反驳原文时，千万不能局限在逻辑学的范畴内，要结合生活实践去分析。

❼ 此处应该说一下材料中这句话是不准确的，是存在问题的。

❽ 此处应该是混淆了"国界"与"知识产权"。我们在反驳混淆概念的错误时，一定要注意两个概念之间的区别。具体来说，就是要说明 a 概念和 b 概念的含义，这样才能说明二者不同，不能混淆。

❾ 此处建议改成"中医不以物理、化学等学科为基础"。

❿ 这段话反驳了原文中的两个错误，语言比较精练，值得我们学习。

⓫ 将"而不仅仅是现代医学的成果"删除。

❶ 量词使用不当，题目建议改为"一份值得商榷的论证"。

❷ 这句话没有主语，建议加上"二人的论证"。

❸ 此处论证过于笼统，应该具体指出他因是什么。论证有效性分析千万不要过多地罗列逻辑术语而忽略对内容的论证。

其次，文中乙认为"西医是以科学研究为根据的，科学研究的对象是普适的自然规律。因此，科学没有国界，科学的发展不受民族或文化因素的影响"。❹这犯了强加因果的错误，虽然西医的研究和科学之间有关系，❺但是二者之间并不具有逻辑上的因果关系，将西医的研究以科学为根据作为科学没有国界的原因是不恰当的。

再次，文中❻乙以现代医学以生物学为基础，中医不以物理、化学等学科为基础，就认为中医与科学不兼容，是伪科学。这一观点我不赞同，❼事实上二者没有必然的联系，此处论证不确切，有非黑即白的嫌疑，混淆了这两种不同的关系，得出的结论是不准确的。❽

最后，文中甲认为"既然中医对人类有用，凭什么说它不是科学？"此处论述我不赞同，❾中医能治好人、对人类有用和它是否科学是两个概念，不能将二者等同起来，这显然有偷换概念的嫌疑。另外乙认为"中医在中国居于主导地位的时候，中国人的平均寿命只有三十岁左右，现代中国人的平均寿命约七十岁，完全拜现代医学之赐"。这种论述忽略了他因，而且过于绝对化，将中医居主导地位定为人们寿命短的唯一原因，将西医定为现代人寿命长的唯一原因，显然过于绝对化，忽略了其他的可能性。❿

综上所述，原文存在如此多的论证推理漏洞，犯了忽略他因、强加因果、非黑即白、偷换概念、绝对化论证等逻辑错误，因此，这是一篇值得商榷的论证。⓫

❹ 这句话应该进一步精简。征引原文时，千万不要全部照抄照搬，原文过长时，要尽量进行压缩、改写。建议改为"科学研究的对象是普适的自然规律，因此，科学没有国界"。

❺ 下文指出了二者之间不具有因果关系，此处应该具体指出二者之间有何关系。建议将"有关系"改为"有相互作用的关系"。

❻ 征引原文时要注意用语的变化，避免大量重复，不要每一段都写：文中认为……

❼ 对论证的有效性进行分析时，尽量减少使用这种表达自己主观意见的词语。

❽ 这句话连续罗列了大量的逻辑术语和套话，但是并没有表达实质性的含义——这句话到底错在了哪里？应该怎么改？得出的结论是否可靠？

❾ 同❼。

❿ 这段话写得过于复杂，我们在撰写论证有效性分析的文章时，应该注意每一段集中分析材料中的一个逻辑错误。这样才能提高我们论证的深度，否则只是泛泛而谈，不能真正有效地反驳材料中的观点。我们在写作的过程中一定要注意这一点。

⓫ 结尾的这种写法是完全错误的，我们在写作的过程中，在结尾处千万不能罗列很多似是而非的逻辑学术语，这种写法十分不恰当，会让阅卷老师有一种生搬硬套的感觉。

第八讲 /// 论证有效性分析模拟训练与热点预测[1]

● 一、人类可以认识世界吗？

分析下述论证中存在的缺陷和漏洞，选择若干要点，写一篇600字左右的文章，对该论证的有效性进行分析和评论。（论证有效性分析的一般要点是：概念特别是核心概念的界定和使用是否准确并前后一致，有无各种明显的逻辑错误，论证的论据是否成立并支持结论，结论成立的条件是否充分，等等。）

"认识世界"是一句司空见惯的口号，但是，我们真的能够认识这个世界吗？如果我们从哲学的高度重新思考这一问题，会得出否定的答案。

首先，我们必须理解的是"世界"并不是真实的存在，而是一个我们"感知"系统的集合。贝克莱认为观念的存在在于被感知，所以，世界的存在也在于被感知。中国古代哲学家王阳明曾经说过："汝未看此花时，此花与汝同归于寂；汝既来看此花，则此花颜色一时明白起来，便知此花不在你心外。"意思就是说：世界（花）只是我们内心想象出来的一种东西，并非真正的存在。

其次，即使世界存在，我们也完全无法认识它。我们所能观察、认识的只是"世界"的一小部分，全部的世界我们是无法认知的。当我们嘲笑"盲人摸象"的时候，我们虽然不愿意，但是也不得不承认我们这群"盲人"面对"世界"这头大象的时候，也完全不能正确认识它。老子就曾说过"道之为物，惟恍惟惚"，认为"道"，也就是客观世界，是无法被认识的。

最后，即使世界可以认识，也无法表达。《周易》中就曾指出"书不尽言，言不尽意"，意思是说文字无法表达语言的全部，语言又无法表达思想的全部。比如你听了一首交响乐，非常震撼，你同样无法用语言无损地将整首乐曲描述出来。我们在日常生活中也经常有这种"词不达意"的时候，这就说明，我们是无法表达自己的认识的。

早在古希腊时期，著名哲学家高尔吉亚就论证过：无物存在；即使有物存在，也无法把握；即使可以把握，也无法表述言说。所以说，认识世界这一概念，从哲学上来说，完全是不能成立的。

✎ 帅老师解析 本题的难度较高，考查的内容为哲学的思辨，对于没有接触过相关内容的考生来说，此题有一定的难度，我们要先理解材料中的观点，再进行反驳。题干中主要的逻辑错误如下。

①材料认为"'世界'并不是真实的存在，而是一个我们'感知'系统的集合"，并以贝

---

1 本讲部分范文对材料中的所有缺陷都进行了分析，故可能不符合题目"600字左右"的要求，为了供考生日常训练时参考，暂不删减。考试时请大家按题目要求作答。

克莱和王阳明的论述加以佐证。此处有强加因果的嫌疑，世界是"感知"系统的集合，不能推断出世界不是真实的存在。仅以自己对贝克莱和王阳明观点的片面理解得出结论，也是以偏概全的思维。

②材料认为"即使世界存在，我们也只能如'盲人摸象'一样认识它的一小部分"，并引用老子的观点加以证明。这种推理也是"只见树木，不见森林"式的片面论证。第一，将认识世界类比为"盲人摸象"是不准确的；第二，作者对老子观点的理解也是十分机械的。

③《周易》和作者列举的事实说明的是，"语言"无法全部地、复印式地表达客观事实，而并非无法表达。在现实生活中，很多文艺工作者完全可以通过其高超的艺术创作，达到"写难状之景如在目前"的境界。

④材料用高尔吉亚著名的"不可知论"推断，认识世界完全不能成立，此处论证的错误在于：第一，"完全"这样的表述过于绝对化；第二，高尔吉亚的"不可知论"只是一家之言，不能代表哲学界对这一问题的普遍认识。

其他逻辑错误，言之成理，即可得分。

本题参考范文如下。

人类真的无法认识世界吗？

文／帅老师

给定材料从三个角度加以分析，得出了"人类无法认识世界"的结论。整个推理过程看似引经据典，实则是"不可知论"的老调重弹，现将其失误之处分析如下。

首先，材料先入为主地认为，"世界"并不是真实的存在，而是一个我们"感知"系统的集合，并以贝克莱和王阳明的论述加以佐证。此处的论证明显有"东向而望，不见西墙"的意味。第一，论证有强加因果的嫌疑，世界是"感知"系统的集合，不能推断出世界不是真实的存在；第二，论证仅以自己对贝克莱和王阳明观点的片面理解得出结论，也是以偏概全的思维。

其次，作者还进一步指出，即使世界存在，我们也只能如"盲人摸象"一样认识它的一小部分，并引用老子的观点加以证明。这种推理也是"只见树木，不见森林"式的片面论证。第一，将认识世界类比为"盲人摸象"是不准确的，盲人是因为生理缺陷而无法认识"象"，这和我们暂时只能认识一小部分世界有着本质的区别；第二，作者对老子观点的理解也是十分机械的，老子这句话讲的是客观世界在不断变化，并不是说我们不能认识世界。

再次，作者还强调，即使我们可以认识世界，也无法表达出来，并从理论与实践两个层面详细地加以分析。该说法明显违背客观现实，有强加因果的嫌疑。《周易》和作者列举的事实说明的是，"语言"无法全部地、复印式地表达客观事实，而并非无法表达。在现实生活中，很多文艺工作者完全可以通过高超的艺术创作，达到"写难状之景如在目前"的境界。

最后，在材料的结尾之处，论述者运用高尔吉亚著名的"不可知论"进一步强调自己的观点：认识世界这一概念，从哲学上来说，完全是不能成立的。这样的结论也是难以必然成立的。第一，"完全"这样的表述过于绝对化；第二，高尔吉亚的"不可知论"只是一家之言，不能代表哲学界对这一问题的普遍认识。

综上所述，材料虽然想在理论上"有所建树"，但是，其推理过程存在一系列的缺陷，所以其结论是难以必然成立的，"人类完全不能认识世界"这一说法，也成了无源之水，无根之木。

二、短视频会毁掉年轻一代？

分析下述论证中存在的缺陷和漏洞，选择若干要点，写一篇600字左右的文章，对该论证的有效性进行分析和评论。（论证有效性分析的一般要点是：概念特别是核心概念的界定和使用是否准确并前后一致，有无各种明显的逻辑错误，论证的论据是否成立并支持结论，结论成立的条件是否充分，等等。）

移动短视频的出现在一定程度上满足了青少年有意识并且主动追求的心理需求。但是，一些内容制作者为了片面追求感官刺激、迎合受众心理，故意将低俗视频发布在平台上。长此以往，短视频将会毁掉年轻一代。

根据某组织公布的数据，三成以上的抵制者表示自己在使用短视频软件的过程中，遭遇了嘲笑、讽刺和辱骂，这就说明，短视频已经成为"网络暴力"的载体。如果再任由其发展，必然会影响整个社会的舆论导向，甚至有可能影响社会主流价值观的建立。

还有，青少年一旦把大部分时间和精力都用来浏览短视频，他们就会相信短视频传递的信息，这就直接导致青少年不需要思考，也不会再思考。这样短视频就会挤占他们现实交往的时间和空间，日益弱化人际交往能力，难免导致人际关系淡漠，从而影响他们的人生观与世界观。

另外，短视频的内容制作者多为成年人，其面向的对象大多数也为成年人，青少年观看短视频，就意味着青少年开始走入成人世界。这种"误入"模糊了成年人与青少年的界限，现在短视频平台上某些主播不停地搞怪、扮丑，甚至出现"未成年妈妈"等极端现象，这都说明短视频已经成为这个社会的"毒瘤"。

✏️ **帅老师解析** 本题的难度中等，主要考查考生对材料结构以及内部逻辑错误的分析。题干中主要的逻辑错误如下。

① "根据某组织公布的数据，三成以上的抵制者表示自己在使用短视频软件的过程中，遭遇了嘲笑、讽刺和辱骂，这就说明，短视频已经成为'网络暴力'的载体。"这里的样本是没

有代表性的，论证有以偏概全的嫌疑。所以，由此得出的"短视频已经成为'网络暴力'的载体"的结论也是难以必然成立的。

②"如果再任由其发展，必然会影响整个社会的舆论导向，甚至有可能影响社会主流价值观的建立。"这里过分夸大了短视频对整个社会发展的危害。

③"青少年一旦把大部分时间和精力都用来浏览短视频，他们就会相信短视频传递的信息。"这里的推理也是难以必然成立的。

④在③的基础上，材料进一步指出，短视频会直接导致青少年不需要思考，也不会再思考。这样短视频就会挤占他们现实交往的时间和空间，日益弱化人际交往能力，难免导致人际关系淡漠，从而影响他们的人生观与世界观。这里犯了夸大可能性的错误。

⑤"短视频的内容制作者多为成年人，其面向的对象大多数也为成年人，青少年观看短视频，就意味着青少年开始走入成人世界。"这里有偷换概念的嫌疑，观看短视频不等于走入成人世界。

⑥"这种'误入'模糊了成年人与青少年的界限，现在短视频平台上某些主播不停地搞怪、扮丑，甚至出现'未成年妈妈'等极端现象，这都说明短视频已经成为这个社会的'毒瘤'。"极端的特例是无法说明整体情况的。

其他逻辑错误，言之成理，即可得分。

本题参考范文如下。

危言耸听要不得

文／帅老师

给定题干从短视频对社会（尤其是青少年）产生的负面影响入手，经过一系列分析，得出了"短视频将会毁掉年轻一代"的结论。这一说法看似有凭有据，实则杯弓蛇影，是难以必然成立的，现将其主要失误之处分析如下。

首先，题干根据某组织公布的数据，就先入为主地认为短视频已经成为"网络暴力"的载体。这样的推理是极其片面的，有以偏概全的嫌疑。题干中选择的样本过小，无法代表整体情况，用此样本来推断短视频的社会效应是不成立的。

其次，材料进一步指出：青少年一旦把大部分时间和精力都用来浏览短视频，他们就会相信短视频传递的信息是值得信赖的。此处的论证是非常不严谨的，其中的因果关系难以必然成立。浏览短视频不能作为推断"青少年会相信短视频中的信息"的证据。

再次，论证还在此基础上强调了短视频对青少年和社会的不良影响，认为其会影响青少年的人生观与世界观，甚至有可能影响社会主流价值观的建立。该说法明显有违社会发展的基本情况，过分夸大了短视频的危害。事实上，虽然过度沉迷短视频确实会造成一些危害，但是绝对没有材料中说的这般夸张。

最后，材料还认为：青少年观看短视频，就意味着青少年开始走入成人世界。材料还以"未成年妈妈"等极端现象为例，说明短视频已经成为这个社会的"毒瘤"。这种推理简直匪夷所思。第一，观看短视频和走入成人世界是两个完全不同的概念，不能混淆；第二，"未成年妈妈"作为极端特例，用来否定短视频也是不公正的。

总之，材料中的证据都过分夸大了短视频的危害，其得出的结论是不可信的。对于短视频的发展及其影响，还需要进行更加科学的评估。

三、消费降级是否存在？

分析下述论证中存在的缺陷和漏洞，选择若干要点，写一篇 600 字左右的文章，对该论证的有效性进行分析和评论。（论证有效性分析的一般要点是：概念特别是核心概念的界定和使用是否准确并前后一致，有无各种明显的逻辑错误，论证的论据是否成立并支持结论，结论成立的条件是否充分，等等。）

经济学家提出了一个很有意思的指数，叫作"榨菜指数"，意思是说榨菜在各地的销售额之变化，能够反映人口流动趋势和经济发展变化的情况。根据榨菜指数测算，目前我国出现了"消费降级"的现象。

首先，FL 榨菜发布的 2024 年半年报显示，1—6 月，公司实现营业收入 13.37 亿元，归母净利润 4.70 亿元，扣非后净利润 4.32 亿元，榨菜销售额较往年大幅增长，这最直接地说明了全面消费降级时代的到来。

其次，以"团购＋低价"为特点的某拼购平台只用三年的时间，便完成赴美上市，且最近1 年的成交额超 2 600 亿。是什么支撑了该平台的崛起？消费降级带来的中低端消费蓝海无疑是唯一原因。

再次，跳出个人消费领域来看，整个社会也普遍存在这一问题：北上广的高房价挤压消费支出，一、二线城市的房租暴涨，资本市场上个别二线消费股的表现不佳都生动地说明，消费降级的时代已经到来。

从次，一项针对 90 后群体的大规模调查显示：85% 的人认为自己的消费降级了。受访者纷纷表示以前顺手拦辆出租车，现在能骑共享单车就绝不打车；以前动不动就点鸡鸭鱼肉的外卖，现在每天都是白粥榨菜……今年"618"年中促销节，两大电商平台战绩已无往日辉煌。某头部电商"618"销售额同比增速只有 33%。事实胜于雄辩，这些都说明了消费降级已经成了事实。

另外，前段时间，一篇《这届年轻人已经开始消费降级了》的网文很快就获得了 10 万多的点击量，可见消费者本身已经认可自己的消费降级。

所以说，即使我们不愿承认，我们也不得不承认，我国的消费降级问题是个不争的事实。

✎ 帅老师解析 本题的难度中等，主要考查考生对材料结构以及内部逻辑错误的分析。题干中主要的逻辑错误如下。

①文中以榨菜销售额的增长来推断整体消费水平的降级，这犯了以单一数据或个别现象来代表整体情况的逻辑错误。榨菜作为低端消费品，其销售额增长并不能全面反映整体消费趋势，尤其是中高端消费的变化。

②材料将某拼购平台的崛起完全归因于消费降级带来的中低端消费蓝海，忽略了该平台崛起背后可能存在的其他重要因素，如创新的商业模式、准确的市场定位等。此外，材料将高房价、房租暴涨等因素直接作为消费降级的证据，忽略了它们与消费降级之间可能存在的复杂关系，有强加因果之嫌。

③文章中对"消费降级"这一概念的理解过于狭隘，将其简单地等同于消费水平的绝对下降，而忽视了消费结构变化、消费观念升级等多方面的因素。文章引用的论据，如90后消费习惯的变化、某头部电商"618"销售额增速放缓等，均不足以充分证明消费降级的结论。特别是将年轻人选择共享单车而非出租车简单等同于消费降级，忽视了消费者个人偏好的改变、环保意识的提升等多种可能因素。

④在分析过程中，文章选取的样本不具有代表性。例如，虽然北上广的高房价和一、二线城市的房租暴涨确实存在，但将这些局部现象直接作为全国范围内消费降级的证据，存在样本选择上的偏差。

⑤文章引用了一篇获得高点击量的网文来证明消费者对消费降级的认同，这种做法忽略了网络舆论的复杂性和多样性。高点击量可能只是反映了公众对某一话题的关注度高，而非对某一观点的普遍认同。

其他逻辑错误，言之成理，即可得分。

本题参考范文如下。

消费真的降级了吗？

文／帅老师

给定材料从"榨菜指数"入手，通过个人和社会两个角度的分析，得出了"我国出现消费降级"的结论。这一说法看似角度新颖，证据确凿，但其结论是难以必然成立的，现简要分析如下。

首先，材料中认为FL榨菜销售额大幅增长直接说明了全面消费降级时代的到来。这一推理引用的是单一数据，有以偏概全的嫌疑。某一特定行业的业绩增长，是无法反映整体消费水平变化的。更何况，榨菜属于低端消费品，其市场表现不足以代表中国整体的消费能力。

其次，题干指出某拼购平台的迅速崛起就是因为消费降级带来了中低端消费蓝海。此处的观点属于"只见树木，不见森林"的片面理解，忽略了该平台崛起的其他原因。例如，该平台崛起的关键因素可能是其高社交黏度的拼购模式，这一模式使得电商市场下沉至中老年以及二、三线城市的消费群体。

再次，论者进一步援引北上广的高房价和个别二线消费股的表现等作为证据支撑"消费降级"的论证，其证据力度也是不足的，有强加因果的可能。这些个例作为样本均不能直接推出结论，要想推出有效的结论，还应全面考量其他更具有代表性的消费样本。

从次，部分支持者还以"90后能骑共享单车绝不打车"为例，说明年轻群体开始"消费降级"。该说法对"消费降级"这一概念的理解可能过于狭隘，将其简单地等同于消费水平的绝对下降，而忽视了消费结构变化、消费观念升级等多方面的因素。90后选择共享单车可能并非出于经济压力，而是出于环保或健康考虑。

综上所述，材料提供的证据均无法支撑其结论，中国是否出现消费降级，还应该进行进一步的考量。

四、理想越远大，人生越痛苦？

分析下述论证中存在的缺陷和漏洞，选择若干要点，写一篇600字左右的文章，对该论证的有效性进行分析和评论。（论证有效性分析的一般要点是：概念特别是核心概念的界定和使用是否准确并前后一致，有无各种明显的逻辑错误，论证的论据是否成立并支持结论，结论成立的条件是否充分，等等。）

一般认为，理想越远大，人生越快乐。这也成为很多人的座右铭。但是，如果我们认真考量、仔细分析，就会发现：理想越远大，人生越痛苦。

首先，理想越远大，膨胀的可能性越大。一个人如果过分好高骛远，就一定会一直仰望星空，而忽视俯瞰大地。理想远大，就意味着自以为是。这种膨胀自然会受到现实的打击，进而越来越痛苦。

其次，理想越远大，实现的难度越大。一个人想要温饱很容易，但是想要安邦定国就很难，并不是每个人都具有安邦定国的实力。因此，盲目地追求远大理想，就会让自己的人生面临重重障碍，自己的人生也势必会越来越痛苦。

再次，理想越远大，带来的压力越大。正所谓"欲戴王冠，必承其重"，追求远超于自己实力的理想，会给自己带来巨大的压力，影响心理、身体，动摇理想、信念，更有甚者，会导致自我否定乃至灭亡。某些高学历知识分子自戕的事实，就生动地说明了这一点。

最后，理想越远大，失败的概率越大。过高目标的实现毕竟是小概率事件，而失败是大概率事件。也就是说，理想越远大，我们越有可能失败，失败则必然导致痛苦。

总之，理想越远大，人生越痛苦。即使我们不愿意面对这样的"事实"，也不得不承认这是真理。

✏️ 帅老师解析 本题的难度中等，主要考查考生对材料结构以及内部逻辑错误的分析。题干中主要的逻辑错误如下。

①论述者将"理想远大"的概念偷换成了"过分好高骛远"，并在此基础上认为，理想远大就意味着自以为是，并会受到现实的打击，进而越来越痛苦。这样的推理在逻辑上是难以必然成立的。

②论述者指出，盲目地追求远大理想，就会让自己的人生面临重重障碍，自己的人生也势必会越来越痛苦。这一说法本身虽有一定的道理，但是我们要注意，材料的核心观点是"理想越远大，人生越痛苦"，而这里说的是"盲目地追求远大理想才会痛苦"，很明显，二者是不一样的，不能混为一谈。

③论述者进一步强调，理想越远大，带来的压力越大，甚至会导致自我否定乃至灭亡，并以某些高学历知识分子自戕的事实来说明这一点。此处的推理是不严密的：第一，过分夸大了远大理想带来的压力；第二，某些个别现象不能证明整体情况。所以，其得出的结论必然是不可信的。

④论述者还指出，理想越远大，我们越有可能失败，失败则必然导致痛苦。很明显，这是"夏虫语冰"式的片面结论。远大理想对人生不断进步具有催化作用，这是不言而喻的，而论述者视而不见，只强调远大理想带来的负面作用。

其他逻辑错误，言之成理，即可得分。

本题参考范文如下。

理想越远大，人生越痛苦？

文／帅老师

给定题干从四个角度论证了"理想越远大，人生越痛苦"的观点。这些论证看似角度新奇、论证有力，但是我们如果仔细分析就会发现其中的不严密之处，现分析如下。

首先，论述者将"理想远大"的概念偷换成了"过分好高骛远"，并在此基础上认为，理想远大就意味着自以为是，会受到现实的打击，进而越来越痛苦。这样的推理在逻辑上是难以必然成立的。第一，远大的理想和好高骛远是不能等同的；第二，理想远大容易受到现实的打击，这也是毫无根据的。

其次，论述者指出，盲目地追求远大理想，就会让自己的人生面临重重障碍，自己的人生也势必会越来越痛苦。这一说法本身虽有一定的道理，但是我们要注意，材料的核心观点是"理想越远大，人生越痛苦"，而这里说的是"盲目地追求远大理想才会痛苦"，很明显，二者是不一样的，不能混为一谈。

再次，论述者进一步强调，理想越远大，带来的压力越大，甚至会导致自我否定乃至灭亡，并以某些高学历知识分子自戕的事实来说明这一点。此处的推理是不严密的：第一，过分夸大了远大理想带来的压力；第二，某些个别现象不能证明整体情况。所以，其得出的结论必然是不可信的。

最后，论述者还指出，理想越远大，我们越有可能失败，失败则必然导致痛苦。很明显，这是"夏虫语冰"式的片面结论。远大理想对人生不断进步有催化作用，这是不言而喻的，而论述者视而不见，只强调远大理想带来的负面作用。

综上所述，论述者所进行的分析均不足以支持其结论。"理想越远大，人生越痛苦"的结论自然是站不住脚的。

五、中文已死？

分析下述论证中存在的缺陷和漏洞，选择若干要点，写一篇600字左右的文章，对该论证的有效性进行分析和评论。（论证有效性分析的一般要点是：概念特别是核心概念的界定和使用是否准确并前后一致，有无各种明显的逻辑错误，论证的论据是否成立并支持结论，结论成立的条件是否充分，等等。）

中文是世界上最古老、最优美的语言文字之一。如今，我们不得不承认：中文已死。

中文越来越低幼化。现在社会全员都在主动接受低龄化、巨婴化的用词。疫情期间，好好的一句"上海加油"，却成了"生煎包加油"。这种低龄化的表达是思想的退化。长此以往，就会造成全民语言表达能力的低幼化，进而影响民众的思维能力；长此以往，五千年的文明会因此而断绝。

中文越来越失去创造力。奶茶好喝？绝绝子！电影好看？绝绝子！游戏很秀？绝绝子！蛋糕难吃？绝绝子！网剧垃圾？绝绝子！所以我们生活的时代，歌词越来越口水化，文学越来越网络化，诗歌越来越浅显化，大众词汇越来越庸俗化……世上总是劣币驱逐良币。当什么都可以"绝绝子"的时候，当人人都愿意"绝绝子"的时候，就不会再有什么成语、绝句了。

中文的废话越来越多。最近有些自称"当代语言艺术家"的人，堪称中文的谋杀者。这些人张嘴就是：咱就是说，属于是，一整个大动作，无语住了，狠狠，整个就是，笑不活了……文字本质上就是智力的剩余，废话本质上就是思想的懒惰。我怀念那个"贾岛推敲"的年代，怀念那个"两句三年得，一吟双泪流"的年代，怀念那个张口"秋风清，秋月明，落叶聚还散，寒鸦栖复惊"的年代。那个年代，很多人愿意做文字的囚徒，是思想的诗人。

中文越来越敏感。在互联网世界，很多词被"和谐"掉，被"真实"掉，因此我们根本不知道应该如何表达自己的所思所想。风声鹤唳，草木皆兵。如果所有的中文都成了

"□□□□□□"，那么，文学何在？文化何在？文明何在？

所以，即使我们不愿意，我们也不得不承认"中文已死"。

帅老师解析 本题的难度中等，主要考查考生对材料结构以及内部逻辑错误的分析。题干中主要的逻辑错误如下。

①材料列举的近年来中文出现的问题——越来越低幼化，越来越失去创造力，废话越来越多，越来越敏感——是客观存在的。但是，以此作为论据推断"中文已死"却是一种以偏概全的片面性思维。

②材料将"生煎包加油"这类的语言现象视为"中文低幼化"，本身就是偷换概念的行为，在此基础上得出"影响民众的思维能力""五千年的文明会因此而断绝"的结论更是犯了滑坡谬误。

③材料认为当下歌词越来越口水化，文学越来越网络化，诗歌越来越浅显化，大众词汇越来越庸俗化，并以此认为中文失去了创造力。这样的说法纯属"东向而望，不见西墙"。第一，文中列举的语言现象并不足以代表中文语言的全部，这完全是以管窥豹的思维。第二，"绝绝子"难道就不是一种语言创造吗？

④作者还用当下网络流行的"废话文学"与苦吟派诗人的"两句三年得，一吟双泪流"做对比，认为中文的废话越来越多。此处的推理明显属于无效类比。

⑤最后，该论证还指出：在互联网世界，很多词被"和谐""真实"掉，因此我们根本不知道如何表达自己的所思所想。众所周知，被"和谐""真实"掉的，都是违背法律和道德的词汇。难道我们必须依靠这些词汇才能表达自己的所思所想吗？

⑥互联网平台所管制的只是部分词语，作者怎么就推出"所有的中文都成了'□□□□□□'"？并且危言耸听地发问：文学何在？文化何在？文明何在？

其他逻辑错误，言之成理，即可得分。

本题参考范文如下。

中文已死？

文／帅老师

材料从四个方面入手，得出了"中文已死"的结论。然而，仔细推敲其推理过程就会发现，虽然其论据均言之有理，但是其推理皆失之草率，所以其结论也属危言耸听，现将失误之处分析如下。

首先，我们必须承认，材料列举的近年来中文出现的问题——越来越低幼化，越来越失去创造力，废话越来越多，越来越敏感——是客观存在的。但是，以此作为论据推断"中文已死"却是一种以偏概全的片面性思维。众所周知，这些问题在中文语言环境中只是极小的一部分。以此微瑕而毁白璧，岂能让人信服？

其次，材料将"生煎包加油"这类的语言现象视为"中文低幼化"。这本身就是偷换概念的行为。事实上，这种语言方式表达的是人们面对灾难时的乐观精神，不能因其语法结构不合常规而认定其为思想的退化。在此基础上，材料得出"影响民众的思维能力""五千年的文明会因此而断绝"的结论更是犯了滑坡谬误。

再次，材料认为当下歌词越来越口水化，文学越来越网络化，诗歌越来越浅显化，大众词汇越来越庸俗化，并以此认为中文失去了创造力。这样的说法纯属"东向而望，不见西墙"。第一，文中列举的语言现象并不足以代表中文语言的全部，这完全是以管窥豹的思维。事实上很多古风歌词创作、古典诗词新译等，都在不断提升中文的创造力。第二，"绝绝子"难道就不是一种语言创造吗？语言的创造力来自生活，网络用语的大量出现，正是中文有创造力的最佳证明。

从次，作者还用当下网络流行的"废话文学"与苦吟派诗人的"两句三年得，一吟双泪流"做对比，认为中文的废话越来越多。此处的推理明显属于无效类比。众所周知，"废话文学"是当代网络世界中一种带有幽默调侃性质的语言解构游戏，以此和苦吟派诗人的"名山事业"做对比，怎能得出合理的结论？

最后，该论证还指出：在互联网世界，很多词被"和谐""真实"掉，因此我们根本不知道如何表达自己的所思所想。这种论证也属于"只见树木，不见森林"的片面化推理。众所周知，被"和谐""真实"掉的，都是违背法律和道德的词汇。难道我们必须依靠这些词汇才能表达自己的所思所想吗？而且，互联网平台所管制的只是部分词语，作者怎么就推出"所有的中文都成了'□□□□□□'"？并且危言耸听地发问：文学何在？文化何在？文明何在？

综上所述，由于论证逻辑的疏漏，材料列举的证据均无法保证其结论的必然成立。"中文已死"的说法值得进一步推敲。

🔴 六、有关 ChatGPT 的争议

分析下述论证中存在的缺陷和漏洞，选择若干要点，写一篇600字左右的文章，对该论证的有效性进行分析和评论。（论证有效性分析的一般要点是：概念特别是核心概念的界定和使用是否准确并前后一致，有无各种明显的逻辑错误，论证的论据是否成立并支持结论，结论成立的条件是否充分，等等。）

甲：ChatGPT 可以根据人们的要求，为人们提供更加个性化的服务、答案和建议，满足多元化的用户需求。这是任何其他技术都无可比拟的。由此可见，AI 的发展具有光明的前景。

乙：虽然 ChatGPT 可以为人类提供更加个性化的服务，但这必然会带来风险和隐私问题。为了能够提供个性化的服务，ChatGPT 需要获取和分析用户的个人信息和行为数据，这会导致

用户的隐私泄露和信息被盗用。这不仅可能会导致个人的财产损失和信誉受损，还可能会导致更严重的身份盗窃等违法活动。更有甚者，可能引发社会信用危机。

甲：这其实是个伪问题，完全可以通过合理的数据管理和隐私保护措施来解决。以此来否定 ChatGPT 技术，纯属讳疾忌医。此外，我们也可以采取各种方式对 ChatGPT 生成的文本进行加密和保护，以防用户的隐私泄露。

乙：技术可以保护用户的隐私，但并不能完全避免隐私泄露的风险。比如，某些诈骗分子通过对数据源的交叉分析，依然可以推断出用户的身份和行为。至于对 ChatGPT 生成的文本进行加密和保护，需要大量的计算资源和时间，这无疑是一种浪费。用更多的时间、金钱和精力来规避本该节省这些资源的 ChatGPT 所带来的风险，这简直是对其本身带有反讽性质的否定。

甲：换个视角来说，隐私保护确实是一个非常重要的问题，但是在现实中，我们也需要考虑隐私保护与其他重要价值之间的平衡。例如，在公共卫生紧急情况下，医疗机构需要共享患者的健康信息，以便有效地应对疫情。又如在金融领域，银行需要收集客户的信息，以便为客户提供更好的金融服务。所以，牺牲一部分隐私权来享受 ChatGPT 带来的便利是一个明智的选择。

乙：确实需要平衡隐私保护与其他重要价值之间的关系。但是，我们不能简单地以牺牲隐私保护为代价来追求其他价值。相反，我们需要在保护个人隐私的前提下，寻求更加智能和创新的解决方案，以实现隐私保护和其他价值的双赢。

✎ **帅老师解析** 本题的难度中等，主要考查考生对正反两方意见的分析。题干中主要的逻辑错误如下。

①甲认为"ChatGPT 可以根据人们的要求，为人们提供更加个性化的服务、答案和建议，……由此可见，AI 的发展具有光明的前景"。这里，甲从 ChatGPT 的个别特性（提供个性化服务等）推断出整个 AI 领域的发展前景光明，犯了以偏概全的逻辑错误。

②甲声称"这（ChatGPT 会导致用户的隐私泄露和信息被盗用）其实是个伪问题，完全可以通过合理的数据管理和隐私保护措施来解决"。这里，甲过于绝对地认为所有隐私问题都可以通过技术手段解决，忽略了技术本身的局限性和可能存在的漏洞。

③甲以公共医疗和金融领域为例，论证牺牲一部分隐私权来享受便利是合理的。然而，这两个领域的特殊性（公共卫生紧急情况和金融服务的必要性），在 ChatGPT 的使用场景中并不常见，用户在使用 ChatGPT 时并不总是出现类似的紧急情况。

④乙提出"虽然 ChatGPT 可以为人类提供更加个性化的服务，但这必然会带来风险和隐私问题"来指出甲的逻辑错误。实际上，乙自身也存在片面夸大的问题，比如其提到 ChatGPT 可能引发"社会信用危机"，这是一个极端的假设，缺乏充分的证据支持。

⑤乙以诈骗分子的极个别案例推断所有 ChatGPT 的使用都存在风险，进而指出甲的逻辑错误。但乙也存在以偏概全的问题，即从一个或几个极端案例出发，对 ChatGPT 的应用进行了全面否定。

⑥乙提到"我们不能简单地以牺牲隐私保护为代价来追求其他价值"，这里乙似乎是在批评甲方提出的"牺牲一部分隐私权"的观点。然而，甲实际讨论的是隐私保护与其他价值之间的平衡，而非"简单地"以牺牲隐私保护为代价，乙在这里存在偷换概念的嫌疑。

其他逻辑错误，言之成理，即可得分。

本题参考范文如下。

理性看待 ChatGPT

文／帅老师

上述材料中，甲和乙围绕 ChatGPT 的安全性问题展开了辩论。双方提出的观点看似有理，实则难以必然成立，现简要分析如下。

甲方观点的主要缺陷如下：第一，甲由 ChatGPT 能提供个性化的服务和满足多元化的用户需求断定 AI 的发展具有光明的前景，这种推断存在明显的以偏概全的问题。AI 领域广泛且复杂，ChatGPT 只是其中的一部分，ChatGPT 的发展并不能全面代表 AI 的未来。甲忽视了 AI 技术的多样性和不确定性，因此其结论过于片面。第二，甲认为 ChatGPT 的安全问题完全可以通过合理的数据管理和隐私保护措施来解决，这种说法过于绝对。技术本身也有局限性，数据管理和隐私保护措施不能完全解决 ChatGPT 的安全问题。第三，甲以公共医疗和金融领域为例，得出"应该牺牲一部分隐私权来享受 ChatGPT 带来的便利"的结论，这种类比是无效的。不同领域、不同情境下的权衡与取舍是不同的，不能简单地将一个领域的结论应用到另一个领域。

乙方观点的主要缺陷如下：首先，乙虽然指出了 ChatGPT 可能带来的风险，但片面地夸大了其负面影响，如认为 ChatGPT 可能引发社会信用危机等严重后果。这种夸大其词的说法显然是不准确的，容易引发不必要的恐慌和误解。其次，乙以诈骗分子的极个别案例推断所有 ChatGPT 的使用都存在风险，这种以偏概全的观点同样是不合理的，不能因为个别案例就全盘否定 ChatGPT 的价值。最后，乙强调不能简单地以牺牲隐私保护为代价来追求其他价值，这一观点本身是正确的。但在辩论中，乙却将这一观点作为否定 ChatGPT 所有积极影响的借口，从而扭曲了原本的论题。

综上所述，甲、乙双方关于 ChatGPT 的认识都是片面的、不准确的。关于 ChatGPT 给人类社会带来的影响，还应进行更加理性、客观的思考。

七、是否应该引进沉默权？

分析下述论证中存在的缺陷和漏洞，选择若干要点，写一篇 600 字左右的文章，对该论证的有效性进行分析和评论。（论证有效性分析的一般要点是：概念特别是核心概念的界定和使用是否准确并前后一致，有无各种明显的逻辑错误，论证的论据是否成立并支持结论，结论成立的条件是否充分，等等。）

沉默权是指犯罪嫌疑人、被告人在接受警察讯问或出庭受审时，有保持沉默、拒不回答的权利。西方各国的法律大多赋予了犯罪嫌疑人、被告人沉默权，并且沉默权被认为是受刑事追诉者用以自卫的最重要的一项诉讼权利。但是这一制度并不应该引入我国。

首先，中西方社会制度完全不同，因此，法律制度也存在着根本差异。盲目引进"沉默权"必然会导致"橘逾淮为枳"的后果。中国应该有自己的法律，为什么要照搬美国的法律呢？

其次，即使在美国，这一制度也存在着广泛的争议。美国律师协会刑事司法标准道德委员会主席戈德斯托克说过："我认为宪法中不应当规定沉默权。"这就说明，即使在法律界，这一制度也不被大家认同。

再次，沉默权降低了诉讼效率，从而不能有效地惩罚罪犯。毫无疑问，被告人的供述是侦查人员查明案件真相的唯一途径，而沉默权赋予被追诉者沉默的权利，完全堵塞了这条途径。也就是说，侦查人员所拥有的讯问权实际上完全是名存实亡的。

从次，沉默权必然增加诉讼成本。被追诉者一旦采取沉默的态度对待侦查人员的讯问，侦查人员就只能通过使用大量人力、物力和财力去寻找线索、查找证据、了解案情，这就必然会导致诉讼成本增加。

最后，很多律师事务所曾称：在一些重大的恐怖性犯罪、有组织性犯罪的案件中，沉默权往往被这些"职业罪犯"滥用，他们得以逃避法律的惩罚。沉默权成为"职业罪犯"逍遥法外的一个保护伞，这也从根本上说明了沉默权这一制度的不合理性。

✏️ 帅老师解析 本题的难度中等，主要考查考生对材料结构以及内部逻辑错误的分析。题干中主要的逻辑错误如下。

①"中西方社会制度完全不同，因此，法律制度也存在着根本差异。"这里明显犯了强加因果的错误。

②"盲目引进'沉默权'必然会导致'橘逾淮为枳'的后果。"这里的推理过于绝对。

③"中国应该有自己的法律，为什么要照搬美国的法律呢？"这里论述者看问题的观点是片面的，我们应该吸收、借鉴一切先进的经验和制度。

④美国律师协会刑事司法标准道德委员会主席戈德斯托克的观点，不能说明这一制度不被法律界认同。

⑤"沉默权降低了诉讼效率，从而不能有效地惩罚罪犯。毫无疑问，被告人的供述是侦查人员查明案件真相的唯一途径，而沉默权赋予被追诉者沉默的权利，完全堵塞了这条途径。"这里的说法过于绝对化。

⑥文章认为推行沉默权就意味着侦查人员所拥有的讯问权实际上完全是名存实亡的。这是偷换概念的说法。

⑦ "被追诉者一旦采取沉默的态度对待侦查人员的讯问，侦查人员就只能通过使用大量人力、物力和财力去寻找线索、查找证据、了解案情，这就必然会导致诉讼成本增加。"这一说法过分夸大了推行沉默权的负面作用。

⑧ "很多律师事务所曾称：在一些重大的恐怖性犯罪、有组织性犯罪的案件中，沉默权往往被这些'职业罪犯'滥用，他们得以逃避法律的惩罚。沉默权成为'职业罪犯'逍遥法外的一个保护伞。"这里文章犯了以偏概全的错误。

其他逻辑错误，言之成理，即可得分。

本题参考范文如下。

理性看待沉默权的引进

文／帅老师

题干从五个方面对"沉默权"这一制度进行了分析，得出了"中国不应该引进沉默权"的结论。这一说法看似有理，实则存在诸多值得商榷之处，现简要分析如下。

首先，材料认为"中西方社会制度完全不同，因此，法律制度也存在着根本差异。盲目引进'沉默权'必然会导致'橘逾淮为枳'的后果"。这一说法是不准确的。第一，社会制度不同不能作为原因来推断法律制度不同；第二，盲目引进"沉默权"必然会导致"橘逾淮为枳"的推理也是过于绝对化的。

其次，美国律师协会刑事司法标准道德委员会主席戈德斯托克的观点，很有可能只是其个人意见。用这一观点推断"即使在法律界，这一制度也不被大家认同"是缺乏可信度的。事实上，我们应该充分地考量不同的人的意见。

再次，材料进一步指出，沉默权堵塞了侦查人员查明案件真相的唯一途径，降低了诉讼效率，从而不能有效地惩罚罪犯。该推理也是值得进一步分析的。第一，口供并非查明案件真相的唯一途径；第二，在此基础上推断其降低了诉讼效率，从而不能有效地惩罚罪犯，这样的说法也是过于绝对化的。

最后，文章指出，很多律师事务所曾称，在一些重大的恐怖性犯罪、有组织性犯罪的案件中，沉默权成为"职业罪犯"逍遥法外的一个保护伞。此处的论证有以偏概全的嫌疑。这只是极端的个例，不能从根本上说明沉默权这一制度的不合理性。

综上所述，材料对沉默权的质疑都是不成立的。是否引进沉默权，何时引进沉默权，如何引进沉默权，还需要进行实事求是的分析。

八、中国历史还需要学习吗？

分析下述论证中存在的缺陷和漏洞，选择若干要点，写一篇600字左右的文章，对该论证的有效性进行分析和评论。（论证有效性分析的一般要点是：概念特别是核心概念的界定和使用是否准确并前后一致，有无各种明显的逻辑错误，论证的论据是否成立并支持结论，结论成立的条件是否充分，等等。）

自从《百家讲坛》开播后，中国历史和所谓的"国学"在大众传媒和科普领域大行其道。在我看来，过分沉迷于中国近代甚至古代历史是极其不健康的。我们应该少学一点中国历史，多了解世界文明。

首先，中国历史，特别是1840年以前的历史只是一部改朝换代的历史，除董仲舒和王安石的变法之外，基本没有根本性的变革，正如鲁迅先生所说："我翻开历史一查……满本都写着两个字是'吃人'！"这样的历史，有什么价值？

其次，太沉迷于中国历史，还会让我们从上到下都潜移默化地陶醉于中国历史中最为核心的东西：权谋术。这种以"厚黑学"为核心的权谋术必然会导致社会价值观混乱，影响现代文明的建设。

最后，当下中国的政界和学界，都在大谈中国如何在国际社会或事务中"争夺话语权"。只有在了解世界的基础上，为世界提供有价值的内容，中国才会有真正的国际"话语权"。沉迷于中国的历史研究，就意味着闭关锁国，放弃了对世界的了解，也就自然放弃了国际"话语权"。

所以，我们必须削减对中国历史，尤其是对中国古代史以及古代思想史研究的支持。许多关于中国古代史的研究几乎毫无现实意义，只是在浪费纳税人的钱。与此同时，应大大加强对中国近现代史和世界近现代史的研究，特别是有比较的社会科学研究。只有比较才能让我们更好地吸取别人的经验和教训，少走些弯路。说句大俗话，中国不能还凭着《甄嬛传》和《武媚娘传奇》来和现代世界相处。

📝**帅老师解析** 本题的难度中等，考查的内容为中国历史的相关思辨，观点明确。题干中主要的逻辑错误如下。

①全文存在一个核心错误：文章列举的种种不良现象都是"过分沉迷于中国历史"所导致的，不能借此否定"学习中国历史"。

②"中国历史，特别是1840年以前的历史只是一部改朝换代的历史，除董仲舒和王安石的变法之外，基本没有根本性的变革。"该说法过于绝对，而且对历史的理解很片面。

③材料根据鲁迅先生所言认为中国历史没有价值。但仅凭鲁迅先生的话不足以推断出中国所有历史都没有价值。

④"太沉迷于中国历史，还会让我们从上到下都潜移默化地陶醉于中国历史中最为核心的

东西：权谋术。"这是强加因果的说法。

⑤"这种以'厚黑学'为核心的权谋术必然会导致社会价值观混乱，影响现代文明的建设。"此处作者过于夸大了权谋术对社会的影响。

⑥"只有在了解世界的基础上，为世界提供有价值的内容，中国才会有真正的国际'话语权'。"了解世界固然重要，但是不等于不能研究中国历史，此处作者犯了非黑即白的错误。

⑦"沉迷于中国的历史研究，就意味着闭关锁国，放弃了对世界的了解，也就自然放弃了国际'话语权'。"这是偷换概念的说法。

⑧"我们必须削减对中国历史，尤其是对中国古代史以及古代思想史研究的支持。许多关于中国古代史的研究几乎毫无现实意义，只是在浪费纳税人的钱。"此处属于绝对化论证。

⑨"应大大加强对中国近现代史和世界近现代史的研究，特别是有比较的社会科学研究。只有比较才能让我们更好地吸取别人的经验和教训，少走些弯路。"此处犯了忽略他因的错误。

⑩"说句大俗话，中国不能还凭着《甄嬛传》和《武媚娘传奇》来和现代世界相处。"《甄嬛传》和《武媚娘传奇》并不等同于中国历史，此处属于偷换概念。

其他逻辑错误，言之成理，即可得分。

本题参考范文如下。

如此论证，岂能服人？

文／帅老师

给定材料中，作者从《百家讲坛》等节目热播的现象入手，经过一系列的分析得出，我们应该少学一点中国历史，多了解世界文明。这些观点看似言辞恳切，意见犀利，实则强词夺理，难以自圆其说，现将其失误之处分析如下。

首先，作者的观点显示其并没有准确地理解中国历史，一会儿将其等同于"改朝换代"的历史，一会儿将其理解成以"厚黑学"为主的权谋术，一会儿又将其替换成《甄嬛传》《武媚娘传奇》等影视剧。这些论述都存在偷换概念的问题，错误地理解了中国历史的内涵。事实上，我们都知道，中国历史源远流长，五千年的文明是极其博大精深的，不能如此简单理解。

其次，作者还列举了"过分沉迷于中国历史"所造成的种种弊端。我们必须承认这些问题是客观存在的，但是这些都是极端做法，并非学习中国历史所造成的。文章怎可张冠李戴，认为学习中国历史都不对？

再次，作者在中国和世界历史之间的对比问题上，还存在着非黑即白的二元化思维。虽然加强对中国近现代史和世界近现代史的研究，特别是有比较的社会科学研究是十分必要的，但是，不能因此否定研究中国历史的意义。

最后，作者在使用具体的论据的过程中，也存在着很多不严密之处。比如仅以鲁迅笔下狂人的偏激言论就否定中国历史；认为研究中国历史"必然会导致社会价值观混乱，影响现代文明的建设"也是不符合实际的；认为"许多关于中国古代史的研究几乎毫无现实意义，只是在浪费纳税人的钱"也是毫无根据的说法。这样的论据，怎么能支撑结论？

综上所述，作者在论证过程中存在诸多的不严密之处，其得出的结论无疑是有待商榷的。对中国历史的研究，不但不能轻易放弃，相反需要加大力度，鉴古知今。

九、"三分钟看完一部电影"的争议

分析下述论证中存在的缺陷和漏洞，选择若干要点，写一篇600字左右的文章，对该论证的有效性进行分析和评论。（论证有效性分析的一般要点是：概念特别是核心概念的界定和使用是否准确并前后一致，有无各种明显的逻辑错误，论证的论据是否成立并支持结论，结论成立的条件是否充分，等等。）

"三分钟看完一部电影"指的是以"片段剪辑＋旁白配音"为主要形式快速解说、演绎影视原作的短视频。作为新的影视衍生品，其从产生之日起就引起了巨大争议：

支持者的主要观点有：第一，这种方式极大地节约了观众的观影成本，几分钟就可以看完一部电影，无论是在时间还是在金钱上，都是最有性价比的选择。第二，该方式有助于电影自媒体行业的发展，进而推动消费者对演员、影片和整个市场的关注，带动电影市场崛起。第三，这种解说可以对电影的宣传与传播产生积极作用。"一箭三雕"，助力票房。何乐而不为？更何况，俄国作家契诃夫说过"大狗叫，小狗也叫"，我们支持大电影发展，为何对短视频就要进行"围剿"呢？

反对者的主要观点有：第一，这种短视频用压缩的方式讲故事，忽略镜头语言和渲染的细节，完全损害了电影作为艺术品的完整性。第二，个别讲述者用全知视角讲故事，误解甚至歪曲电影情节，影响观影效果。第三，短视频的流行彻底破坏观众对电影的好奇心，使之不想去看原片。第四，更有甚者，短视频会给观众带来依赖性，使其丧失艺术思考的能力。第五，很多短视频制做者，为了流量推荐烂片，带偏大众审美，长此以往，必将损害国产电影的整体市场。

帅老师解析 本题的难度中等，主要考查考生对正反两方意见的分析。题干中主要的逻辑错误如下。

①支持者认为：短视频节约了观众的观影成本，是最有性价比的选择。这里犯了偷换概念的逻辑错误。支持者将"了解电影"曲解为"观看了电影"，而实际上，通过短视频了解电影情节与完整观看电影所获得的体验是不同的，不能简单等同。

②支持者声称：短视频可以带动电影市场崛起，对电影的宣传与传播产生积极作用。这里存在夸大其词的问题，因为虽然短视频可能对电影宣传有一定帮助，但其未必能"带动市场崛起"。这里忽视了其他市场因素，且未充分考虑短视频可能带来的负面影响。

③支持者引用契诃夫的话"大狗叫，小狗也叫"来支持自己的观点，但支持者显然曲解了契诃夫的原意。契诃夫的话的本意并非支持所有形式的"小狗叫"（短视频），而是强调多样性。反对者正是基于保护电影艺术完整性的立场来反对某些具有破坏性的短视频。

④反对者提道：这种短视频完全损害了电影作为艺术品的完整性。这里也存在夸大其词的错误，因为并非所有短视频都会损害电影的完整性。

⑤反对者提道：个别讲述者用全知视角讲故事，误解甚至歪曲电影情节，影响观影效果。这里反对者存在以偏概全的错误，即因为个别现象而否定整个群体。

⑥反对者认为：短视频破坏观众的好奇心，给观众带来依赖性，带偏大众审美，长此以往必将损害国产电影的整体市场。这里犯了过于绝对的逻辑错误，即在没有充分证据支持的情况下，对短视频的影响做出了绝对化的判断。

其他逻辑错误，言之成理，即可得分。

本题参考范文如下。

莫把狡辩当真理

文／帅老师

"三分钟看完一部电影"到底是利大于弊还是弊大于利？材料中正反双方都提出了自己的观点，但是双方的观点都存在着一些缺陷和不足，现分析如下。

支持者观点的主要缺陷有：第一，支持者认为短视频节约了观众的观影成本，是最有性价比的选择。这明显是偷换概念，"了解电影"不等于"观看了电影"。另外，电影作为一种综合性的艺术形式，观众在观赏的过程中，并非单纯地消耗时间和金钱等成本，他们能收获艺术体验等。第二，"短视频可以带动电影市场崛起，对电影的宣传与传播产生积极作用"的说法明显言过其实，其过分夸大了短视频的作用，而且忽视了短视频的负面影响。第三，支持者曲解了"大狗叫，小狗也叫"的本义。实际上，我们反对的是破坏电影艺术完整性的短视频，并非全面抵制短视频。总而言之，支持者只看到了"三分钟看完一部电影"这一现象"短平快"的好处，而对其带来的恶劣影响避而不谈。

反对者观点的主要缺陷有：第一，反对者认为短视频完全损害了电影作为艺术品的完整性。这一说法显然有夸大可能性的嫌疑。第二，个别讲述者用全知视角讲故事，误解甚至歪曲电影情节的情况只是个案，不能因此否定所有的短视频。实际上，很多短视频为宣传电影带来了非常好的效果。第三，"短视频破坏观众的好奇心，给观众带来依赖性"的说法也是过于绝对的，过分夸大了短视频的"剧透"作用。因此，反对者这种"谈虎色变"

的观点是不可取的。

综上所述，材料中正反双方的观点都是偏颇的。实际上，"三分钟看完一部电影"是一把"双刃剑"，需要进一步加强引导和监管短视频，使其扬长避短，发挥最大作用。

● 十、共享经济是昙花一现吗？

分析下述论证中存在的缺陷和漏洞，选择若干要点，写一篇600字左右的文章，对该论证的有效性进行分析和评论。（论证有效性分析的一般要点是：概念特别是核心概念的界定和使用是否准确并前后一致，有无各种明显的逻辑错误，论证的论据是否成立并支持结论，结论成立的条件是否充分，等等。）

很多人认为，共享经济的时代已经到来。但是如果冷静分析，我们会得出截然不同的结论：共享经济只能是昙花一现，必定会走向衰亡。

首先，当前我国经济社会管理制度是建立在工业经济和工业化大生产基础上的，而共享经济是以互联网为基础的，这就先天决定了共享经济在我国一定水土不服。另外，基于网络的共享经济具有典型的网络化、跨区域、跨行业等特征，我国目前的监管体系完全不适合这种新的模式。在我国，许多新业态游走在监管的灰色地带，如股权众筹在我国还处于法律与监管的模糊地带，再比如从事互联网教育的企业被要求配置线下教学用地，否则不予审批，这些都可以说明我国发展共享经济的条件还不成熟。

其次，共享经济的发展大大降低了诸多行业的进入门槛，让传统企业面临巨大竞争压力，长期发展共享经济必定会造成实体经济的衰亡和社会秩序的混乱。在具有排他性的垄断市场中，共享型企业的进入及其快速扩张的发展态势势必会破坏原有的商业逻辑和经济秩序，直接引发社会财富和利益的重新分配，不可避免地受到来自既得利益者的质疑和阻挠。

最后，共享经济模式下产品与服务的供给方通常是大量不确定的个人或组织，也就是说其服务和产品的安全性、标准化、质量保障体系、用户数据保护等方面存在着严重的缺陷和不足。部分消费者对于共享经济的理解还只是停留在实证分析和现象观察层面，这就是说，中国市场还缺乏系统科学的理论研究。比如，共享单车发展的社会财富效应、对社会就业总量和结构的影响、相关宏观制度的设计等，既没有系统的理论指导，也缺乏有效的数据支撑，这就说明我国共享经济的发展是绝对不可行的。

✏️ **帅老师解析** 本题的难度中等，主要考查考生对时事热点的分析。题干中主要的逻辑错误如下。

①题干中提出"共享经济在我国一定水土不服"以及"我国目前的监管体系完全不适合这种新的模式"，这种表述过于绝对。经济的发展和监管体系的完善是一个动态过程，不能简单地断定共享经济在我国就"一定"会水土不服，或者监管体系就"完全不"适合新模式。

②题干中提到"在我国，许多新业态游走在监管的灰色地带"，并由此说明我国发展共享经济的条件还不成熟。这里将部分新业态存在的问题放大到整个共享经济领域，忽视了共享经济的多样性和复杂性，犯了以偏概全的错误。

③题干所认为的"长期发展共享经济必定会造成实体经济的衰亡和社会秩序的混乱"是一种非黑即白的思维方式。共享经济与实体经济并非零和博弈，它们之间可以共存并相互促进。同时，"必然"导致某种结果的判断也过于绝对，忽略了多种变量和可能性。

④题干仅以共享单车为例，来论证"我国共享经济的发展是绝对不可行的"。这种推理忽视了共享经济的广泛性和多样性，共享单车只是共享经济众多形态中的一种，不能代表整个共享经济领域。因此，这种以个别案例推断整体的论证是不成立的。

其他逻辑错误，言之成理，即可得分。

本题参考范文如下。

共享经济是昙花一现？

文／帅老师

给定题干从三个角度加以分析，得出了"共享经济只能是昙花一现，必定会走向衰亡"的结论。整个推理过程看似条分缕析，实则危言耸听，现简要分析如下。

首先，材料认为，共享经济在我国一定水土不服，还认为我国目前的监管体系完全不适合这种新的模式。这样的说法是难以必然成立的，有绝对化论证的嫌疑。经济的发展和监管体系的完善是一个动态过程。事实上，随着我国经济的转型升级，配套的监管体系也会不断完善。

其次，材料还指出"我国许多新业态游走在监管的灰色地带"，并由此说明我国发展共享经济的条件还不成熟。如此以偏概全的推理怎能让人信服？实际上，材料中列举的"新业态"类型只是极端个例，不能代表中国共享经济整体。

再次，材料认为：长期发展共享经济必定会造成实体经济的衰亡和社会秩序的混乱。该论证也是"东向而望，不见西墙"的说法。第一，共享经济与实体经济并不是非此即彼的关系，何来此消彼长之说？第二，"必定"这样的判断也是过于绝对的。

最后，材料仅以共享单车为例，说明我国共享经济的发展是绝对不可行的。这种说法也是难以让人信服的，它同样是一种以管窥豹的思维方式。共享单车作为共享经济众多形态中的一种，是难以代表整个共享经济领域的。要想得出"我国共享经济的发展绝对不可行"的结论，还应该拿出更有说服力的证据。

综上所述，材料列举的证据均无法支持其结论。关于共享经济的发展前景，还应进一步展开论证与分析。

十一、领导力是可以复制的吗？

分析下述论证中存在的缺陷和漏洞，选择若干要点，写一篇600字左右的文章，对该论证的有效性进行分析和评论。（论证有效性分析的一般要点是：概念特别是核心概念的界定和使用是否准确并前后一致，有无各种明显的逻辑错误，论证的论据是否成立并支持结论，结论成立的条件是否充分，等等。）

领导力作为驱动团队前行、引领组织变革的核心力量，常被视为某种天赋或难以捉摸的特质。然而，深入探究就不难发现，领导力实则是一系列可学习、可复制的技能与行为的集合，也就是说"领导力是可以复制的"。

领导力并非神秘莫测，是由一系列明确的能力和行为构成的，如决策能力、沟通能力、情绪智力、战略思维等。这些构成元素普遍存在于所有成功的领导者之中，且都可以通过学习和实践来掌握。

古今中外有许多杰出的领导者，他们的领导风格、策略和方法被广泛研究并记入史册。通过观察、分析和模仿这些成功领导者的行为，人们可以学到有效的领导技巧，并将其应用到自己的领导实践中。

企业和组织普遍重视领导力培训，不仅因为培训能够提升员工的领导技能，更因为无数案例证明，经过系统培训的个体在领导岗位上表现得更为出色。领导力培训课程通常涵盖理论学习、案例分析、角色扮演等多种教学方法，帮助学员全面掌握并应用领导力知识。例如，谷歌的"领导力发展计划"就是一个广为人知的成功案例，该计划通过系统的培训和实践，培养出了许多优秀的领导者。

领导力的复制还依赖于有效的反馈和自我提升机制。领导者可以通过接受同事、下属和上级的反馈，不断识别自己的优点和不足，进而调整和完善自己的领导方式。这种持续的自我提升过程，本质上就是领导力不断被复制和优化的过程。比如，微软的CEO纳德拉就经常寻求员工和同行的反馈，以不断完善自己的领导风格。

综上所述，领导力并非不可触及的神秘力量，而是一套可通过学习、实践、反馈和创新来不断复制和提升的技能组合。无论是通过借鉴成功模式、接受专业培训，还是通过自我提升和情境适应，领导力都是可以被有效复制并应用于各种组织和情境中的。

✏️**帅老师解析** 本题的难度中等，主要考查考生对时事热点的分析。题干中主要的逻辑错误如下。

① "领导力实则是一系列可学习、可复制的技能与行为的集合。"虽然领导力包含可学习和可复制的技能，但它也涉及个人特质、经验和直觉，这些可能不那么容易复制，将领导力完全归结为技能和行为的集合略显偏颇。

② "这些构成元素普遍存在于所有成功的领导者之中。"所有成功的领导者可能具有某些共同的技能和特质，但这并不意味着所有成功的领导者都具备完全相同的能力和行为。领导力

的表现可能因人而异。

③"通过观察、分析和模仿这些成功领导者的行为，人们可以学到有效的领导技巧。"虽然通过观察成功领导者可以得到一些启示，但有效的领导往往需要根据特定的情境和组织文化进行调整。简单的模仿可能并不总是有效的。

④材料认为领导力培训能够提升员工的领导技能，并且经过系统培训的个体在领导岗位上表现得更为出色。虽然领导力培训可以提供有用的技能和知识，但培训的效果可能因人而异，且不一定能在所有领导岗位上都转化为更好的表现。

⑤"领导力的复制还依赖于有效的反馈和自我提升机制。"反馈和自我提升机制固然重要，但它们并不足以复制领导力。领导力的发展是一个复杂的过程，涉及多个方面的提升和经验积累。

⑥材料列举了微软的 CEO 纳德拉经常寻求反馈以不断完善其领导风格的例子来证明领导力的复制依赖于反馈机制。但这只是个例，不能代表所有情况。纳德拉的成功可能不仅仅是因为他寻求反馈，还因为他的个人特质和经验等。

其他逻辑错误，言之成理，即可得分。

本题参考范文如下。

领导力是可以复制的？

文／帅老师

该论证试图全面阐述"领导力是可以复制的"这个观点，但在论证过程中存在几处值得商榷的地方，现分析如下。

首先，论证将领导力简化为一系列可学习和可复制的技能与行为的集合，这种定义忽略了领导力中难以量化的个人特质和独特经验。领导力不仅关乎技能，还涉及个人格局、直觉判断及在复杂情境中的决策能力，这些方面往往难以完全复制。

其次，论证认为所有成功领导者都具备相同的领导力构成元素，这忽略了领导风格的多样性。不同领导者因个人经历、文化背景和所处环境的不同，会展现出不同的领导风格。因此，不能简单地将领导力构成元素视为普遍存在于所有成功领导者身上的、可通过学习和实践掌握的能力和行为。

再次，虽然观察和学习成功领导者的行为有一定价值，但论证未能充分强调情境适应性的重要性。领导力的有效运用需要紧密结合具体情境，简单的模仿可能无法达到预期效果，甚至可能产生负面影响。领导者需要根据实际情况调整策略，而非盲目复制他人的模式。

最后，论证认为系统培训能显著提升员工的领导技能。这显然高估了领导力培训的效果。培训成果受多种因素影响，包括个人学习能力、动机及组织环境等。此外，领导力的发展是一个高度个性化的过程，需要综合考虑个人特质、经验积累和自我提升等多个方面。因此，不能单纯地依赖培训来实现领导力的全面复制和提升。

综上所述，该论证在阐述领导力的可复制性时，过分简化了领导力的复杂性与多样性，忽略了个体差异与情境适应性等关键因素，因此其结论有待商榷。

第九讲 ||| 论说文考试认知

● 一、论说文及其三要素

1. 何为论说文：以理服人

在备考前期，我们必须对以下问题有非常明确的认识。

◆ 何为论说文？论说文的定义是什么？

◆ 论说文和议论文有什么区别？

◆ 论说文的基本结构是怎样的？

◆ 论说文的三要素是什么？

◆ 论点、论据、论证的具体含义是什么？

◆ 论说文的语言特色是什么？

可以负责任地说，如果不弄清楚这些问题，一切的方法、模式都属于信口开河。接下来，我们将对上面这些问题加以分析。

何为论说文？这是我们需要了解的第一个问题。

论说文，是一种非常古老的文体。根据《文心雕龙》的记载，论说文是两种文体——"论"与"说"的合称。"论"和"说"都是用来阐述道理的，合在一起称为"论说文"。

"论"这一文体的含义基本相当于现代的"议论文"。作者大多经过深思熟虑后，用严密的理论来判辨是非，论证抽象的道理，比如苏洵的《六国论》。

六国论

文 / 苏洵

六国破灭，非兵不利，战不善，弊在赂秦。赂秦而力亏，破灭之道也。或曰："六国互丧，率赂秦耶？"曰："不赂者以赂者丧，盖失强援，不能独完。"故曰："弊在赂秦也。"

秦以攻取之外，小则获邑，大则得城。较秦之所得，与战胜而得者，其实百倍；诸侯之所亡，与战败而亡者，其实亦百倍。则秦之所大欲，诸侯之所大患，固不在战矣。思厥先祖父，暴霜露，斩荆棘，以有尺寸之地。子孙视之不甚惜，举以予人，如弃草芥。今日

割五城，明日割十城，然后得一夕安寝。起视四境，而秦兵又至矣。然则诸侯之地有限，暴秦之欲无厌，奉之弥繁，侵之愈急。故不战而强弱胜负已判矣。至于颠覆，理固宜然。古人云："以地事秦，犹抱薪救火，薪不尽，火不灭。"此言得之。

齐人未尝赂秦，终继五国迁灭，何哉？与嬴而不助五国也。五国既丧，齐亦不免矣。燕赵之君，始有远略，能守其土，义不赂秦。是故燕虽小国而后亡，斯用兵之效也。至丹以荆卿为计，始速祸焉。赵尝五战于秦，二败而三胜。后秦击赵者再，李牧连却之。洎牧以谗诛，邯郸为郡，惜其用武而不终也。且燕赵处秦革灭殆尽之际，可谓智力孤危，战败而亡，诚不得已。向使三国各爱其地，齐人勿附于秦，刺客不行，良将犹在，则胜负之数，存亡之理，当与秦相较，或未易量。

呜呼！以赂秦之地封天下之谋臣，以事秦之心礼天下之奇才，并力西向，则吾恐秦人食之不得下咽也。悲夫！有如此之势，而为秦人积威之所劫，日削月割，以趋于亡。为国者无使为积威之所劫哉！

夫六国与秦皆诸侯，其势弱于秦，而犹有可以不赂而胜之之势。苟以天下之大，下而从六国破亡之故事，是又在六国下矣。

这篇文章可以看成作者的一篇学术论文，其核心是探讨六国破灭的原因。

"说"是使人悦服，除古代常用的陈说之外，多是指针对紧迫的现实问题，用具体的利害关系或生动形象的比喻来说服对方，比如韩愈的《马说》。

马　说

文 / 韩愈

世有伯乐，然后有千里马。千里马常有，而伯乐不常有。故虽有名马，祗辱于奴隶人之手，骈死于槽枥之间，不以千里称也。

马之千里者，一食或尽粟一石。食马者不知其能千里而食也。是马也，虽有千里之能，食不饱，力不足，才美不外见，且欲与常马等不可得，安求其能千里也？

策之不以其道，食之不能尽其材，鸣之而不能通其意，执策而临之，曰："天下无马！"呜呼！其真无马邪？其真不知马也！

这里借助千里马和伯乐的比喻来阐述人才难得的道理，生动形象。大家将《马说》和《六国论》对比，也可以进一步体会"论"和"说"两种文体的不同。

根据经典的论述和考试要求，我们给出关于"论说文"的定义：

论说文是一种剖析事物、论述事理、发表意见、提出主张的文体，是作者对某个问题或某件事进行分析、评论，表明自己的观点、立场、态度的一种文体。

2. 论说文的三要素：论点、论据、论证

论点、论据、论证是论说文的三要素。一篇优秀的论说文必须拥有明确的观点、充实的内容、清晰的逻辑。为了让大家更好地理解这三个要素，我们先对其进行理论上的界定。

论点：文章的核心，是作者对所议论的问题（事件、现象、人物、观念等）所持的见解和主张。

论据：支持论点的材料，是作者用来证明论点的依据，一般分为道理论据和事实论据。

论证：运用论据来证明论点的过程和方法。

接下来，我们结合具体的例子，进一步理解这三个要素的定义。请大家仔细阅读下列例文，并加以分析和总结。

(1)《孟子·公孙丑下》

孟子曰："天时不如地利，地利不如人和。三里之城，七里之郭，环而攻之而不胜。夫环而攻之，必有得天时者矣，然而不胜者，是天时不如地利也。城非不高也，池非不深也，兵革非不坚利也，米粟非不多也，委而去之，是地利不如人和也。"

这一段文字包括两个论证，接下来我们分别分析这两个论证的三要素。

第一个论证的基本结构：

论点：天时不如地利。

论据：三里之城，七里之郭，环而攻之而不胜。

论证：夫环而攻之，必有得天时者矣，然而不胜者，是天时不如地利也。

第二个论证的基本结构：

论点：地利不如人和。

论据：城非不高也，池非不深也，兵革非不坚利也，米粟非不多也，委而去之。

论证：是地利不如人和也。

(2)《两小儿辩日》

孔子东游，见两小儿辩斗，问其故。

一儿曰："我以日始出时去人近，而日中时远也。"

一儿曰："我以日初出远，而日中时近也。"

一儿曰："日初出大如车盖，及日中则如盘盂，此不为远者小而近者大乎？"

一儿曰："日初出沧沧凉凉，及其日中如探汤，此不为近者热而远者凉乎？"

这一段文字包括两个论证，接下来我们分别分析这两个论证的三要素。

第一个论证的基本结构：

论点：我以日始出时去人近，而日中时远也。

论据：日初出大如车盖，及日中则如盘盂。

论证：此不为远者小而近者大乎？

第二个论证的基本结构：

论点：我以日初出远，而日中时近也。

论据：日初出沧沧凉凉，及其日中如探汤。

论证：此不为近者热而远者凉乎？

（3）商业文书

企业要学会变通。不懂得在逆境中寻找新思路的企业，无法在这个"弱肉强食"的经济社会中求生存。著名的电脑公司——苹果公司，其发展的道路是曲折的。正是在苹果公司受挫的阶段，公司高层扭转局面，才确立了其如今屹立不倒的地位。乔布斯整理思绪，终于在1997年带着新的技术方案回归苹果公司。2001年，苹果公司推出的新的操作系统和iPod播放器大受欢迎，使苹果公司在高科技产业的博弈中大获全胜。因此，学会变通能使企业走出逆境，实现更加繁荣的发展。

这段论证的基本结构：

论点：企业要学会变通。

论据①：不懂得在逆境中寻找新思路的企业，无法在这个"弱肉强食"的经济社会中求生存。

论据②：著名的电脑公司——苹果公司，其发展的道路是曲折的。正是在苹果公司受挫的阶段，公司高层扭转局面，才确立了其如今屹立不倒的地位。乔布斯整理思绪，终于在1997年带着新的技术方案回归苹果公司。2001年，苹果公司推出的新的操作系统和iPod播放器大受欢迎，使苹果公司在高科技产业的博弈中大获全胜。

论证：因此，学会变通能使企业走出逆境，实现更加繁荣的发展。

● 二、论点的基本要求：言简意赅

1. 论点要正确。论点要符合正确的人生观和价值观，我们必须在合理合法的前提下确定自己的论点

论点是论说文的灵魂。如果论点错误，那么一篇文章即使论据再丰富，论证再严密，也都毫无意义，不可能成立。所以，我们在确定论点时，要保证论点绝对正确。这一点是我们写作的底线，绝对不能逾越。

2. 论点要鲜明。其有两层含义：一是自己的论点要有明确的态度；二是要用精练的语言概括自己所要表达的观点，并将其放在文章的显要位置

论点鲜明，就是要求作者用准确的语言，直接地表达自己的态度，不能模棱两可。比如，你对某一观点的态度是支持还是反对？你认为某一事件的关键点是什么？这些核心论点必须用直接、准确的语言表达出来，让人一目了然，在最短的时间内明白你所要论述的核心观点。

论点鲜明，还要求作者在谋篇布局时，在文章的显要位置提出自己的观点。尤其是对于考场作文而言，这一点尤为重要。务必要让阅卷者快速看懂自己所要论述的核心观点，这样才能获得高分。

3. 论点要集中。文章所论述的观点不宜太多，一般来说，一篇文章只论述一个核心观点，以便加强论述

考试要求的文章字数为 700 字左右，所以我们很难在有限的篇幅内面面俱到地论述多个观点。我们最好的做法就是找到材料集中论述的要点，并将其作为自己论述的中心，全文都围绕这一中心展开。这样非常有利于我们加深论证的深度，进而取得高分。

4. 论点要深刻。我们一定要深入、系统地研究和理解题干给定的材料，提出有深度的观点，不能走马观花

比如 2018 年管理类综合能力考试试题，考查的核心是"人工智能取代了一些低级岗位，但是创造了一些高级岗位，你对这样的观点有什么看法？"在写作时，如果我们只是写一写人工智能的作用、创新等话题，也并非不可以，但是这样的文章很难得到高分。材料着重探讨的是"人工智能"这一新兴技术对社会的作用，所以我们可以由此切入，深入探讨人工智能的意义、价值、发展方向等。

5. 论点要新颖。对于材料的解读，我们不能老生常谈，要注意多角度地分析问题，保证论点的新颖

一篇论点新颖的文章，会给人带来耳目一新的感觉。在写作时，我们在基础思维之上，可以试着变换不同的角度，换个思路看问题，提出新的论点。

● 三、论据的基本要求：说服力

鲜明的论点可以使文章主题清楚，清晰的论证可以使文章条理连贯，而准确、丰富、新颖的论据则可以使文章有血有肉、生动形象。我们在选择与使用论据的过程中，应该遵循以下几个原则。

1. 要有时代感，拒绝陈旧

时代是不断发展的，"时代英雄"也在不断地成长。我们在选择论据进行写作、说明问题时，最好能够立足当代，写出一些具有认可度且让读者和阅卷老师产生认同感的事例，而不能照本宣科、千篇一律，用一些陈旧、套路化的模板式案例。

2. 要有正能量，拒绝负面

对于论说文，尤其是管理类和经济类综合能力考试的论说文，考生一般都会选择正能量的话题，因此在思考案例、选择论据时也要注意围绕正能量展开。虽然反面案例可以为我们提供教训，启发我们全面地看待问题，但是，过多地罗列反面案例有可能造成中心思想的偏移。这一点值得我们注意。

3. 要有准确度，拒绝模糊

我们在准备或选择案例时，一定要注意案例来源的准确度。有些考生在使用论据时经常出现似是而非的话语，如"我记得有一本书中说过……""我记得有一位名人说过……"，这种写作方法是十分不推荐的。对于论据的出处，我们一定要掌握得准确、具体，这样才能增加说服力。

4. 要有独创性，拒绝套路

写文章最忌讳的就是千篇一律、千人一面，所以我们在写作的过程中，要逐步积累属于自己的独创的数据库。第一个吃螃蟹的人是勇士，第一千个吃螃蟹的人只能算吃货。同理，第一个在作文中写马云、乔布斯的人是独创者，第一千个写他们的人只能算模仿者。所以在备考过程中，我们一定要结合自身特长、实际情况、工作经验，积累具有独创性的素材，为自己的作文增色添香。

5. 要有影响力，拒绝平庸

援引事例的作用就是增强文章的说服力，所以我们写作时要使用权威的、有影响力的案例，而不能使用考生本人很熟悉但读者和阅卷老师根本不知道的私人化案例。案例要有广泛的认可度，这一点也值得我们注意。

四、论证的基本方法：归纳和演绎

1. 归纳

所谓归纳，是从多个事物或道理的共同属性中，推出同一类事物或道理的普遍性结论的推理方法。它是从个别到全体、从特殊到一般的思维方法。归纳一般包括以下三种方法。

（1）穷举法，即穷究同类事物中所有个别事物的共同属性，推出普遍性结论的方法。

这种方法不允许漏掉任何一个性质相同的个别事物。例如：根据数学原理发现锐角三角形、直角三角形、钝角三角形的内角和都是 180°，进而可以确定三角形的内角和为 180°。这个推理就是将所有三角形的类型全部列举出来，进而得出普遍性的结论。

（2）枚举法，即根据对某类事物的部分对象的概括，推出一般性结论的方法。

这种方法属于不完全归纳法，在论说文写作中非常常见。例如：我们想要探讨中国企业的创新精神，可以选择比较有代表性的中国企业 —— 华为、小米、比亚迪、中国高铁集团等 —— 进行分析。

（3）归纳法，即由某类事物的部分对象与某种属性有必然联系，推出这类事物都具有这种属性的方法。例如：通过中国改革开放以来的实际情况可以看出，中国共产党的领导是我们取得一切成绩的根本。

2. 演绎

所谓演绎，是从普遍性前提推出特殊性结论的推理方法。与归纳的思维方向正好相反，演绎是从全体到个别、从一般到特殊的思维方法。演绎一般包括以下四种方法。

（1）三段论，是由两个含有一个共同项的性质判断作前提，得出一个新的性质判断为结论的演绎推理。

三段论包括三个部分：大前提、小前提、结论。例如：一班所有学生都报名了写作特长班，王焉元是一班的学生，所以王焉元报名了写作特长班。

（2）假言推理，是以假言判断为前提的推理。假言推理分为充分条件假言推理和必要条件假言推理。

①充分条件假言推理。例如：一个图形是三角形，那么它的内角和是 180°；这个图形的内角和不是 180°，那么这个图形不是三角形。

②必要条件假言推理。例如：只有日照充足，西瓜的甜度才高；这个西瓜的甜度很高，所以推断这个西瓜的产地日照充足。

（3）选言推理，是以选言判断为前提的推理。选言推理分为相容的选言推理和不相容的选言推理。

①相容的选言推理。例如：王焉元学习成绩好或者是由于客观条件优越，或者是由于刻苦努力；王焉元学习成绩好不是由于客观条件优越，所以，王焉元学习成绩好是由于刻苦努力。

②不相容的选言推理。例如：一个三角形，要么是锐角三角形，要么是钝角三角形，要么是直角三角形；这个三角形不是锐角三角形或直角三角形，所以，它是钝角三角形。

（4）关系推理，是前提中至少有一个是关系命题的推理。接下来我简单举例说明几种常用的关系推理。

①对称性关系推理。例如：1 斤 = 500 克，所以 500 克 = 1 斤。

②反对称性关系推理。例如：M ＞ N，所以 N ＜ M。

③传递性关系推理。例如：M ＞ N，N ＞ Q，所以 M ＞ Q。

● 五、考试大纲逐字解析：论说文怎么考？

管理类综合能力考试论说文的考试大纲：

> 论说文的考试形式有两种：命题作文、基于文字材料的自由命题作文。每次考试为其中一种形式。要求考生在准确、全面地理解题意的基础上，对命题或材料所给观点进行分析，表明自己的观点并加以论证。文章要求思想健康，观点明确，论据充足，论证严密，结构合理，语言流畅。

经济类综合能力考试论说文的考试大纲：

> 论说文的考试形式有两种：命题作文、基于文字材料的自由命题作文。每次考试为其中一种形式。要求考生在准确、全面地理解题意的基础上，对材料所给观点或命题进行分析，表明自己的态度、观点并加以论证。文章要求思想健康、观点明确、材料充实、结构严谨完整、条理清楚、语言流畅。

考试大纲为我们详细地阐述了考试形式、考试重点、考试要求。接下来，我们结合历年真题对考试大纲加以解读。

1. 考试形式为命题作文或者基于文字材料的自由命题作文

根据考试大纲，考试形式有两种：一种是命题作文，另一种是基于文字材料的自由命题作文。

①命题作文，即给定作文题目，要求考生根据题目撰写一篇文章。比如 2009 年 1 月管理类综合能力考试论说文试题：

以"由三鹿奶粉事件所想到的"为题，写一篇 700 字左右的论说文。

②基于文字材料的自由命题作文，即给定一段材料，要求考生阅读材料，提炼观点，并撰写一篇文章。比如 2018 年管理类综合能力考试论说文试题：

根据下述材料，写一篇 700 字左右的论说文，题目自拟。

有人说，机器人的使命，应该是帮助人类做那些人类做不了的事情，而不是代替人类。技术变革会夺取一些人低端烦琐的工作岗位，最终也会创造更高端、更人性化的就业机会。例如，历史上铁路的出现抢去了很多挑夫的工作，但又增加了千百万的铁路工人。人工智能也是一种技术变革，人工智能也将促进未来人类社会的发展。有人则不以为然。

2. 要求考生准确、全面地理解题意

考试大纲要求考生对给定的材料进行深入、系统的研读，全面理解文章的重点和中心，准确立意。比如2010年1月管理类综合能力考试论说文试题：

根据下述材料，写一篇700字左右的论说文，题目自拟。

一个真正的学者，其崇高使命是追求真理。学者个人的名利乃至生命与之相比都微不足道，但因为其献身于真理，就会变得无限伟大。一些著名大学的校训中都含有追求真理的内容。然而，近年学术界的一些状况与追求真理这一使命相去甚远，部分学者的功利化倾向越来越严重，抄袭剽窃、学术造假、自我炒作、沽名钓誉等现象时有所闻。

在拿到考题后，我们要做的第一件事就是准确、全面地理解材料。以"然而"为界线，这则材料被分成截然不同的两个部分。

第一部分：一个真正的学者，其崇高使命是追求真理。学者个人的名利乃至生命与之相比都微不足道，但因为其献身于真理，就会变得无限伟大。一些著名大学的校训中都含有追求真理的内容。

第二部分：近年学术界的一些状况与追求真理这一使命相去甚远，部分学者的功利化倾向越来越严重，抄袭剽窃、学术造假、自我炒作、沽名钓誉等现象时有所闻。

对比之下我们可以发现，材料真正的观点是强调学者的使命是追求真理。通过第二部分的反面论证，进一步加强第一部分的观点。我们在写作的过程中，一定要准确、全面地理解材料，找到正确的中心。

3. 对给定材料进行分析

考试大纲要求考生对材料进行分析，总结出材料表达的核心观点。比如2004年1月管理类综合能力考试论说文试题：

根据以下材料，自拟题目撰写一篇600字左右的论说文。

一位旅行者在途中看到一群人在干活，他问其中一位在做什么，这个人不高兴地回答："你没有看到我在敲打石头吗？若不是为了养家糊口，我才不会在这里做这些无聊的事。"旅行者又问另外一位，他严肃地回答："我正在做工头分配给我的工作，在今天收工前我可以砌完这面墙。"旅行者问第三位，他喜悦地回答："我正在盖一座大厦。"他为旅行者描绘大厦的形状、位置和结构，最后说："再过不久，这里就会出现一座宏伟的大厦，我们这个城市的居民就可以在这里聚会、购物和娱乐了。"

考试时，我们首先要对材料进行分析，回答这样一个问题：这则材料表明了什么观点？

在上述材料中，面对同样的问题，三位工人的回答完全不同。这种差异体现了热爱本职工作、树立正确人生目标的重要性。找出材料表达的观点是我们解题的第一步。

4. 表明自己的观点

基于对材料的总结，我们需要进一步表明自己对材料结论的看法。上题中，我们可以围绕"树立正确的人生目标"这个话题展开：

①是否应该树立正确的人生目标，为什么？

②树立正确的人生目标的意义和价值是什么？

③如何树立正确的人生目标？

④不树立正确的人生目标有哪些危害？

5. 对自己提出的观点进行论证

我们在提出自己的观点之后，一定要结合事实和道理对其进行论证。如果我们选择"树立正确的人生目标的意义"这个话题，那么可以从以下角度入手，为自己的观点寻找证据：

①谁树立了正确的人生目标？这个目标对他的成功有何意义？

②从哲学的角度探讨人生目标对实践奋斗的指导作用。

6. 关于文章的具体要求

文章要想得高分，需要满足以下六点。

①思想健康。我们撰写的文章，必须符合社会主义核心价值观，积极向上，充满正能量。

②观点明确。我们撰写的文章，必须明确表达对某一问题的看法。

③论据充足。我们撰写文章时，要提供足够的道理论证和事实论证来支持自己的观点。

④论证严密。我们在使用材料撰写文章时，不能犯以偏概全的错误；文章的逻辑要严密，不能有明显的逻辑错误。

⑤结构合理。文章的"引论 — 本论 — 结论"要完整，各个部分的段落划分要均匀。

⑥语言流畅。文章语言要平实准确，让人一读即懂，能够准确体现自己所要表达的观点。

六、评分标准逐字解析：阅卷人评分手记

根据教育部的考试大纲，以管理类综合能力考试为例，论说文的评分标准如下。

作文题目	漏拟题目扣 2 分		
综合评分	一类卷（30～35 分）：立意深刻，中心突出，结构完整，行文流畅		
	二类卷（24～29 分）：中心明确，结构较完整，层次较清楚，语句通顺		
	三类卷（18～23 分）：中心基本明确，结构尚完整，语句较通顺，有少量语病		
	四类卷（11～17 分）：中心不太明确，结构不够完整，语句不通顺，语病较多		
	五类卷（10 分以下）：偏离题意，结构残缺，层次混乱，语句不通		
写作细节	每 3 个错别字扣 1 分，重复的不计，至多扣 2 分		
	书面不整洁，标点不正确，酌情扣 1～2 分		

通过对这份标准的研读，我们可以知道，论说文的评分要点主要有以下八个。

◆ 立意是否深刻？

◆ 中心是否突出？是否明确？

◆ 结构是否完整？

◆ 层次是否清楚？

◆ 行文是否流畅？语句是否通顺？

◆ 卷面是否整洁？

◆ 标点是否准确？

◆ 是否有错别字？

接下来我们对以上八个评分要点分别进行解析。

1. 立意是否深刻？

同一则材料，我们可以从不同的角度分析。但是，不同的立意肯定有高下之分。深刻的立意是得分的第一要点。比如 2016 年管理类综合能力考试论说文试题：

根据下述材料，写一篇 700 字左右的论说文，题目自拟。

亚里士多德说："城邦的本质在于多样性，而不在于一致性。……无论是家庭还是城邦，它们的内部都有着一定的一致性。不然的话，它们是不可能组建起来的。但这种一致性是有一定限度的。……同一种声音无法实现和谐，同一个音阶也无法组成旋律。城邦也是如此，它是一个多面体。人们只能通过教育使存在着各种差异的公民统一起来来组成一个共同体。"

这则材料可以有如下立意。

①教育的重要作用。

②社会发展需要一致性。

③社会发展需要多样性。

④一致性和多样性的关系。

⑤教育可以使人达到和而不同的境界。

这五个立意，均从这则材料出发，都是符合题意的。但是①②③这三个立意，都是从单一角度出发解析材料，这就属于立意一般。④体现出辩证的思维，因此，④这个立意就比①②③高一个档次。⑤是从材料整体出发，对其进行分析并概括，属于深刻的立意。

2. 中心是否突出？是否明确？

这一点非常重要，文章要做到中心突出、明确，一定要满足以下三点。

①文章一定要有明确的中心论点。

②中心论点一定要安排在文章最显眼的位置。

③对中心论点的表述一定要简明扼要。

这三点能够保证我们的文章中心突出、明确。

3. 结构是否完整？

一个完整的论证结构需要包含以下三个部分。

①引论，引出自己的观点。

②本论，论述自己的观点。

③结论，总结自己的观点。

这是结构上的特点。具体到文章的内容上，一篇结构完整的论说文还需要包含以下三个部分。

①论点：文章所要阐述的核心观点。

②论据：用来支持观点的事实和道理。

③论证：用论据证明论点的过程。

4. 层次是否清楚？

论述只有循序渐进、稳扎稳打，才能保证文章层次清楚。比如，下列论证的层次就非常清楚。

①创新可以促进个人发展。

②创新可以促进企业进步。

③创新可以促进国家富强。

作者从"个人 － 企业 － 国家"三个层次，由小到大依次论证，说明了创新的重要作用。

5. 行文是否流畅？语句是否通顺？

我们在论说文的写作过程中，一定要注意行文流畅和语句通顺，一定要避免语义重复、语法错误等情况出现。

6. 卷面是否整洁？

整洁的卷面会让阅卷老师心情舒畅，是取得高分的利器。所以我们在书写的过程中，一定要注意卷面的整洁度。一般来说，以下五点有助于我们打造整洁的卷面。

①使用黑色 0.5mm 签字笔答题。

②各个段落均匀分布。

③不使用修正带、涂改液、胶布等工具修改卷面。

④用标准的正楷体书写，拒绝代字符号等。

⑤尽量不要使用修改符号。

7. 标点是否准确？

标点符号的使用是对我们基本语文能力的考查，正确使用标点符号对于写作而言十分重要。标点符号的使用方法参见本书附录。

8. 是否有错别字？

我们撰写文章时一定要减少错别字。错别字过多可能影响阅卷老师对文章的理解。

第十讲 ||| 论说文的解题步骤

在上一讲，帅老师已经对考试大纲中的论说文部分进行了解析，也对论点和论据的基本要求以及论证的基本方法进行了阐述，相信大家对论说文已经有了一个基本认识，接下来，帅老师将用 2021 年管理类综合能力考试论说文试题作为示范，逐步讲解论说文的解题步骤。

● 一、仔细审读题干：绝不放过细节

根据下述材料，写一篇 700 字左右的论说文，题目自拟。

我国著名实业家穆藕初在《实业与教育之关系》中指出，教育最重要之点在道德教育（如责任心和公共心之养成，机械心之拔除）和科学教育（如观察力、推论力、判断力之养成）。完全受此两种教育，实业界中坚人物遂由此产生。

本题材料为白话文，考生阅读起来有一定的难度。但材料的整体框架非常清晰：穆藕初强调在实业发展中重视教育，而教育分为两种，即道德教育与科学教育。道德教育包括责任心、公共心等；科学教育包括观察力、推论力等。穆藕初认为，完全接受这两种教育，便能造就实业界的中坚人物。根据上述思路，本文结构如下：

引论	本论	结论
实业需要教育	道德教育（如责任心和公共心之养成，机械心之拔除）	完全接受这两种教育，便能产生实业界的中坚人物
	科学教育（如观察力、推论力、判断力之养成）	

● 二、多维立意：答案不只有一个

这段材料辐射范围较广，以《实业与教育之关系》一文为切入点，重点讨论了"道德教育"与"科学教育"的关系。可供参考的立意有很多，比如：

①单独从一个角度切入，写成观点型论说文 —— "振兴实业必须重视教育"。

②从两个角度切入，写成关系型论说文 —— "道德教育与科学教育缺一不可"。

③从其中一个角度所涵盖的内容切入，探讨责任心、公共心或观察力、推论力等要素对企业发展的意义。

其他立意角度，言之成理，即可得分。

● 三、确定写作中心：最佳立意的确定

虽然题目的立意有多个角度，但是在写作过程中，我们一定要选择一个自己最熟悉的角度作为写作中心，以便充分发挥自己的写作才能，运用积累的素材，写出一篇好文章。以本题为例，最贴合题意的角度应当是：道德教育与科学教育缺一不可。

● 四、拟定提纲：胸有成竹

我们确定中心之后，便要以中心为基础，拟定适当的提纲。文章提纲的拟定是写作的基础。只有提纲挈领，才能够快速、有条理地写出一篇好文章。以本题为例，可拟定如下提纲：

第一自然段：总结材料，引出中心 —— 振兴实业必须将道德教育与科学教育结合。

第二自然段：分论点 1—— 振兴实业离不开道德教育。

第三自然段：分论点 2—— 振兴实业离不开科学教育。

第四自然段：分论点 3—— 道德教育要与科学教育相结合。

第五自然段：总结全文，深化中心。

● 五、选择论据：兵马未动，粮草先行

在拟定好提纲之后，我们便可以根据提纲中的中心论点和分论点选择相应的材料进行论证。我们在选择素材时，要注意从道理和事实两个方面深入中心。材料引用穆藕初先生的观点，涉及实业和教育两个话题，而穆藕初先生在这两个方面就有突出贡献，因此我们可以以穆藕初先生为例进行论证。

穆藕初（1876—1943），上海浦东人，上海工商界名流，昆剧票友，昆剧传习所的创办者之一，民国时期著名的棉花专家。童年时期，他家道中落，少年发愤，14 岁入棉花行习业；17 岁遭丧父之痛。青年时期，他立志求西学，始研习英文，25 岁考入江海关，捧上了"金饭碗"，娶妻金氏，并加入沪南体育会，习体操与演说；28 岁出版译著；29 岁加入沪学会，抵制美货，辞江海关职，任龙门师范学校英文教员兼学监，一年后辞职；32 岁出任江苏省铁路公司警察长，一年余又辞去；34 岁自费赴美国，专习农学。五年后返国，创办德大纱厂。他一路披荆斩棘，从此走上实业救国的道路。后来，他又创办了厚生纱厂、豫丰纱厂，实力倍增，被誉为"棉纱大王"。

六、范文的写作与点评

德才兼备，道术相济❶

文 / 帅老师

穆藕初在《实业与教育之关系》中指出，将道德教育与科学教育结合，遂能培养出"实业界中坚人物"。❷当下，穆藕初的这段甘苦之言依然振聋发聩。它启示我们，想要振兴实业，就必须将"道德"与"科学"作为两翼，也只有如此，才能真正地实现教育繁荣、实业振兴、国家富强和民族复兴。❸

振兴实业离不开"道德教育"。所谓"道德教育"，即"责任心和公共心之养成，机械心之拔除"。❹在这方面穆藕初堪称楷模。作为一名企业家，他先后集资创办了德大纱厂、厚生纱厂、豫丰纱厂，力主推行"实业救国"。更加难能可贵的是，"一·二八"事变发生后，他和史量才、黄炎培等人在即将国破家亡的危急时刻组织地方维持会，支持抗日，为保家卫国做出了巨大的贡献。❺穆藕初的这种家国担当，源自其责任心与公共心。

振兴实业离不开"科学教育"。所谓"科学教育"，即体现为观察力、推论力、判断力等具体的管理能力和管理素质的培养。抗战时期，为了改善后方棉布紧缺的情况，穆藕初发明了生产效率远超旧式手摇纺织机的"七七纺棉机"，极大地提高了生产效率。❻他的这种发明创造，源自其观察力、强大的推论力和冷静的判断力。

正是基于自己的成长经历，穆藕初提出了将道德教育与科学教育相结合的观点。1917 年，他创办学校，明确提出了教育不能仅"教导诸生能制出诸种物件"，还要培养学生的"耐劳习惯、持久性质、克己复礼工夫、斩除一切取巧幸获之观念"，强调将道德教育与科学教育紧密融合。这也值得我们当下的实业教育、职业教育借鉴。

芳林新叶催陈叶，流水前波让后波。❼时代的浪潮不

❶ "德"和"道"指的是道德教育，"才"和"术"指的是科学教育。题目将二者结合，突出中心论点，典雅对偶，值得学习。

❷ 总结材料，言简意赅。

❸ 点明中心论点。教育－实业－国家－民族，层层递进，在论证中起到了深化主题的作用。

❹ 利用材料中的观点进行论证，这个方法值得借鉴。

❺ 利用穆藕初的事迹证明自己的观点。这个例证的列举和分析都非常恰当。

❻ 同样是"以穆论穆"，这个做法值得借鉴。

❼ 高分语料，值得积累。

断涌动，要想在这个百舸争流的时代勇立潮头，就必须将道德教育与科学教育结合起来，打造"德才兼备，道术相济"的复合型人才。唯有如此，我们才能培养出"弄潮儿向涛头立，手把红旗旗不湿"的时代先锋。

注意：本文以穆藕初先生为例，考生也可以列举其他的事例，根据自己的知识积累，灵活发挥。

所谓审题，就是审读题干。明确写作的要求，是我们在考试过程中进行写作的第一步，也是最重要的一步。如果不能科学、准确地进行审题，就会导致文章偏题，我们肯定不会取得好的成绩。在这一讲，我们集中对审题这一环节进行学习和训练。

认真，是态度，同时也是方法。在审读题干时，我们一定要认真，注意不能放过题干中的任何一个字，详细地阅读题干、材料以及写作要求，务必了解题干的所有要求。比如 2005 年 1 月管理类综合能力考试论说文试题：

根据下述内容，自拟题目，写一篇短文，评价立吉尔的决策，说明如果你是决策者，在当时的情况下你会做出何种选择，并解释决策依据，700 字左右。

第二次世界大战期间，英国首相立吉尔曾做出一个令他五内俱焚的决定。当时，盟军已经破译了德军的绝密通信密码，并由此得知德军下一个空袭目标是英国的一个城市考文垂。但是，一旦通知这个城市做出任何非正常的疏散和防备，都将引起德军的警觉，使破译密码之事暴露，从而丧失进一步了解德军重大秘密的机会。所以，立吉尔反复权衡，最终下令，不对这个城市做任何非正常的提醒。结果，考文垂在这次空袭中一半被焚毁，上千人丧生。然而，通过这个密码，盟军了解到德军在几次重大战役中的兵力部署情况，制订了正确的应对策略，并取得了重大的军事胜利。

很多同学在考试时，直接看材料，忽略写作要求，根据材料立意，围绕"学会舍得"进行写作，完全偏离了写作要求，取得的成绩很不理想。

在审题的环节，以下几个关键内容是我们要重点注意的。只有掌握好这些关键内容，才可能得出正确的审题结果。

● 一、明确命题形式：命题或材料

我们在审题时，首先要明确命题的形式。管理类与经济类综合能力考试的论说文有两种命题形式：一种是材料作文，另一种是命题作文。

所谓材料作文，一般是给定一段材料，要求考生根据材料选择一个话题进行写作。比如 2018 年管理类综合能力考试论说文试题：

根据下述材料，写一篇 700 字左右的论说文，题目自拟。

有人说，机器人的使命，应该是帮助人类做那些人类做不了的事情，而不是代替人类。技术变革会夺取一些人低端烦琐的工作岗位，最终也会创造更高端、更人性化的就业机会。例如，历史上铁路的出现抢去了很多挑夫的工作，但又增加了千百万的铁路工人。人工智能也是一种技术变革，人工智能也将促进未来人类社会的发展。有人则不以为然。

所谓命题作文，就是给定写作题目，要求考生根据给定的作文题目进行构思，展开写作。比如：

请以"学而时习之"为题目，写一篇论说文，700 字左右。

如果是材料作文，那么我们在接下来的立意环节就要根据材料提取观点，进行写作；如果是命题作文，我们就可以根据题目组织语言，进行写作。

● 二、明确写作要求：字数、内容

管理类与经济类综合能力考试的论说文有不同的写作要求，我们在审题时，主要关注以下两点：①作文字数；②是否有特殊要求。

一般来说，管理类与经济类综合能力考试的论说文要求 700 字左右，但是也有特殊情况，要求 500 字或者 600 字左右，我们一定要看清楚字数要求，按照要求写作。比如 2003 年 10 月管理类综合能力考试论说文试题：

"读经不如读史。"

对上述观点进行分析，论述你同意或不同意这一观点的理由，可根据经验、观察或者阅读，用具体理由或实例佐证自己的观点。题目自拟，全文 500 字左右。

该题只要求写 500 字左右，我们在写作时，应按照这个篇幅构思文章，安排时间，确立合理的规划。

除此之外，我们还应该注意题目中有无其他的特殊要求。比如 2006 年 1 月管理类综合能力考试论说文试题：

根据以下材料，围绕企业管理写一篇论说文，题目自拟，700 字左右。

两个和尚分别住在东、西两座相邻的山上的寺庙里。两山之间有一条清澈的小溪。这两个和尚每天都在同一时间下山去溪边挑够一天用的水。久而久之，他们就成了好朋友。光阴如梭，日复一日，不知不觉已经过了三年。有一天，东山的和尚没有下山挑水，西山的和尚没有在意："他大概睡过头了。"哪知第二天，东山的和尚还是没有下山挑水；第三天、第四天也是如此；过了十天，东山的和尚还是没有下山挑水。西山的和尚担心起来："我的朋友一定是生病了，我应该去拜访他，看是否有什么事情能够帮上忙。"于是他爬上了东山，去探望他的老朋友。

到达东山的寺庙，西山的和尚看到他的老友正在庙前打拳，一点也不像十天没喝水的样子。他好奇地问："你已经十天没有下山挑水了，难道你已经修炼到可以不用喝水就能生存的境界了吗？"东山的和尚笑笑，带着他走到寺庙后院，指着一口井说："这三年来，我每天做完功课后，都会抽空挖这口井。如今终于挖出水来了，我就不必再下山挑水啦。"西山的和尚不以为然："挖井花费的力气远远甚于担水，你又何必多此一举呢？"

此题题干明确要求我们"围绕企业管理"进行写作，那么在写作的过程中，文章就一定要以企业管理为核心，并在这一基础上阐述观点和展开论述。

三、明确话题类型：观点型、关系型、评论型

在管理类与经济类综合能力考试的论说文中，常见的话题类型有三种：观点型、关系型、评论型。接下来，我们结合具体的题目对这三种类型加以介绍和分析。

1. 观点型论说文，也称单话题作文，指的是给定的命题和材料中只能提炼出一个关键词A，要求考生围绕这个关键词A撰写一篇文章

这类题型出现的频率最高。比如2010年1月管理类综合能力考试论说文试题：

根据下述材料，写一篇700字左右的论说文，题目自拟。

一个真正的学者，其崇高使命是追求真理。学者个人的名利乃至生命与之相比都微不足道，但因为其献身于真理就会变得无限伟大。一些著名大学的校训中都含有追求真理的内容。然而，近年学术界的一些状况与追求真理这一使命相去甚远，部分学者的功利化倾向越来越严重，抄袭剽窃、学术造假、自我炒作、沽名钓誉等现象时有所闻。

仔细阅读材料就会发现，全文都围绕着"追求真理"这一话题展开，所以我们围绕这一关键词进行写作即可。

2. 关系型论说文，也称双话题作文，指的是给定的命题和材料中可以提炼出一对关键词A和B，要求考生围绕A和B两个关键词撰写一篇文章，重点分析二者之间的关系

这类题型出现的频率也较高。比如2015年管理类综合能力考试论说文试题：

根据下述材料，写一篇700字左右的论说文，题目自拟。

孟子曾引用阳虎的话："为富，不仁矣；为仁，不富矣。"（《孟子·滕文公上》）这段话表明了古人对当时社会上为富为仁现象的一种态度，以及对两者之间关系的一种思考。

这道题目给定了两个有关系的关键词"为富"与"为仁"，明确要求我们撰写一篇文章探讨二者之间的关系。

3. 评论型论说文，也称案例分析作文，一般会给定一个具有争议性的社会热点话题，要求考生发表自己的看法。此类论说文不需要提炼观点，直接按照题目要求写作即可

这类题型出现的频率较低。比如 2003 年 10 月管理类综合能力考试论说文试题：

"读经不如读史。"

对上述观点进行分析，论述你同意或不同意这一观点的理由，可根据经验、观察或者阅读，用具体理由或实例佐证自己的观点。题目自拟，全文 500 字左右。

再比如 2005 年 1 月管理类综合能力考试论说文试题：

根据下述内容，自拟题目，写一篇短文，评价立吉尔的决策，说明如果你是决策者，在当时的情况下你会做出何种选择，并解释决策依据，700 字左右。

第二次世界大战期间，英国首相立吉尔曾做出一个令他五内俱焚的决定。当时，盟军已经破译了德军的绝密通信密码，并由此得知德军下一个空袭目标是英国的一个城市考文垂。但是，一旦通知这个城市做出任何非正常的疏散和防备，都将引起德军的警觉，使破译密码之事暴露，从而丧失进一步了解德军重大秘密的机会。所以，立吉尔反复权衡，最终下令，不对这个城市做任何非正常的提醒。结果，考文垂在这次空袭中一半被焚毁，上千人丧生。然而，通过这个密码，盟军了解到德军在几次重大战役中的兵力部署情况，制订了正确的应对策略，并取得了重大的军事胜利。

以上两个题目要求考生针对某个具有争议性的观点或者话题发表自己的看法，考生只要准确表明自己的态度并阐明理由即可。

四、小试牛刀：审题训练

请认真阅读下列考研真题，并将审题要点写在横线上。请重点关注字数、内容、题目等要求。

1. 根据下述材料，写一篇 700 字左右的论说文，题目自拟。

生物学家发现，雌孔雀往往选择尾巴大而艳丽的雄孔雀作为配偶，因为雄孔雀尾巴越大越艳丽，表明它越有生命活力，其后代的健康越能得到保证。但是，这种选择也产生了问题：孔雀尾巴越大越艳丽，越容易被天敌发现和猎获，其生存反而会受到威胁。【199 管综 2014 年 1 月真题】

_____

_____

2. 阅读下面的材料，以"是否应该对穷人提供福利？"为题，写一篇不少于 600 字的论说文。

国家是否应该对穷人提供福利存在较大的争议。反对者认为：贪婪、自私、懒惰是人的本性，如果有福利，人人都想获取。贫穷在大多数情况下是懒惰造成的。对穷人提供福利相当于把努力工作的人的财富转移给了懒惰的人。因此，穷人不应该享受福利。

支持者则认为：如果没有社会福利，穷人没有收入，就会造成社会动荡，社会犯罪率会上升，相关的管理支出也会增加，其造成的危害可能大于提供社会福利的成本，最终也会影响努力工作的人的利益。因此，为穷人提供社会福利能够稳定社会秩序，应该为穷人提供福利。【396 经综 2017 年真题】

---

3. 阅读以下资料，给全国的企业经理写一封公开信，并在信前添加合适的标题文字，700 字左右。

改革开放以来，中国经济发展的速度举世瞩目。据国际货币基金组织的统计，在 188 个国家与地区中，1980 年，我国按美元计算的 GDP 位列世界第 11 位，只是美国的 7.26%、日本的 18.63%；从 2010 年起位列世界第 2 位，成为世界第二大经济体。到 2012 年，我国的 GDP 是美国的 52.45%、日本的 137.95%，与 30 年前不可同日而语。然而，从能源消耗看，形势非常严峻。1980 年，我国能源消耗总量为 6.03 亿吨标准煤，到 2012 年增加到 36.20 亿吨，为 1980 年的 6 倍。按石油进口量排名，1982 年我国在世界排第 43 位，从 2009 年起上升到第 2 位，而且面临继续上升的困境。与能源消耗相关的污染问题也频频现于报端，引起全国民众和政府的极大关注。能源消耗和污染问题已经成为阻碍我们实现"中国梦"的两个难关，对此，我们要群策群力，攻坚克难。【199 管综 2013 年 10 月真题】

---

4. 根据以下材料，围绕企业管理写一篇论说文，题目自拟，700 字左右。

20 世纪 80 年代，可口可乐公司因为缺少发展空间而笼罩在悲观情绪之中：一方面，它以 35% 的市场份额控制着软饮料市场，这个市场份额几乎是在反垄断政策下企业能达到的最高点；另一方面，面对更年轻、更充满活力的百事可乐的积极进攻，可口可乐似乎只能采取防守的策略，为一两个百分点的市场份额展开惨烈的竞争。尽管可口可乐的主管很有才干，员工工作努力，但是，他们的内心其实很悲观，不知道如何摆脱这种宿命：在顶峰上唯一可能的路径就是向下。

郭思达（Roberto Goizueta）在接任可口可乐 CEO 后，在高层主管会议上提出这样一些问题："世界上 44 亿人口每人每天消费的液体饮料平均是多少？"答案是："64 盎司。""那么，每人每天消费的可口可乐又是多少呢？""不足 2 盎司。""那么，在人们的肚子里，我们的市场份额是多少？"

通过这些问题，高管和员工们关注的核心问题不再是可口可乐在美国可乐市场中的占有率，也不再是可口可乐在全球软饮料市场中的占有率，而变成了可口可乐在世界上每个人要消费的液体饮料市场中的占有率。而这个问题的答案是：可口可乐在世界液体饮料市场中的份额微乎其微，少到可以忽略不计。高管们终于意识到，可口可乐不应该只盯着百事可乐，还有咖啡、牛奶、茶甚至水，而这一市场的巨大空间远远超出人们的想象。【199管综2006年10月真题】

_____

_____

5. 阅读下面的材料，根据要求作文。

中国古代的《易经》中说："穷则变，变则通。"这就是说，当我们要解决一个问题而遇到困难无路可走时，就应变换一下方式方法，这样往往可以提出连自己也感到意外的解决办法，从而收到显著的效果。

请以"穷则变，变则通"为话题写一篇作文，可以写你自己的经历、体验或看法，也可以联系生活实际展开议论。文体自选，题目自拟，不少于700字。【199管综2002年10月真题】

_____

_____

6. 阅读以下材料，写一篇700字左右的议论文，题目自拟。

电影《南极的司各脱》描写了英国探险家司各脱上校到南极探险的故事。司各脱历尽艰辛，终于到达南极，却在归途中不幸冻死了。在影片开头，有人问司各脱："你为什么不能放弃探险的生涯？"他回答："留下第一个脚印的魅力。"司各脱为留下第一个脚印付出了生命的代价。【199管综2007年1月真题】

_____

_____

第十二讲 /// 论说文立意的方法和技巧

能否写好一篇论说文，很大程度上取决于考生能否确定一个合情合理的中心思想。本讲将重点学习立意的含义、原则以及立意的基本方法。

● 一、立意的含义：众里寻"她"千百度

所谓立意，就是根据给定的材料或题目，确定写作中心。接下来，我们以 2011 年 10 月管理类综合能力考试论说文试题为例，对这一定义进行分析。

根据下述材料，写一篇 700 字左右的论说文，题目自拟。

2010 年春天，已持续半年的干旱让云南很多地方群众的饮水变得异常困难，施甸县大亮山附近群众家里的水管却依然有清甜的泉水流出，他们的水源地正是大亮山林场。乡亲们深情地说："多亏了老书记啊，要不是他，不知道现在会是什么样子。"

1988 年 3 月，61 岁的杨善洲从保山地委书记的岗位上退休，婉拒了省委书记劝其搬至昆明安度晚年的邀请，执意选择回到家乡施甸县种树。20 多年过去了，曾经山秃水枯的大亮山完全变了模样：森林郁郁葱葱，溪流四季不断；林下山珍遍地，枝头莺鸣燕歌……

一位地委书记，为何退休后选择到异常艰苦的地方去种树？

"在党政机关工作多年，因工作关系没有时间去照顾家乡父老，他们找过多次，我也没给他们办一件事。但我答应退休后帮乡亲们办一两件有益的事，许下的承诺就要兑现。至于具体做什么，考察来考察去，还是为后代绿化荒山比较现实。"关于种树，年逾八旬的杨善洲这样解释。

这段材料中的主要人物是杨善洲，我们看到材料之后首先应该思考材料体现了杨善洲的哪些品质。注意，材料可以从多种维度分析，不可能只有一个切入角度。这段材料体现的杨善洲的品质如下：

材料体现的 杨善洲的品质	信守承诺 淡泊名利 全心全意为人民服务 无私奉献 热衷于环保 ……

在这么多的品质中，如何确定自己文章的主题呢？这就需要我们按照一定的原则，采取正确的方法进行立意。

● 二、立意的原则：选择最优解

1. 紧密贴合材料

考试时，考生选择的写作主题必须紧密贴合题干所给的材料，我们可以从材料中提取中心思想。现在管理类与经济类综合能力考试中，论说文的话题覆盖面比较广泛，我们所选择的中心一定要在话题所覆盖的范围之内。比如2016年管理类综合能力考试论说文试题：

根据下述材料，写一篇700字左右的论说文，题目自拟。

亚里士多德说："城邦的本质在于多样性，而不在于一致性。……无论是家庭还是城邦，它们的内部都有着一定的一致性。不然的话，它们是不可能组建起来的。但这种一致性是有一定限度的。……同一种声音无法实现和谐，同一个音阶也无法组成旋律。城邦也是如此，它是一个多面体。人们只能通过教育使存在着各种差异的公民统一起来组成一个共同体。"

我们在对这段材料进行立意时，可以写"教育的重要意义""和而不同""多样性与统一性"等，但是如果根据这段材料分析亚里士多德在政治学上的地位，立意就偏离材料了。

2. 深入分析问题

管理类与经济类综合能力考试的论说文一般要求写700字左右，由于篇幅短小，文章只适合对一个小问题进行深入、系统的分析，不适合讨论过于宏观的问题，也不适合谈论多个问题。在立意时，我们应立足于材料中的某一个点，对其进行深入的挖掘、分析，否则文章会因篇幅有限而成为泛泛之谈。比如：

1814年，英国人斯蒂芬森制造出世界上第一辆蒸汽机车，当时有人驾着一辆马车和它赛跑。新生的火车丑陋、笨重，走得很慢，漂亮的马车跑在前面，而且火车由于没装弹簧，把路基都震坏了。然而斯蒂芬森并没有因比赛失败而灰心，他不断改进机车，坚信火车具有马车所无法媲美的前途。一百多年过去了，马车仍按原来的速度转动着轮子，而火车却在飞速前进，高速火车时速可达200千米，试验性火车的速度更加惊人。

这段材料，我们可以写"专研""坚持""不懈追求"等话题，如果谈"科学进步""工业革命"等就属于大而无当了。

3. 辩证分析问题

在立意时，我们不能偏颇，不要立足于片面的观点思考问题；要全面理解材料，正确认识问题，对问题进行辩证的分析。比如2010年1月管理类综合能力考试论说文试题：

根据下述材料，写一篇 700 字左右的论说文，题目自拟。

一个真正的学者，其崇高使命是追求真理。学者个人的名利乃至生命与之相比都微不足道，但因为其献身于真理就会变得无限伟大。一些著名大学的校训中都含有追求真理的内容。然而，近年学术界的一些状况与追求真理这一使命相去甚远，部分学者的功利化倾向越来越严重，抄袭剽窃、学术造假、自我炒作、沽名钓誉等现象时有所闻。

很明显，这段材料对一系列学术腐败现象进行了批判，我们在立意时，一定要抓住这一点，从"追求真理"这一角度切入。

4. 符合正确的价值观

符合正确的价值观的观点才是有价值的观点，我们不能宣扬颓废、退步的思想和理论，因为它既不符合考试要求，也不符合社会现实。比如 2012 年 1 月管理类综合能力考试论说文试题：

根据下述材料，写一篇 700 字左右的论说文，题目自拟。

中国现代著名哲学家熊十力先生在《十力语要》(卷一)中说："吾国学人，总好追逐风气，一时之所尚，则群起而趋其途，如海上逐臭之夫，莫名所以。曾无一刹那，风气或变，而逐臭者复如故。此等逐臭之习，有两大病。一、各人无牢固与永久不改之业，遇事无从深入，徒养成浮动性。二、大家共趋于世所矜尚之一途，则其余千途万途，一切废弃，无人过问。此二大病，都是中国学人死症。"

这段材料对学术界的盲目跟风恶习进行了批判。在写作时，一定要立足于批判这一现象进行分析，弘扬正能量。

● 三、立意的基本方法：屠龙秘籍

立意是论说文写作的核心环节，它决定了文章的主题和方向。立意准确是高分论说文的必要条件。如果立意不准确，就会出现跑题、偏题或者立意过于笼统、缺乏针对性等问题，从而影响文章的分数。因此，对于参加管理类与经济类综合能力考试的学生来说，掌握正确的立意技巧对提高论说文的写作水平至关重要。

1. 论说文题干的主要类型

在备考的过程中，了解论说文题干的类型和相应的立意技巧是至关重要的。根据对管理类与经济类综合能力考试历年真题的深入研究，我们可以发现论说文的题干主要可以划分为两大类：案例分析类和观点陈述类。这两类题干各有特点，立意方式也有差别，因此，我们需要分别进行探讨和学习。

（1）案例分析类题干

这类题干通常会提供一个或多个具体的案例，考生需要从这些案例中挖掘其背后的原理、规律或教训，然后从这些原因和影响中提炼出具体的论点。此外，对比分析也是一个重要的技巧。我们可以将相似的案例进行对比分析，找出其中的异同，从而为我们的论点提供更多的支持。2004年1月管理类综合能力考试论说文试题就典型的案例分析类题干：

根据以下材料，自拟题目撰写一篇600字左右的论说文。

一位旅行者在途中看到一群人在干活，他问其中一位在做什么，这个人不高兴地回答："你没有看到我在敲打石头吗？若不是为了养家糊口，我才不会在这里做这些无聊的事。"旅行者又问另外一位，他严肃地回答："我正在做工头分配给我的工作，在今天收工前我可以砌完这面墙。"旅行者问第三位，他喜悦地回答："我正在盖一座大厦。"他为旅行者描绘大厦的形状、位置和结构，最后说："再过不久，这里就会出现一座宏伟的大厦，我们这个城市的居民就可以在这里聚会、购物和娱乐了。"

帅老师解析 这道题目是典型的"意林"式故事，其中旅行者是线索人物，前两个工人是铺垫，第三个工人是全文的主人公。文章通过旅行者的问题，让三个工人轮流登场发表观点。他们对同一问题的不同回答，引发我们的思考。

再比如2020年管理类综合能力考试论说文试题：

根据下述材料，写一篇700字左右的论说文，题目自拟。

据报道，美国航天飞机"挑战者号"采用了斯沃克公司的零配件。该公司的密封圈技术专家博易斯乔利多次向公司高层提醒：低温会导致橡胶密封圈脆裂而引发重大事故。但是，这一意见一直没有受到重视。1986年1月27日，佛罗里达州卡纳维拉尔角发射场的气温降到零摄氏度以下，美国宇航局再次打电话给斯沃克公司，询问其对航天飞机的发射还有没有疑虑之处。为此，斯沃克公司召开会议，博易斯乔利坚持认为不能发射，但公司高层认为他所持理由还不够充分，于是同意宇航局发射。1月28日上午，航天飞机离开发射平台，仅过了73秒，悲剧就发生了。

帅老师解析 本文以"挑战者号"失事罹难为背景，介绍了斯沃克公司管理层与公司密封圈技术专家博易斯乔利之间的决策过程，从而引发我们的思考。这一案例涉及管理领域的诸多核心问题，值得我们深入思考。

最后，我们来看一下2018年经济类综合能力考试论说文试题：

阅读下面的材料，并据此写一篇不少于600字的论说文，题目自拟。

近日有报道称，某教授颇喜穿金戴银，全身上下都是世界名牌，一块手表价值几十万，所有的衣服和鞋子都是专门定制的，造价不菲。他认为对"好东西"的喜爱没啥好掩饰的。"以前很多大学教授都很邋遢，有的人甚至几个月都不洗澡，现在时代变了，大学教授应多注意个人形象，不能太邋遢了。"

✐帅老师解析 这个案例讲述了一位教授对个人形象的看法和做法。该教授认为对"好东西"的喜爱无须掩饰。他全身上下都是世界名牌，一块手表价值几十万，所有的衣服和鞋子都是专门定制的，造价不菲。同时，他还批评了以前大学教授的邋遢行为和形象，认为现在时代变了，大学教授应注意个人形象。这个案例中涉及教授这一角色和几个重要的主题，其中包括个人形象、消费观念、社会观念。

（2）观点陈述类题干

这类题干通常会提供一个或多个观点，考生要对这些观点进行分析和评论，或者提出自己的观点进行论述。对于这类题目，我们也需要掌握一些具体的立意技巧。例如，批判性思维是必不可少的。我们需要仔细分析题目中的观点，找出其中的漏洞和不足，然后提出自己的观点进行论述。此外，我们还需要注意论点的全面性和深度，要能够从不同的角度分析和论述我们的观点。2012年1月管理类综合能力考试论说文试题是典型的观点陈述类题干：

根据以下材料，写一篇700字左右的论说文，题目自拟。

中国现代著名哲学家熊十力先生在《十力语要》（卷一）中说："吾国学人，总好追逐风气，一时之所尚，则群起而趋其途，如海上逐臭之夫，莫名所以。曾无一刹那，风气或变，而逐臭者复如故。此等逐臭之习，有两大病。一、个人无牢固与永久不改之业，遇事无从深入，徒养成浮动性。二、大家共趋于世所称尚之一途，到其余千途万途，一切废弃，无人过问。此二大病，都是中国学人死症。"

✐帅老师解析 材料主要批评了学术界追逐风气的现象，即众多学者盲目追求时尚和潮流，不断改变研究方向和兴趣，从而导致了学术研究的浮躁和浅薄。这种逐臭之习导致学者们无长久不变的研究方向，一味追逐当时所推崇的领域，而当风气改变时，他们又转向另一个领域。这提醒学术界的学者应该注重专业性、深入性和全面性，不能只追求时尚潮流而忽略了真正有价值的内容。同时也提醒学者应该保持自己的专业方向和兴趣爱好，不要随波逐流，要对自己的研究领域保持专注。

再比如2015年管理类综合能力考试论说文试题：

根据下述材料，写一篇700字左右的论说文，题目自拟。

孟子曾引用阳虎的话："为富，不仁矣；为仁，不富矣。"（《孟子·滕文公上》）这段话表明了古人对当时社会上为富为仁现象的一种态度，以及对两者之间关系的一种思考。

✐帅老师解析 在某些情况下，财富和仁义可能无法兼得。例如，一个人可能为了获得更多的财富而不择手段，甚至损害他人的利益。这种行为虽然可能使他变得更富有，但并不符合仁义道德。然而，这并不意味着为富就一定不仁，或为仁就一定不富。在很多情况下，财富和仁义是可以相辅相成的。例如，一个企业家可以通过诚信经营来获得财富，同时也可以创造就业机会对社会做出贡献；一个政治家可以通过合法的途径来获得财富，并利用这些财富为自己和社会创造更多的价值。因此，我们应该在具体的情境中分析问题，不能简单地将财富和仁义对立起来。如果我们能够正确地看待财富和仁义的关系，并在追求财富的同时坚守道德底线，就能够实现"仁"与"富"的双赢。

最后，我们来看一下 2017 年经济类综合能力考试论说文试题：

阅读下面的材料，以"是否应该对穷人提供福利？"为题，写一篇不少于 600 字的论说文。

国家是否应该对穷人提供福利存在较大的争议。反对者认为：贪婪、自私、懒惰是人的本性，如果有福利，人人都想获取。贫穷在大多数情况下是懒惰造成的。对穷人提供福利相当于把努力工作的人的财富转移给了懒惰的人。因此，穷人不应该享受福利。

支持者则认为：如果没有社会福利，穷人没有收入，就会造成社会动荡，社会犯罪率会上升，相关的管理支出也会增加，其造成的损失可能大于提供社会福利的成本，最终也会影响努力工作的人的利益。因此，为穷人提供社会福利能够稳定社会秩序，应该为穷人提供福利。

✏️**帅老师解析** 材料主要在讨论是否应该对穷人提供福利。这个话题引起了广泛的关注和争议，支持方和反对方都表明了自己的观点。这是典型的双方辩论话题，它涉及社会公正、经济权利和政府责任等多方面的问题。

想要准确立意，必须了解论说文题干的类型，并根据其类型掌握具体的立意技巧。通过深入研究案例分析类和观点陈述类的题干特点及其相应的立意技巧，我们可以更好地应对各种类型的论说文题目，提高我们的备考效率和应试能力。

2. 案例分析类题干的立意方法与实践

案例分析是一种具有挑战性的题型，这类题干通常给出一个具有寓言性、哲理性的故事，要求考生在分析案例的基础上立意。为了准确立意，我们可以按照以下步骤进行：

首先，仔细阅读案例。在阅读过程中，我们要注意案例的主要人物、次要人物、主要情节等具体的叙事要素。这些要素构成了案例的基本框架，也是我们立意的基础，因此我们要反复阅读案例，并尝试将案例中的事件、人物与相关的理论联系起来。

其次，以材料为背景，详细地分析案例体现的主要人物的特点。这些特点可能包括人物的个性、行为方式、态度等。我们需要从材料中找出这些特点，并尝试理解其背后的经济学或管理学原理。例如，如果案例中的主要人物表现出很强的领导力，我们可以从领导力的角度出发，探讨领导力如何帮助团队解决问题以及如何培养领导力。

再次，我们还可以从多个角度分析案例。每个案例都可能涉及多个方面，比如市场营销、组织管理、战略规划等。在分析案例时，我们要尽可能全面地考虑这些方面，并尝试将它们与案例中的人物和事件联系起来。例如，如果案例中的企业成功地推出了新产品，我们可以从产品策略、市场定位、品牌传播等多个角度来分析其成功的原因以及可以借鉴的地方。

最后，从这些角度中选择出最佳立意。在分析完案例后，我们要根据分析的结果来选择一个或多个最佳立意点。所选择的立意点应该是基于案例分析的结果，同时又与自己熟悉或者擅长的领域及知识点相关联。我们要选择那些最有说服力、最具普遍性和最能体现学科知识的立意点进行深入探讨。接下来我们以管理类综合能力考试真题为例，对其加以分析。

2004年1月管理类综合能力考试论说文试题：

根据以下材料，自拟题目撰写一篇600字左右的论说文。

一位旅行者在途中看到一群人在干活，他问其中一位在做什么，这个人不高兴地回答："你没有看到我在敲打石头吗？若不是为了养家糊口，我才不会在这里做这些无聊的事。"旅行者又问另外一位，他严肃地回答："我正在做工头分配给我的工作，在今天收工前我可以砌完这面墙。"旅行者问第三位，他喜悦地回答："我正在盖一座大厦。"他为旅行者描绘大厦的形状、位置和结构，最后说："再过不久，这里就会出现一座宏伟的大厦，我们这个城市的居民就可以在这里聚会、购物和娱乐了。"

帅老师解析 我们先来仔细分析这个故事的情节。在这个案例中，面对同样的问题，三位工人以截然不同的态度给出了截然不同的答案。第一位工人不高兴地回答说："你没有看到我在敲打石头吗？若不是为了养家糊口，我才不会在这里做这些无聊的事。"第二位工人严肃地回答说："我正在做工头分配给我的工作，在今天收工前我可以砌完这面墙。"而第三位工人则喜悦地回答说："我正在盖一座大厦。"根据这些情节，我们可以确认第三位工人是该案例的主要人物。他的回答体现了积极乐观的态度，与其他两位工人的态度形成了鲜明的对比。因此，在确定文章的中心时，我们应该以第三位工人的品质为重点。

接下来，我们详细分析第三位工人身上所体现的品质。首先，他具有积极乐观的态度。他不把工作看成一种累赘，而当作一种机会，并且对未来充满了信心。其次，他具有长远的目标。他知道自己每天工作不仅仅是为了完成当天的任务，还是在为创建美好城市做贡献。此外，他还表现出了热爱本职工作的态度，这种热爱可以激励他更加努力地工作并创造出更好的成果。最后，他的眼界高远，能够看到别人看不到的机会，从而为自己创造出更多的机会和价值。

结合自己的知识结构和写作经验，我认为可以选择"态度决定高度"这个中心来展开写作。通过分析第三位工人的品质和前两位工人的态度，我们可以得出结论：积极乐观的态度和长远的目标对一个人的成功至关重要。只有热爱自己的工作并不断追求进步，才能够在事业上取得更大的成就。

综上所述，通过仔细分析故事情节和确定主要人物，我们选择了**"态度决定高度"**作为中心论点。在文章中，我们可以运用实际案例和相关理论来支持这个论点，同时也可以从不同角度来探讨积极的态度对个人和组织的意义与作用。

2020年管理类综合能力考试论说文试题：

根据下述材料，写一篇700字左右的论说文，题目自拟。

据报道，美国航天飞机"挑战者号"采用了斯沃克公司的零配件。该公司的密封圈技术专家博易斯乔利多次向公司高层提醒：低温会导致橡胶密封圈脆裂而引发重大事故。但是，这一建议一直没有受到重视。1986年1月27日，佛罗里达州卡纳维拉尔角发射场的气温降到零摄氏度以下，美国宇航局再次打电话给斯沃克公司，询问其对航天飞机的发射还有没有疑虑之处。为此，斯沃克公司召开会议，博易斯乔利坚持认为不能发射，但公司高层认为他所持理由还不够充分，于是同意宇航局发射。1月28日上午，航天飞机离开发射平台，仅过了73秒，悲剧就发生了。

✏️ **帅老师解析** 在案例中，博易斯乔利和斯沃克公司高层持不同意见，我们可以从双方的角度来分析立意。

从博易斯乔利的角度来看，可以立意为：注重细节和坚持真理。

首先，注重细节是成功的关键。在案例中，博易斯乔利注意到了一个细节 —— 低温会导致橡胶密封圈脆裂而引发重大事故，这是非常细致入微的观察。在工作中，注重细节不仅是一种态度，也是一种能力。只有注重细节，才能在复杂的问题中找出关键点，从而采取正确的措施。

其次，坚持真理也是非常重要的。在案例中，虽然博易斯乔利不是最高决策者，但他始终坚持自己的观点，直到发射前一刻也不同意发射。这表现出了他的勇气和坚定，也体现了对真理的尊重。在商业和技术领域，人有时候会面对各种各样的压力和诱惑，但坚持真理始终是最重要的。只有坚持真理，才能保证决策的正确性。

从斯沃克公司高层的角度来看，可以立意为：尊重专业意见和规避企业风险。

首先，尊重专业意见是非常必要的。在案例中，斯沃克公司高层没有听取博易斯乔利的意见，而同意宇航局发射航天飞机，导致了惨剧的发生。尊重专业意见不仅是对专业人士的尊重，也是对整个团队的信任和鼓励。一个领导者，必须有识别人才、尊重人才的能力，这样才能建立一个高效、协作的团队。

其次，规避企业风险也是非常重要的。在案例中，斯沃克公司高层的决策需要考虑各种风险因素，包括技术风险、市场风险、财务风险等。他们必须考虑到发射失败所带来的后果和影响，从而做出更加稳健的决策。在企业经营过程中，风险是不可避免的，但企业可以通过合理的规划和有效的管理来降低风险。

综合来看，可以将题目拟为：**企业决策要尊重专业意见**。这个观点是比较全面的。首先，它是从博易斯乔利和斯沃克公司高层这两个角度出发的；其次，它强调了企业决策需要兼顾专业意见和风险规避两个方面。这样的立意更加全面、稳健，也更加符合实际的情况。

3. 观点陈述类题干的立意方法与实践

观点陈述类题干的中心往往比较明确。我们在处理这类题干时，首先，需要明确题干的论述领域；其次，需要找到题干中的关键词；再次，需要明确材料对关键词的态度；最后，需要结合以上分析形成具体的立意。这种方法的本质是根据材料给出的观点或结论，总结出材料的主要观点。

需要注意的是，在总结观点时，考生应尽量客观公正，不要加入感情色彩。同时，考生需要明确题干所给观点的局限性，这些局限性可能存在于前提条件、适用范围等方面。只有经过认真分析，才能得出准确全面的观点。接下来我们以管理类与经济类综合能力考试真题为例，对其加以分析：

2012 年 1 月管理类综合能力考试论说文试题：

根据以下材料，写一篇 700 字左右的论说文，题目自拟。

中国现代著名哲学家熊十力先生在《十力语要》（卷一）中说："吾国学人，总好追逐风气，一时之所尚，则群起而趋其途，如海上逐臭之夫，莫名所以。曾无一刹那，风气或变，而逐臭者复如故。此等逐臭之习，有两大病。一、个人无牢固与永久不改之业，遇事无从深入，徒养成浮动性。二、大家共趋于世所矜尚之一途，到其余千途万途，一切废弃，无人过问。此二大病，都是中国学人死症。"

✏️ **帅老师解析** 关于这一题目的立意，我们可以按照以下步骤完成。

首先，我们不难看出材料的观点与学术领域有关。所引用的熊十力先生的观点中，明确提到了"吾国学人"，表明这段话是对学术领域的探讨。因此，我们应该将立意范围限定在学术领域，不要偏离到其他领域。

其次，我们需要找到题干中的关键词。通过阅读题干，我们可以发现关键词是"追逐风气"，此外还有"逐臭"。这些词汇揭示了学术领域中存在的一种不良现象，即一些人为了追求名利或者流行的学术风潮而放弃了自己的研究兴趣和真正的学术追求。因此，我们应该将立意重点放在讨论这种不良现象上。

再次，我们需要明确材料对关键词的态度。在题干中，熊十力先生明确指出了"追逐风气""逐臭"等行为"有两大病"。材料中没有出现转折词，表明作者坚决反对这种不良现象的态度。因此，我们应该在立意时明确表达出反对的态度，并强调这种行为的危害性。

最后，我们结合以上分析，可以得出这样的立意：**学术领域不应该追逐风气，应该坚持自己的研究兴趣和真正的学术追求。**追逐名利和流行的学术风潮只会带来短暂的利益，而放弃自己的研究兴趣和真正的学术追求则会对整个学术领域和个人发展造成损失。我们应该警惕"逐臭"的陋习，保持自己的学术操守，坚持自己的独立见解，为推动学术发展做出真正的贡献。

2015 年管理类综合能力考试论说文试题：

根据下述材料，写一篇 700 字左右的论说文，题目自拟。

孟子曾引用阳虎的话："为富，不仁矣；为仁，不富矣。"（《孟子·滕文公上》）这段话表明了古人对当时社会上为富为仁现象的一种态度，以及对两者之间关系的一种思考。

✏️ **帅老师解析** 关于这一题目的立意，我们可以按照以下步骤完成。

首先，我们需要明确的是，富与仁的关系实际上与社会"义利观"相关。义利观是指人们在追求利益时对于道德和正义的看法和态度，即如何平衡个人或团体的利益追求与道德和正义的维护。在这个问题上，不同的观点和态度往往会导致不同的行为选择和价值取向，从而影响到整个社会的稳定和发展。

其次，对于阳虎的观点"为富，不仁矣；为仁，不富矣"，我们需要进行深入剖析。这种观点认为在追求财富和道德仁义之间存在着不可调和的矛盾，人们只能二选一。然而，这种观点是片面的。在现实生活中，人们对于财富和道德仁义的追求往往是相互交织、相互促进的。追求财富并不一定意味着要牺牲道德仁义，同样，追求道德仁义也不一定会贫穷。关键在于如何正确地把握和处理二者之间的关系，以达到利益和道德的平衡。

最后，我们需要树立正确的义利观，即既要追求财富，也要注重道德仁义。财富和道德仁义并不是互相矛盾的，而是可以相互促进的。通过合法、合理的方式追求财富，不仅可以改善自己的生活质量，还可以为社会做出贡献。同时，保持对道德仁义的关注和追求，可以确保我们在追求财富的过程中不违背良心和正义。在此基础上，我们还应积极探索富仁之道，努力在追求财富的过程中实现道德和正义的维护和弘扬。所以可以立意为：**为仁可以致富，为富可以成仁**。

2017年经济类综合能力考试论说文试题：

阅读下面的材料，以"是否应该对穷人提供福利？"为题，写一篇不少于600字的论说文。

国家是否应该对穷人提供福利存在较大的争议。反对者认为：贪婪、自私、懒惰是人的本性，如果有福利，人人都想获取。贫穷在大多数情况下是懒惰造成的。对穷人提供福利相当于把努力工作的人的财富转移给了懒惰的人。因此，穷人不应该享受福利。

支持者则认为：如果没有社会福利，穷人没有收入，就会造成社会动荡，社会犯罪率会上升，相关的管理支出也会增加，其造成的损失可能大于提供社会福利的成本，最终也会影响努力工作的人的利益。因此，为穷人提供社会福利能够稳定社会秩序，应该为穷人提供福利。

✏️ **帅老师解析** 关于这一题目的立意，我们可以按照以下步骤完成。

首先，我们要明确该材料讨论的是社会管理领域的话题，具体探讨的是国家是否应该对穷人提供福利的话题。这个话题是社会学、公共政策学和经济学等领域都关注的重要问题，涉及社会公正、人权、经济发展等多个方面。因此，在分析和论述这个问题时，我们要注意这个问题的复杂性和多维度性。

其次，材料提供了支持和反对两种观点，看起来各有各的道理。这要求我们在价值判断上要保持谨慎和客观。支持"国家为穷人提供福利"的观点主要是基于社会公正和社会秩序等方面的考虑，认为国家有责任保障公民的基本生活需求，尤其是对那些由于各种客观原因而陷入贫困的公民，更应该提供必要的帮助和保障；而反对"国家为穷人提供福利"的观点则主要基于激励和发展的考虑，认为国家不应该养懒人，穷人应该要自力更生，通过自己的努力来改善生活。在这个问题上，价值判断确实存在一定的复杂性，我们要深入思考和分析。

最后，我们要结合自己的思考和实际情况来确定观点。在这个过程中，我们还需要结合国家的实际情况和具体的社会背景。例如，我国目前正处于社会主义初级阶段，经济和社会发展还存在不平衡、不充分的问题，在这种情况下，为穷人提供一定的福利和保障是必要的，有助于减少社会不平等现象，促进社会和谐稳定。但是，我们也要认识到任何一种制度都不是完美的，需要不断地完善和改进。

4. 立意的不同层次

横看成岭侧成峰，远近高低各不同。这句话形象地描述了每个人对于相同问题的看法是不同的。每个人的知识结构、思维方式、生活经历都不尽相同。因此在面对同一个问题时，往往会有多种答案。这一点在论说文中尤为明显。

在论说文中，作者要从自己的角度出发，以自己的观点为核心，通过论证和说明来阐述自己的见解。不同的作者有不同的关注点，因此在面对同一个问题时，他们所选择的论点和论据也会有很大的差异。接下来我们以真题为例进行分析。

以下是根据真题所得出的一些不同的立意，这些立意均来自考生日常的论说文写作训练，并由帅老师进行了归类、整理和点评。通过分析这些立意，我们可以还原考生的思路。同学们可以从中选择好的立意加以学习，获得灵感和启示，同时也可以从中发现一些不理想的立意并尝试改进。

2016 年管理类综合能力考试论说文试题：

根据下述材料，写一篇 700 字左右的论说文，题目自拟。

亚里士多德说："城邦的本质在于多样性，而不在于一致性。……无论是家庭还是城邦，它们的内部都有着一定的一致性。不然的话，它们是不可能组建起来的。但这种一致性是有一定限度的。……同一种声音无法实现和谐，同一个音阶也无法组成旋律。城邦也是如此，它是一个多面体。人们只能通过教育使存在着各种差异的公民统一起来组成一个共同体。"

帅老师解析 关于这一题目，我们要仔细分析：材料被两个省略号分成了前后相联系的三个部分。材料第一个部分的重点在于强调"多样性"；第二个部分的重点是"一致性"，并且强调了"一定限度"的"一致性"；第三个部分中，材料强调"教育"的重要意义，指出"教育"可以使"多样性"（多面体）达到"一致性"（共同体）。以下是帅老师对于不同立意的点评：

BEST 立意 —— 教育使人和而不同。这一立意涵盖了材料中所有中心词，所谓"和"就是一致性，"不同"就是多样性，而"和而不同"表达了二者之间的有机统一。同时该立意又强调了教育对这种统一发挥的作用。这是本题最为恰当的立意，不仅精准地诠释了教育的核心目标，而且把教育视为促进一致性和多样性有机统一的关键因素。

BETTER 立意 —— 多样性与一致性的关系、求同存异、教育的重要意义。这些主题从不同角度提炼出核心观点，虽不如上一个立意全面，但具有其独到之处。多样性与一致性的关系体现出人类社会的复杂性和多维性，是理解社会现象的关键；求同存异则是解决矛盾冲突，促进社会和谐的重要原则；教育的重要意义在于培养个体成长、传承文化价值观，促进社会和谐与进步。因此，这些立意虽然不那么全面，但也是相对较好的选择。

GOOD 立意 ── 尊重多样性、一致性要有一定限度。 这两个观点尽管是从材料的特定角度切入，略显片面，但它们紧紧抓住了文章的核心话题，具有很强的针对性。它们暗示了多样性与一致性之间的微妙平衡，一方面强调要尊重个体的独特性，另一方面也提醒我们建立社会规则与标准的必要性。在现实生活中，过度地追求一致性可能导致个性的抹杀和创造性的枯竭，而过度地强调多样性也可能导致社会的混乱和无序。因此，本题从这些角度切入也是可以的。

BAD 立意 ── 如何治理好城市（城邦）？ 虽然这个观点与材料相关，但立意者显然没有深入理解材料的核心理念。该立意过于空泛，没有具体指出城市治理的关键因素，也没有与材料中的实例或论点联系起来。此外，该观点没有充分利用题干的资源，因此较难得到高分。

WORSE 立意 ── 亚里士多德的伟大。 该立意聚焦的是亚里士多德对公共管理学的贡献。这个观点不仅不是材料中的核心观点，而且完全脱离了材料本身，转而讨论亚里士多德的伟大。这使得该立意与材料的相关度非常低，甚至可以说是完全不相关。因此，该立意无法有效地利用材料中的信息，不能得分。

WORST 立意 ── 如何继承西方文化。 这个观点与题干完全脱节，没有直接或间接地对应材料中的任何内容。题干讨论的是公共管理领域中的责任与权利，而这个立意则是关于文化传承和西方文化的价值。这种完全无关的主题无法在材料中找到任何依据，因此不能得分。

在写作中，立意的正确性是非常重要的，因为它直接关系到文章的核心观点和论述逻辑。如果立意与题干不符，即使论述再好、文字再优美，也不能有效地满足题目要求，无法得到好的分数。因此，我们在写作时一定要仔细审题，确保立意的正确性。

2013 年经济类综合能力考试论说文试题：

根据下述材料，写一篇 700 字左右的论说文，题目自拟。

被誉为清代"中兴名臣"的曾国藩，其人生哲学很独特，就是"尚拙"。他曾说："天下之至拙，能胜任天下之至巧。"他发现笨拙有笨拙的好处。笨拙的人没有智力资本，因此比别人更虚心；笨拙的人不懂取巧，因此比别人更用功。结果，"拙"看起来虽慢，其实却最快。曾国藩考秀才考了九年，但是一旦开窍之后，后面的路就越来越顺。中秀才后的第二年，他就考中了举人；又四年，高中进士。而那些早早进了学的同学，后来却连举人也没有出一个。而且，正是与众不同的"尚拙"，成就了曾国藩非同一般的人生智慧。

✎ 帅老师解析 题干明确表明曾国藩的人生哲学是"尚拙"，并且表明了笨拙的人没有智力资本，因此比别人更虚心；笨拙的人不懂取巧，因此比别人更用功。我们立意的时候，就应该从这一点切入。以下是帅老师对于不同立意的点评：

BEST 立意 ——"尚拙"的人生智慧,"天下之至拙,能胜天下之至巧",通过虚心、用功取得更大成功。 此立意以曾国藩的人生哲学为切入点,对材料的核心观点"尚拙"进行深入解读,同时具体地探讨了成功的品质。这个立意全面覆盖了材料中的所有要点,紧紧围绕主题展开,深入浅出,是最佳的立意。

BETTER 立意 —— 脚踏实地前行,实干、虚心、用功等品质。 这些观点没有直接点出"尚拙",但都围绕这个主题展开,对曾国藩的人生哲学进行了解读。这些立意虽然未能像 BEST 立意那样直接切中要害,但也相对准确地把握住了材料的主题,可以视为较好的立意。

GOOD 立意 —— 曾国藩的人生智慧。 这个立意没有具体点出"尚拙"这个品质,比较宽泛。它虽然也围绕曾国藩的人生哲学展开,但是未提及材料的要点,所以稍显一般。不过,考虑到其仍然在材料的范围内,且具有一定的讨论价值,因此可以视为良好的立意。

BAD 立意 —— 大智若愚曾国藩,又慢又笨曾国藩等。 这些观点已经偏离了主题,没有准确把握住材料中的核心要点。这些立意显示出立意者对曾国藩的认识过于片面,没有实际意义,因此不能视为合理的立意。

WORSE 立意 —— 做人要学曾国藩,成功要学曾国藩等。 这些观点过于空洞,没有切中材料的实际要点,没有提及成功的品质,也没有与材料中的实例或论点联系起来,因此不能视为合理的立意。

WORST 立意 —— 人生智慧的意义,向古人学习。 这个立意完全跑题,没有直接涉及材料中的任何内容或观点。它过于宽泛,没有与材料中的特定情境和人物结合,因此不能得分。

在写作时,我们应该尽量避免选择过于空洞或离题的立意,而应该尽量选择与材料相关、具体的立意。同时,我们也要注意论点的正确性和逻辑性,以确保文章的严谨性和说服力。

2021 年管理类综合能力考试论说文试题:

根据下述材料,写一篇 700 字左右的论说文,题目自拟。

我国著名实业家穆藕初在《实业与教育之关系》中指出,教育最重要之点在道德教育(如责任心和公共心之养成,机械心之拔除)和科学教育(如观察力、推论力、判断力之养成)。完全受此两种教育,实业界中坚人物遂由此产生。

🖋 帅老师解析 题干中穆藕初明确指出了教育中最重要的是道德教育和科学教育。他强调了这两种教育对于培养实业界中坚人物的重要性,因此我们在立意时应该从这个角度切入。这意味着,我们需要关注道德教育和科学教育的关系,以及它们是如何相互作用,从而促进实业发展的。以下是帅老师对于不同立意的点评:

BEST 立意 —— 振兴实业需要道德教育与科学教育相结合。 这个立意准确地把握住了材料的核心思想,将实业发展与道德教育和科学教育紧密联系起来,探讨它们之间的关系。该立意全面覆盖了材料中的所有要点,体现了实业发展中道德教育与科学教育的重要性,同时提出了可行的实施策略，具有很强的思想深度和实际意义。

BETTER 立意 —— 实业与教育的关系。 这个立意意虽然没有直接探讨道德教育与科学教育，但是在题干范围内，将关注点放在了实业与教育之间的关系上，且可以从教育的角度对实业提出一些有益的思考和建议，具有一定的指导意义。

GOOD 立意 —— 道德教育与科学教育的关系。 这个立意虽然没有直接涉及实业，但是从道德教育与科学教育的角度出发，探讨它们之间的关系。该立意虽然没有直接提及实业发展中的问题，但是可以从教育角度提出一些有益的思考和建议，具有一定的参考价值。

BAD 立意 —— 道德教育或者科学教育的意义，如何振兴实业？ 这个立意虽然关注到了实业发展问题，但是将重点放在了道德教育或者科学教育的意义上，没有全面考虑到它们与实业发展之间的关系和影响。该立意只与材料的部分内容相关，但并没有全面深入地探讨实业发展的根本途径和方法，因此具有一定的局限性。

WORSE 立意 —— 责任心、公共心、观察力等。 立意者没有准确地理解题干，只从某些局部角度出发，以管窥豹。该立意偏离主题，没有将重点放在实业发展上，而是探讨了一些关联较弱的话题，因此没有任何实际意义。

WORST 立意 —— 如何培养人才？ 这个立意过于宽泛，完全跑题了，没有直接涉及材料中的任何要点。该立意没有考虑到实业发展与人才培养之间的联系，因此没有任何参考价值。

综上所述，BEST 立意为最佳选择；BETTER 和 GOOD 立意具有一定的参考价值；BAD 和 WORSE 立意存在局限性或偏离主题；WORST 立意完全跑题，没有任何参考价值。以上对立意的划分有助于我们准确地判断哪些立意是切合题意的，哪些是偏离主题的，从而更好地进行写作。

通过对以上三道真题的讲解，我们可以看出论说文的立意是多种多样、各具特色的。在具体的写作过程中，我们要根据题目要求和自身理解来选择合适的立意。当然，我们可以从 BEST、BETTER 和 GOOD 这三类立意中获取灵感，从问题的不同角度思考并提出解决方法。

同时，我们也要注意避免 BAD、WORSE 和 WORST 这三种立意的出现。这些立意不仅偏离了主题，而且缺乏逻辑性和说服力，甚至与题目的要求相悖。因此，我们要时刻保持清醒的头脑，审慎地选择自己的立场和观点。

正确立意是论说文写作成功的关键所在。好的观点可以为读者提供有价值的思考和启示。因此，我们在写作前一定要认真分析题目要求，反复推敲自己的立意是否合理、准确且符合题意。同时，我们也要多加练习，通过不断地尝试和改进来提高自己的立意水平。

总之，我们要具备敏锐的洞察力和扎实的写作功底才能确定好的立意。通过反复练习不断积累经验，我们一定能够在考试中取得优异的成绩。

四、习题训练：立意的技巧训练

1. 根据下述材料，写一篇 700 字左右的论说文，题目自拟。

20 世纪 50 年代，钱钟书被调到中共中央《毛泽东选集》英译委员会参与翻译《毛泽东选集》。一次，在翻译中，钱钟书发现《毛泽东选集》中有一段文字说孙悟空钻到庞然大物牛魔王的肚子里去了，觉得不对。他坚持说"孙猴儿从来未钻入牛魔王腹中"。这一问题被反映到胡乔木那里，胡乔木从全国各地调来各个版本的《西游记》查看。钱钟书说的果然没错：孙猴儿是变成小虫被铁扇公主吞进肚子里的。因此后来出版的《毛泽东选集》中这段文字被改为"若说：何以对付敌人的庞大机构呢？那就有孙行者对付铁扇公主为例。铁扇公主虽然是一个厉害的妖精，孙行者却化为一个小虫钻进铁扇公主的心脏里去把她战败了"。通过这件事，钱钟书的博学和较真，给大家留下了深刻的印象。

①写作要点：＿＿＿＿＿＿＿＿＿＿＿＿＿＿＿＿＿＿＿＿＿＿＿＿＿

②阐述理由：＿＿＿＿＿＿＿＿＿＿＿＿＿＿＿＿＿＿＿＿＿＿＿＿＿

2. 阅读以下材料，写一篇 700 字左右的论说文，题目自拟。

御孙曰："俭，德之共也；侈，恶之大也。"共，同也；言有德者皆由俭来也。夫俭则寡欲，君子寡欲，则不役于物，可以直道而行；小人寡欲，则能谨身节用，远罪丰家。故曰："俭，德之共也。"侈则多欲。君子多欲则贪慕富贵，枉道速祸；小人多欲则多求妄用，败家丧身；是以居官必贿，居乡必盗。故曰："侈，恶之大也。"

①写作要点：＿＿＿＿＿＿＿＿＿＿＿＿＿＿＿＿＿＿＿＿＿＿＿＿＿

②阐述理由：＿＿＿＿＿＿＿＿＿＿＿＿＿＿＿＿＿＿＿＿＿＿＿＿＿

3. 阅读以下材料，写一篇 700 字左右的论说文，题目自拟。

柳宗元在《答韦中立论师道书》中云："屈子赋曰：'邑犬群吠，吠所怪也。'仆往闻庸蜀之南，恒雨少日，日出则犬吠。"

①写作要点：＿＿＿＿＿＿＿＿＿＿＿＿＿＿＿＿＿＿＿＿＿＿＿＿＿

②阐述理由：＿＿＿＿＿＿＿＿＿＿＿＿＿＿＿＿＿＿＿＿＿＿＿＿＿

4. 阅读以下材料，写一篇 700 字左右的论说文，题目自拟。

士人读书，第一要有志，有志，则断不甘为下流。第二要有识，有识，则知学问无尽，不敢以一得自足；如河伯之观海，如井蛙之窥天，皆无见识也。第三要有恒，有恒，则断无不成之事。此三者缺一不可。

①写作要点：＿＿＿＿＿＿＿＿＿＿＿＿＿＿＿＿＿＿＿＿＿＿＿＿＿

②阐述理由：＿＿＿＿＿＿＿＿＿＿＿＿＿＿＿＿＿＿＿＿＿＿＿＿＿

5. 请仔细阅读下列材料，写一篇 700 字左右的文章，评价文中的观点并阐明理由。

"奶嘴理论"是美国学者布热津斯基在《全球化陷阱》一书中最早提出的。他认为伴随着生产力的不断提升和竞争的加剧，世界上 80% 的人口将被边缘化，他们不必也无法参与产品的生产和服务。为了安慰社会中"被遗弃"的人，避免阶层冲突，方法之一就是让企业大批量制造"奶嘴"这种可以消磨人注意力的产品填满人们的生活，转移其注意力和不满情绪，令其沉浸在"快乐"中不知不觉丧失对现实问题的思考能力。

这些产品主要分为两类，第一类是发泄性产业，包括赌博业、暴力型影视剧、网络游戏、无休止的口水战新闻等，让大众发泄多余的精力；第二类是满足性产业，包括娱乐新闻、明星八卦、偶像剧和综艺等大众化娱乐产业，让大众沉迷其中，从而丧失阶级提升的上进心。

①写作要点：_____

②阐述理由：_____

6. 孔子在《论语》中曾说过："己欲立而立人"。这句话体现了古人对于"立己"和"立人"的态度以及对两者关系的一种思考。请以"立人"与"立己"为主题，写一篇论说文，全文 700 字左右，题目自拟。

①写作要点：_____

②阐述理由：_____

7. 根据下列材料，写一篇 700 字左右的论说文，题目自拟。

有一位猎人带着三个儿子去沙漠里打猎。

到了目的地之后，父亲问老大："你看到了什么？"

老大回答："我看到了炙热的太阳，稀疏的云彩，无垠的沙漠，巨大的砂石堆，还有即将干枯的河流。"

父亲失望地摇了摇头。接着他以同样的问题问老二。

老二回答："我看见了飞翔的鹰，奔跑的骆驼和野马，砂石后边躲藏的野兔，小河边饮水的狼，还有来来往往的商人。"

父亲面无表情地叹了口气。接着他以同样的问题问老三。

老三回答："我只看到了骆驼。"

父亲高兴地说："你答对了。"

①写作要点：_____

②阐述理由：_____

8. 根据下列材料，写一篇 700 字左右的论说文，题目自拟。

20 世纪初，福特公司的一台电机出了毛病，公司调来大批检修工人反复检修，又请了许多专家来查看，可怎么也找不到问题出在哪儿。有人提议去请著名的物理学家、电机专家斯坦门茨帮助。

斯坦门茨要了一张席子铺在电机旁，聚精会神地听了 3 天，然后又要了梯子，爬上爬下忙了多时，最后在电机的一个部位用粉笔画了一条线，写下了"这里的线圈多绕了 16 圈"。人们在画线处减少绕线圈数，令人惊异的是，故障竟然排除了！生产立刻恢复了。

福特公司经理问斯坦门茨要多少酬金，斯坦门茨说："不多，1 万美元。"当时福特公司最著名的薪酬口号就是"月薪 5 美元"，这在当时是很高的工资待遇。1 万美元是一个普通职员 100 多年的收入总和。

斯坦门茨看大家迷惑不解，转身开了个账单：画一条线，1 美元；知道在哪儿画线，9 999 美元。

①写作要点：_____

②阐述理由：_____

9. 根据下列材料，结合企业管理，写一篇 700 字左右的论说文，题目自拟。

有人入山采沉香木，积数年，方得一车，价值万金。持来归家，诣市卖之，以其贵故，卒无买者。经历多日，不能得售，心生疲厌，以为苦恼。见人卖炭，时得速售，便生念言："不如烧之作炭，可得速售。"即烧为炭，诣市卖之，须臾而出，然价不到一金。

①写作要点：_____

②阐述理由：_____

10. 根据下列材料，写一篇 700 字左右的论说文，题目自拟。

毛泽东同志在《反对本本主义》中说："调查就像'十月怀胎'，解决问题就像'一朝分娩'。"

①写作要点：_____

②阐述理由：_____

11. 根据下列材料，写一篇 700 字左右的论说文，题目自拟。

在中国大地上，有一条铁路，一头连着历史，一头连着未来，这就是北京到张家口 170 多千米长的京张线。1909 年，京张铁路建成；2019 年，京张高铁通车。从自主设计修建零的突破到世界最先进水平，从时速 35 千米到时速 350 千米，京张线见证了中国铁路的发展，也见证了中国综合国力的飞跃。

从京张铁路到京张高铁，是从自主设计修建零的突破到世界最先进水平的跨越。两条钢铁巨龙同框同向，成为镶嵌在神州大地上的新地标。两条铁路相映生辉组成的新京张线，谱写出了自强不息、勇于创新的京张故事。

①写作要点：_____

②阐述理由：＿＿＿＿＿＿＿＿＿＿＿＿＿＿＿＿＿＿＿＿＿＿＿＿＿＿＿＿＿＿

12. 根据以下材料，自拟题目，写一篇论说文，700 字左右。

开山岛位于我国黄海前哨，面积只有两个足球场大，但战略位置十分重要。1985 年部队撤编后，设立民兵哨所。但因条件艰苦，先后上岛的十多位民兵都不愿长期值守。1986 年，26 岁的王继才接受了守岛任务，从此与妻子以海岛为家，与孤独相伴，在没水没电、植物都难以存活的孤岛上默默坚守，把青春年华全部献给了祖国的海防事业。

1986 年 7 月，江苏省灌云县人武部政委找到王继才，说出了守岛的请求，王继才接受了守岛任务，瞒着家人上了岛。全村最后一个知道他守岛消息的，是他的妻子王仕花。当王仕花来到岛上，看着胡子拉碴的丈夫，她的眼泪夺眶而出："别人不守，咱也不守，回家去吧！"王继才对妻子说："你回吧，我决定留下！守岛就是守家，国安才能家安。"没想到，几天后王仕花辞掉了小学教师工作，把两岁的女儿托付给老人，上岛与丈夫一起守岛，这一守就是 32 年。

32 年里，夫妻俩过了 20 多年没有水和电，只有一盏煤油灯、一个煤炭炉、一台收音机的日子。台风大作，无船出海，岛上的煤用光了只能吃生米；没有人说话就在树上刻字或是对着海、对着风唱歌；没有人接生就只能丈夫自己接生；植物都不能在岛上存活，一斤多的苦楝树种子撒下去只长出一棵小苗；儿女在岸上无人照看，家中失火导致孩子差点儿丢命；大女儿结婚时，化了 5 次妆都被泪水打湿，进礼堂时，一步三回头，可父母却迟迟没有来……生活虽然苦，心里虽然苦，可王继才夫妇几十年如一日守着小岛，升旗、巡岛、观天象、护航标、写日志……每天的巡查日志堆起来已有一人多高，每个凌晨五星红旗都会冉冉升起，每次遭到上岛犯罪分子威胁甚至殴打也从不屈服。为了守岛，夫妻俩尝遍了酸甜苦辣。32 年，11 680 天，枯燥、孤独、无助，每一天都重复着相同的日子，但王继才心中有一个信念：家就是岛，岛就是国，守岛就是卫国。

①写作要点：＿＿＿＿＿＿＿＿＿＿＿＿＿＿＿＿＿＿＿＿＿＿＿＿＿＿＿＿＿＿

②阐述理由：＿＿＿＿＿＿＿＿＿＿＿＿＿＿＿＿＿＿＿＿＿＿＿＿＿＿＿＿＿＿

13. 根据以下材料，自拟题目，写一篇论说文，700 字左右。

则北京不少专门学校，入法科者尽可肄业法律学堂，入商科者亦可投考商业学校，又何必来此大学？所以诸君须抱定宗旨，为求学而来。入法科者，非为做官；入商科者，非为致富。宗旨既定，自趋正轨。诸君肄业于此，或三年，或四年，时间不为不多，苟能爱惜光阴，孜孜求学，则其造诣，容有底止。若徒志在做官发财，宗旨既乖，趋向自异。平时则放荡冶游，考试则熟读讲义，不问学问之有无，惟争分数之多寡；试验既终，书籍束之高阁，毫不过问，敷衍三四年，潦草塞责，文凭到手，即可借此活动于社会，岂非与求学初衷大相背驰乎？光阴虚度，学问毫无，是自误也。

①写作要点：＿＿＿＿＿＿＿＿＿＿＿＿＿＿＿＿＿＿＿＿＿＿＿＿＿＿＿＿＿＿

②阐述理由：＿＿＿＿＿＿＿＿＿＿＿＿＿＿＿＿＿＿＿＿＿＿＿＿＿＿＿

14. 根据以下材料，自拟题目，写一篇论说文，700 字左右。

"国以民为本，民以食为天，食以安为先，安以质为本，质以诚为根"。食品、药品安全是一项关系国计民生的"民心工程"，直接关系到广大人民群众的身体健康和生命安全，关系到经济发展和社会稳定。然而，在市场经济条件下，一些企业无视国家法律，唯利是图，在食品生产加工中不按标准生产，偷工减料，掺杂使假，以假充真，滥用添加剂，以非食品原料、发霉变质原料加工食品，致使重大食品质量安全事故屡有发生。如吉林长生疫苗事件、山西朔州毒酒事件、阜阳劣质奶粉事件、苏丹红事件、禽流感事件等，直接危害了人民群众的健康安全，严重打击了广大消费者的消费信心。

①写作要点：＿＿＿＿＿＿＿＿＿＿＿＿＿＿＿＿＿＿＿＿＿＿＿＿＿＿＿

②阐述理由：＿＿＿＿＿＿＿＿＿＿＿＿＿＿＿＿＿＿＿＿＿＿＿＿＿＿＿

15. 根据以下材料，自拟题目，写一篇论说文，评价陶华碧女士的决策。可根据自己的经验、观察或阅读实际展开观点，全文 700 字左右。

"老干妈"自成立以来，17 年营收增长 80 倍，在中国辣椒酱行业排名第一，占行业份额 14.36%。2017 年"老干妈"的营业收入为 45.49 亿元，同年纳税额达 7.55 亿元。但是"老干妈"一直坚持"不贷款、不融资、不上市"的企业经营准则，其创始人陶华碧女士说："上市那是欺骗人家的钱，有钱你就拿，把钱圈了，喊他来入股，到时候把钱吸走了，我来还债，我才不干呢。我打下的江山，我就把它做好、做专、做精，我自己有多大能力就做多少事情。凭自己真本事做些事情，这样活得才有意义。自己打下一片天，才是真本事，才有意义。"你是否同意这样的观点？

①写作要点：＿＿＿＿＿＿＿＿＿＿＿＿＿＿＿＿＿＿＿＿＿＿＿＿＿＿＿

②阐述理由：＿＿＿＿＿＿＿＿＿＿＿＿＿＿＿＿＿＿＿＿＿＿＿＿＿＿＿

第十三讲 ||| 论据的选择和使用

论据，是衡量论说文质量的一个重要标准。通过对前几讲的学习，考生根据材料进行审题立意基本上都能达到考试要求；论说文框架也相对容易掌握，无非就是平行、递进、对比三种模式。衡量一篇文章好坏的标准是什么呢？就是考生对论据的选择、分析和论述是否到位。如果论据选得好，分析得对，就能够提高论说文的说服力和可读性，进而可能诞生一篇高分作文；如果论据单一、陈旧，或只是简单罗列论据而没有进行论述，则很难得到高分。

本讲我们将先对论据的类型进行介绍，再详细地阐述如何在日常学习与复习过程中搜集、整理、裁剪、使用论据。通过对本讲的学习，考生可以对搜集、整理、背诵论说文论据的方法有详细的了解，能彻底解决无话可说的问题。

● 一、论据的类型：言之有据

论据的选择和使用是论说文写作的重中之重。兵法有云："兵马未动，粮草先行。"论说文的论据就是论说文写作的"粮草"，选择典型、贴切、丰富、新颖的论据，不仅能够提高文章的说服力，而且能够增加文章的文采，达到事半功倍的效果。

管理类与经济类综合能力考试的论说文，对论据的要求更加严格。本部分将结合历年真题的话题内容，把论据分成以下七种类型，便于考生分析与掌握。

1. 经济学常识

经济学思维是管理人才应该具备的基本素质之一，也是管理类与经济类综合能力考试中论说文考查的重点和难点之一。掌握一定的经济学常识，对于考生分析问题、撰写论说文来说十分重要。《经济学原理》由美国著名经济学家 N. 格里高利·曼昆所著，他利用通俗易懂的话语和生动形象的案例诠释了经济学的基本原理。其中，他提出的十大经济学原理构成了《经济学原理》的基本框架，为经济学的研究做出了巨大贡献。

在写作时，曼昆的经济学原理可以成为我们进行道理论证的一个重要理论来源。比如2005年1月管理类综合能力考试论说文试题：

根据下述内容，自拟题目，写一篇短文，评价丘吉尔的决策，说明如果你是决策者，在当时的情况下你会做出何种选择，并解释决策依据，700字左右。

第二次世界大战期间，英国首相丘吉尔曾做出一个令他五内俱焚的决定。当时，盟军已经破译了德军的绝密通信密码，并由此得知德军下一个空袭目标是英国的一个城市考文垂。但是，一旦通知这个城市做出任何非正常的疏散和防备，都将引起德军的警觉，使破译密码之事暴露，从而丧失进一步了解德军重大秘密的机会。所以，丘吉尔反复权衡，最终下令，不对这个城市做任何非正常的提醒。结果，考文垂在这次空袭中一半被焚毁，上千人丧生。然而，通过这个密码，盟军了解到德军在几次重大战役中的兵力部署情况，制订了正确的应对策略，并取得了重大的军事胜利。

在撰写文章时，我们可以利用曼昆的经济学原理对材料进行分析和总结。面对"情报"和"考文垂"，该如何权衡取舍？这个选择是否符合"经济人假设"？我们采用曼昆十大经济学原理进行分析，能够增强文章的说服力。

2. 管理学定律

管理学是一门综合性的交叉学科，是系统地研究管理活动的基本规律和一般方法的科学。管理学是为了适应现代社会化大生产的需要而产生的，它的目的是研究在现有条件下，如何合理地组织和分配人、财、物等因素，以提高生产力水平。管理学定律是从大量的管理实践中抽绎出来的管理规则与规律。掌握一些经典的管理学定律，如被称为"二十世纪西方文化三大发现"的墨菲定律、彼得原理、帕金森定律，对论说文的写作有很大的指导意义。

墨菲定律：凡是可能出错的事总是会出错，指的是任何一个事件，只要具有大于零的概率发生，就不能假设它不会发生。

彼得原理：将一名职工晋升到一个无法很好发挥其才能的岗位，不仅不是对他的奖励，反而会使其无法很好地发挥才能，也会给组织带来损失。

帕金森定律：在行政管理中，行政机构的层级会像金字塔一样不断增多，行政人员会不断膨胀，每个人都很忙，但组织效率越来越低下。这条定律又被称为"金字塔上升"现象。

这些管理学定律也是我们撰写文章的重要参考之一。比如 2020 年管理类综合能力考试论说文试题：

根据下述材料，写一篇 700 字左右的论说文，题目自拟。

据报道，美国航天飞机"挑战者号"采用了斯沃克公司的零配件。该公司的密封圈技术专家博易斯乔利多次向公司高层提醒：低温会导致橡胶密封圈脆裂而引发重大事故。但是，这一意见一直没有受到重视。1986 年 1 月 27 日，佛罗里达州卡纳维拉尔角发射场的气温降到零摄氏度以下，美国宇航局再次打电话给斯沃克公司，询问其对航天飞机的发射还有没有疑虑之处。为此，斯沃克公司召开会议，博易斯乔利坚持认为不能发射，但公司高层认为他所持理由还不够充分，于是同意宇航局发射。1 月 28 日上午，航天飞机离开发射平台，仅过了 73 秒，悲剧就发生了。

我们在论证时，可采用管理学定律，如墨菲定律展开分析。该定律启示我们一定要重视细节；千里之堤，溃于蚁穴。

3. 思维工具

思维工具即能有效影响抽象思维、提高思维效能、延伸思维深度，把抽象思维过程具体可视化的一类方法或技能的总称。这里我将介绍三种常见的思维工具，以帮助考生们思考、分析问题。

鱼骨图：由日本管理大师石川馨先生发明，又名石川图。鱼骨图是一种发现问题"根本原因"的方法，其特点是简捷实用，深入直观。它看上去有点像鱼骨，将问题或缺陷（后果）标在"鱼头"处，在鱼骨上长出鱼刺，鱼刺上按出现机会的多少列出产生问题的可能原因，这样有助于说明各个原因是如何相互影响的。

SWOT 分析法：基于内外部竞争环境和竞争条件的态势分析，就是将与研究对象密切相关的各种主要的内部的优势和劣势以及外部的机会和威胁等，通过调查列举出来，并依照矩阵形式排列，然后用系统分析的思想，将各种因素相互匹配并进行分析，从中得出一系列相应的结论，而结论通常带有一定的决策性。

PEST 分析法：企业外部环境分析的基本工具，它通过对政治、经济、社会和技术四个方面的因素进行分析，从总体上把握宏观环境，并评价这些因素对企业战略目标和战略制订的影响。

我们在构建写作思路时，要根据不同的材料，相应地选择合适的思维工具来考虑问题。这样就能开阔思路、条理清晰，而不至于如无头苍蝇一般横冲直撞。

4. 名言警句

先贤的论述既是经验的总结，也是智慧的传播。在文章中引用名言警句，既能提高文章的文采，彰显文学功底与学术底蕴，又能借助古圣先贤的权威，增加文章的说服力。

名言警句的积累源于平时的阅读。我们在阅读时，对有所感悟的句子加以背诵、琢磨、学习，在写作时引用，便可以为文章添色。中国古代的很多经典著作中都有值得我们学习的语句，如《论语》《孟子》《庄子》等儒道经典，以及唐诗、宋词、元曲、汉赋等。而《菜根谭》《围炉夜话》《小窗幽记》《格言联璧》等专门辑录名言的著作则更加方便我们学习经典的语录。随着出版业的不断发展，市面上出现了很多中西方名人名言的摘录选集，其大多经过了严密的筛选，适合直接背诵。

5. 个人成长、成功的优秀案例

管理类与经济类综合能力考试侧重于对管理、经济方面理论的考查，所以考生在准备论据的时候，应该对其加以重视。除此之外，各行各业的优秀人物既是我们学习的榜样，也是我们写作时可以引用的素材。

经济学界、管理学界许多杰出的人才用其卓越的智慧和辉煌的业绩取得了不错的社会地位，这批精英奋斗的历程、动力、关键转折点，以及他们身上所具有的优秀品质，均为我们提供了写作的鲜活素材。建议考生在备考过程中选择 1～2 位优秀的企业家，详尽地了解他们，清晰、准确地分析他们的奋斗历程和优秀品质，方便在写作时加以引用和论证。比如学员习作《坚持到底，永不放弃》一文引用柳传志创办联想、董明珠执掌格力的例子：

> 企业家要想成功，同样要有坚持到底、永不放弃的精神。联想从投资 20 万元、只拥有 11 个技术人员起步，到今天成为全球最大的 PC 生产厂商，靠的就是坚持梦想，不懈追求。董明珠从执掌格力帅印开始，带领格力人不懈奋斗，最终奠定了今天格力在全世界电器销售排行榜第一名的光辉地位。不积跬步，无以至千里。就是靠这种坚持到底的精神，联想、格力、华为、三一重工等一个个民族品牌铸就了中国制造的 2.0 时代。

6. 企业发展、成功、衰败的案例

企业是国民经济发展的重要组成部分，企业的发展、成功、衰败最能说明管理和经济领域的规律和道理，所以在准备论据时，考生可结合自己的兴趣、生活或工作环境等，选择 2～5 个优秀的企业进行"解剖麻雀式"的研究，重点掌握企业的创立时间、创立背景、发展历程、标志性事件、文化、愿景、使命、价值观、核心人物、管理理念、发展战略等。这些对写作来说，都是十分重要的素材。比如，下文就援引了大量的企业案例进行论证。

> 开拓创新，需要不断洞察市场需求。江中集团不断观察消费者市场群体的需求，顺应时代发展先后推出了江中草珊瑚含片、健胃消食片、猴菇饼干、蓝枸饮料等一系列王牌商品，使企业不断壮大。同样，步步高集团相继推出的复读机、电子词典、点读机、imoo 学习手机等产品也是洞察市场需求，不断创新的典型。

> 开拓创新，需要不断发展核心科技。科技是第一生产力，是企业发展的核心源泉。达美乐公司为何能垄断美国 80% 的外卖市场？靠的就是科技的力量，电话订餐、网页订餐、App 订餐、无人机送货、机器人送货、无人驾驶车送货，这一次又一次的科技革新推动了企业的发展。

> 开拓创新，需要不断变革管理思维。思维决定了企业的发展方向和前进目标。一着不慎，满盘皆输。曾经连续十五年称霸手机市场的诺基亚，在智能手机的发展浪潮来临时，没有变换思维及时跟上，结果被时代的潮流抛弃，其手机业务最终走向衰亡。变革思维刻不容缓，应该从现在做起。

这篇文章通过列举不同企业发展、成功、衰败的案例，论述了企业应当如何开拓创新。

7. 国家的宏观政策和时事热点

天下兴亡，匹夫有责。国家宏观政策和时事热点，也是写作素材的主要来源之一。国家的宏观政策，是党和政府立足于当下制定的科学、合理的发展战略，是国家智慧和实力的集中体现。考生一定要准确了解，熟练运用。比如，下文就紧密结合国家宏观政策和时事热点，写出了新意。

梦想的力量

海阔凭鱼跃，天高任鸟飞。梦想给予人的力量，是无穷无尽的。人们常说，心有多大，舞台就有多大。而我要说，梦想有多高远，我们的人生就有多开阔。树立长远的目标，付诸踏实的努力，会当凌绝顶，一览众山小！

一个人需要有梦想。梦想是人前进、拼搏的动力。袁隆平的梦想就是让全世界的人都远离饥饿。为了这个梦想，他不懈努力，古稀之年依然专注于田畴，终于在2014年培育出亩产超1000千克的超级稻，实现了自己的梦想。不止袁隆平一人，无数科学家怀着为祖国、为人民做贡献的梦想，开拓进取，奋勇拼搏，为全人类造福！

一个企业需要有梦想。中国高铁，如今已成为中国一张闪亮的名片。中国自然地理地质状况复杂多样，所以中国高铁需要穿山越岭、跨江跨河。为了保证高铁高速且安全地运行，铁路建设者们需要解决众多复杂的尖端技术问题，但是中国建设者和科研人员仍在高铁尖端技术领域取得了一系列重大突破。

一个国家需要有梦想。习近平总书记提出的中国梦，就是中国的梦想。我们相信，通过不懈努力，中华民族的伟大复兴一定能够实现！中华民族将会以一个全新的姿态屹立在世界的东方！

梦想，是山头的风，召唤着雄鹰冲刺！无论是一个人、一个企业，还是一个国家，都要不懈努力，不断进取，追求卓越，走向成功。

二、论据的搜集与整理

本部分将重点讲述搜集和整理论据的方法。我们要广泛地搜集资料，从"全"字上下功夫。在整理论据的时候，我们有以下三个要点：

1. 一定要掌握可靠信息

在备考过程中，搜集、整理的论据要来源于权威的资料和媒体。比如，我们要搜集有关华为的信息，就一定要去官方渠道，我们要采用官方渠道的信息，如《人民日报》、新华社等权威媒体的报道与评论、华为官网上的信息、任正非本人的著作等。这样才能确保材料真实可靠。

2. 一定要掌握分类方法

管理类与经济类综合能力考试论说文写作的主题，往往是管理和经济方面的话题。所以，我们在搜集素材的时候，应该以这两个大主题进行分类。注意，搜集素材的时候分类宜粗不宜细，这样才能保证我们搜集到的素材有比较广泛的应用场景。

3. 一定要掌握应用原则

我们不可以将搜集、整理到的素材生搬硬套地写入我们的作文中，而应该根据素材的基本点结合作文主题灵活使用。本讲第三部分"论据的裁剪和使用"将为大家详细展示如何结合历年真题的主题灵活使用素材。

接下来，以华为公司为例，学习搜集与整理论据。比如，以下是帅老师搜集到的关于华为公司的一些资料。

华为是全球领先的信息与通信技术（ICT）解决方案供应商，专注于 ICT 领域，坚持稳健经营、持续创新、开放合作，在电信运营商、企业、终端和云计算等领域构筑了端到端的解决方案优势，为运营商客户、企业客户和消费者提供了有竞争力的 ICT 解决方案、产品和服务，并致力于实现未来信息社会、构建更美好的全联接世界。目前，华为约有 20.7 万名员工，业务遍及全球 170 多个国家和地区，为全世界三分之一以上的人口服务。

华为和运营商一起在全球建设了 1 500 多张网络，帮助全世界超过三分之一的人口实现联接。华为和企业客户一起以开放的云计算和敏捷的企业网络，助力平安城市、金融、交通、能源等领域实现高效运营和敏捷创新。华为智能终端和智能手机，正在帮助人们享受高品质的数字工作、生活和娱乐。

华为推动行业良性发展，主张开放、合作、共赢，与上下游合作伙伴及友商合作创新、扩大产业价值，形成健康良性的产业生态系统。面向云计算、NFV/SDN、5G 等新兴热点领域，华为与产业伙伴分工协作，推动行业持续良性发展。

华为促进经济增长。华为不仅为其所在国家带来直接的纳税、就业促进、产业链带动效应，更重要的是，通过创新的 ICT 解决方案打造数字化引擎，推动各行各业数字化转型，促进经济增长，提升人们的生活质量与福祉。

作为负责任的企业公民，华为促进社会可持续发展，致力于消除全球数字鸿沟，在珠峰南坡和北极圈内，都有华为的身影。华为深知在灾难面前通信的重要性。在西非埃博拉疫区、日本海啸核泄漏、中国汶川大地震等重大灾难现场，华为选择了坚守。华为"未来种子"项目已经覆盖 150 多个国家和地区，该项目为各国青年学生提供了来中国培训、实习的机会。

华为坚持"以奋斗者为本"，为奋斗者提供舞台。华为用责任贡献来评价员工和选拔干部，为员工提供了全球化发展平台和与世界对话的机会，使大量年轻人有机会担当重任，快速成长，也使得员工通过个人的努力，收获了合理的回报与值得回味的人生经历。

华为重视科技研发。截至 2023 年 12 月 31 日，华为的研发人员约 11.4 万名，占公司总人数的 55%。研发费用支出为 1 647 亿元人民币，约占总收入的 23.4%。华为近十年累计投入的研发费用超过 11 100 亿元人民币，累计获得专利授权超过 14 万件。

华为二十几万人，三十余年坚持聚焦于主航道，抵制一切诱惑；坚持不走捷径，拒绝机会主义，踏踏实实，长期投入，厚积薄发；坚持以客户为中心，以奋斗者为本，长期艰苦奋斗，自我批判。

这些资料特别复杂，我们在搜集和整理完论据之后，要根据考试常考的关键词，对材料进行裁剪、加工，这样才能更好地符合考试要求。

三、论据的裁剪和使用

我们整理完论据基本材料后，要从不同的角度对其进行"解剖麻雀式"的分析。比如，对于华为公司这一案例，我们可以从以下角度进行分析。

1. 精益求精的匠人精神

企业的发展需要匠人精神的支撑与引导。任正非曾经说，华为的精神就是"傻"：认准方向，朝着目标，"傻"干、"傻"付出、"傻"投入。如今，华为凭借着自己这股"傻里傻气"的匠人精神打造出了"中国制造""中国质造""中国智造"的闪亮名片。

2. 企业的社会责任

企业需要承担社会责任。华为的成功，除其不断致力于电子科技的创新外，还与它积极地承担社会责任，赢得了社会的广泛认同与好评有关。华为积极承担社会责任，长期致力于社会经济与环境的可持续发展。在菲律宾等国家和地区开展 ICT 知识竞赛、提供奖学金；向偏远地区的学校、青年学生捐赠电脑和手机；实施"未来种子"项目，促进全球知识迁移和人才培养；关注绿色环保，成立专职的节能减排团队。华为用一系列行动证明"天下兴亡，匹夫有责"，它的成功当之无愧。

3. 不惧风险，勇往直前

成功的路上总是有各种各样的风险。认清风险，在风险中理性冒险，才能成就未来。1996 年，华为进军俄罗斯市场，但由于当时爱立信、西门子等跨国企业占据很高的市场份额，加之华为在当地的知名度几乎为零，销售屡屡受挫。整整四年，华为几乎没有获得业务。在这种风险下，华为公司没有退缩，而是选择理性冒险，坚持数十年，最终成为俄罗斯电信市场的领导者之一。

4. 服务意识

华为提出了"为客户服务是华为存在的唯一理由"的口号，选择以客户需求为中心，认为技术并不是万能的，且反对盲目的创新。华为的设备用在哪儿，就把服务机构建在哪儿，贴近客户，为客户提供优质的服务。华为在各产品线、各地区、各部门建立市场组织，倾听客户需求，确保客户需求能快速地反馈到公司并投入产品的开发路标中。华为因此获得众多客户的青昧，成为世界级的设备供应商。

5. 精诚合作

华为作为创新型企业，致力于科技创新和研发，但在销售和拓展渠道资源方面没有太大的优势。而作为全球 ICT 解决方案的分销商，安富利科技与华为达成合作共识，共同建立起完善的物流、销售、市场、技术和财政服务，从而使华为成功地坐稳了通信运营商领域的"头把交椅"。华为与安富利科技在中国区的成功告诉我们，企业需要合作才能发挥各自领域的优势，提高效率，从而走向成功。

6. 环保、节能

华为公司始终坚持"绿色管道、绿色运营、绿色伙伴、绿色世界"的战略理念，通过创新不断提升产品的资源使用效率、公司运营效率，减少自身的碳足迹和对环境的负面影响。此外，在环保方面，华为公司持续创新和投入，生产高效节能的产品，并致力于通过绿色 ICT 技术帮助各行各业乃至全社会降低碳排放。

7. 守住理想的"上甘岭"

坚持，是在诱惑与投机前砥砺自我，坚守初心。当别人都标榜自己无比聪明时，华为却将"痴"作为一直坚持的理念。华为的"痴"体现在三十余年坚持只做一件事，即对准信息通信领域这个"城墙口"冲锋。华为从几十个人的小公司到现在几十万人的大企业，一直担任着信息通信的探路者和先锋的角色。华为的"傻"体现在当别人炒房、炒股时，华为不为所动；在别人上市融资时，华为坚持不上市。守住了理想的"上甘岭"，才不至于沦落到赚快钱的阵地上。

8. 企业的战略眼光

企业要想发展壮大，必须具有战略眼光与长远规划。面对高通和三星的技术封锁，华为公司用发展的眼光长远布局，不仅大力投入研发，制造出了"中国芯"麒麟970，而且紧抓机遇与京东方合作，使得华为手机搭载了纯国产的 OLED 屏幕。至此，华为公司真正拥有了成为全球手机行业最强者的资格，华为的惊艳表现，再一次引爆了世界。由此可见，战略眼光对企业的发展至关重要，正如古语所说："不谋万世者，不足谋一时；不谋全局者，不足谋一域。"

第十四讲 /// 观点型论说文的写作思路与方法

观点型论说文是考试中出现频率最高、数量最多的一种题型，也是关系型论说文和评论型论说文的基础。掌握观点型论说文的写法，能让自己对关系型论说文和评论型论说文有更加深刻的认识。也就是说，这一题型是论说文复习的基础。所以，本讲将以观点型论说文例题为例，详细地介绍观点型论说文的写作思路以及展开方法。

关于观点型论说文的展开方法，本讲将介绍平行式、递进式、对比式三种。对于每种展开方式我都会选择一道题进行详细的分析，并附有范文和点评。考生可以结合具体题目对这一题型的写作思路和展开方法进行学习，以便在考场上根据具体的题目灵活选择，进而提高答题效率。

● 一、观点型论说文的写作思路

1. 谋篇布局：提纲的构建

在开始写作之前，我们要对文章的结构有所安排，也就是要列好文章的提纲。这里推荐一种考场上最常见、构建最快速的写作提纲：

结构	段落分布	主要任务	具体方法
引论	第一自然段	提出论点	总结材料 + 提出中心论点
本论	第二自然段 第三自然段 第四自然段	正面论证	列分论点 + 讲道理 + 摆事实 + 做总结
	第五自然段	反面论证	反观当下 + 反面证明
结论	第六自然段	总结全文	总结

接下来，我们结合以下例题对这一写作提纲进行分析。

根据下列材料，写一篇 700 字左右的论说文，题目自拟。

中国高铁因其"运营里程最长、速度最快、客流量最大"而享誉全球。英国广播公司认为，高铁建设是中国正在开展新工业革命的标志，中国特有的文化和中国人的勤劳创新使得中国高铁技术得以迅速应用，并引领世界。也有评论认为，中国高铁的发展是"中国制造""中国质造""中国智造"的有机结合，代表了中国经济的前进方向。

我们可结合第十一讲和第十二讲所讲的方法审题立意，按上文提纲写作，参考范文如下。

让世界爱上中国造

文／帅老师

现如今，将"制造""质造"和"智造"完美结合的中国高铁迅速崛起，成为中国腾飞的一个重要代表。中国高铁的崛起对"中国造"的发展有着非常重要的启示意义：中国制造要想走向世界，必须将这三者结合起来。

大规模的制造可以抢占市场先机。在商业竞争中，通过大批量的生产、大规模的投放来培养用户习惯并抢占市场不失为一种有效的竞争手段。中国高铁正是通过大规模的制造，在市场占有率和品牌影响力方面抢占了市场先机，进而成为全球高铁市场的领导者之一。由此可见，制造是企业参与竞争的基础。

高质量的质造可以稳定世界市场地位。消费者对产品的满意度和忠诚度在很大程度上取决于产品的质量。高质量的产品能够赢得消费者的信任和口碑，从而在市场上持续占据优势。华为 Mate 系列手机对每一个细节都严格把控，从硬件到软件，都力求做到最好，被网友誉为"中国争气机"。华为的事例充分证明，质造是企业参与竞争的核心。

新科技的智造可以引领世界市场风潮。以大疆为例，这家以无人机为核心产品的公司，凭借在飞行控制、影像处理等领域的深厚技术积累，不仅在全球无人机市场占据了主导地位，更通过不断的技术创新，拓展至智能驾驶、机器人等新兴领域。大疆的成功，充分展示了新科技智造在推动产业升级、引领市场趋势方面的巨大潜力。其不断突破的技术边界，不仅满足了市场对高效、智能解决方案的迫切需求，更为整个行业树立了新的标杆。

反观现实，有部分中小企业存在目光短浅、思维狭隘的问题，它们偷工减料、因循守旧，还停留在简单的"小作坊"思维模式中，长此以往一定会被时代潮流所淘汰。这也从另一个方面证明了"制造""质造""智造"对于企业发展的重要意义。

路漫漫其修远兮，吾将上下而求索！在走向世界的道路上，必须依靠"中国制造"抢占先机，依靠"中国质造"稳定地位，依靠"中国智造"引领风潮。唯有如此，才能真正实现"让世界爱上中国造"的梦想！

2. 引出话题：开头的展开

我们来看这篇文章的开头：

现如今，将"制造""质造"和"智造"完美结合的中国高铁迅速崛起，成为中国腾飞的一个重要代表。中国高铁的崛起对"中国造"的发展有着非常重要的启示意义：中国制造要想走向世界，必须将这三者结合起来。

这个开头主要完成了两个任务：首先，第一句话总结了给定材料的中心思想；其次，在这个基础之上，提出了自己的中心论点，而且语言简明扼要，非常精练。这就是最常见的开头的写法。

3. 展开论述：主题的分析

文章的论述分为正面论证和反面论证两个部分，我们先看正面论证的部分。

正面论证的每段分四个部分展开，以第二自然段为例，分析如下：

写作任务	具体语段
列论点	大规模的制造可以抢占市场先机
讲道理	在商业竞争中，通过大批量的生产、大规模的投放来培养用户习惯并抢占市场不失为一种有效的竞争手段
摆事实	中国高铁正是通过大规模的制造，在市场占有率和品牌影响力方面抢占了市场先机，进而成为全球高铁市场的领导者之一
做总结	由此可见，制造是企业参与竞争的基础

接下来，请你对照上表，分析文章中第三自然段和第四自然段的论证结构，并仔细体会其中的论证逻辑。

第三自然段论证结构

写作任务	具体语段
列论点	
讲道理	
摆事实	
做总结	

第四自然段论证结构

写作任务	具体语段
列论点	
讲道理	
摆事实	
做总结	

接下来我们来看反面论证的写法。文章的反面论证如下：

> 反观现实，有部分中小企业存在目光短浅、思维狭隘的问题，它们偷工减料、因循守旧，还停留在简单的"小作坊"思维模式中，长此以往一定会被时代潮流所淘汰。这也从另一个方面证明了"制造""质造""智造"对于企业发展的重要意义。

反面论证分为两个步骤：首先，简明扼要地总结当下某些企业存在的弊端；然后，根据这些弊端从反面进行具体论证。这些反面的典型案例可以从侧面证明我们提出的中心论点。

4. 总结全文：结尾的收束

总结全文，一定要做到简洁有力，将全文的力量汇集到一个点上，将全文推向一个高潮，比如本文的结尾：

> 路漫漫其修远兮，吾将上下而求索！在走向世界的道路上，必须依靠"中国制造"抢占先机，依靠"中国质造"稳定地位，依靠"中国智造"引领风潮。唯有如此，才能真正实现"让世界爱上中国造"的梦想！

首先，从文中提取出"制造""质造""智造"三个关键词；然后，展望未来，简洁有力地深化主题。

● 二、平行式的展开方法：赤橙黄绿青蓝紫

本部分重点讲解观点型论说文平行式的展开方法。考生可以根据本部分的范文以及范文旁的批注，体会这一展开方法的特点。

根据下述材料，写一篇 700 字左右的论说文，题目自拟。

被誉为清代"中兴名臣"的曾国藩，其人生哲学很独特，就是"尚拙"。他曾说："天下之至拙，能胜天下之至巧。"他发现笨拙有笨拙的好处。笨拙的人没有智力资本，因此比别人更虚心；笨拙的人不懂得取巧，因此比别人更用功。结果，"拙"看起来虽慢，其实却最快。曾国藩考秀才考了九年，但是一旦开窍之后，后面的路就越来越顺。中秀才后的第二年，他就考中了举人；又四年，高中进士。而那些早早进了学的同学，后来却连举人也没有出一个。而且，正是与众不同的"尚拙"，成就了曾国藩非同一般的人生智慧。【396 经综 2013 年真题】

1. 精准选择立意

本题给定材料的重点是曾国藩"尚拙"的人生观，那么便可从"何为尚拙""怎样理解尚拙"这两个角度切入，展开全文。

2. 全面解析范文

以史为鉴 以拙求进❶

文／帅老师

"天下之至拙，能胜天下之至巧。"这种"尚拙"的人生哲学造就了清代"中兴名臣"曾国藩。❷以史为镜，殷鉴不远，曾国藩的人生智慧值得我们每一个人学习。❸他启示我们：在做人、办事、为学方面，一定要虚心勤奋，重视积累，不断前进。

"尚拙"实为"崇尚虚心"。❹笨拙的人自视没有过人的智力与超凡的天赋，因此比别人更虚心。北宋杨时程门立雪，虚心求教，最终打动恩师，才有了后来的"龟山先生"。❺"尚拙"使人虚心，虚心方能不断进步，走向成功。

"尚拙"实为"崇尚勤奋"。❻自古以来就有笨鸟先飞的说法，笨拙驱使人们付出更多的努力。"文以拙进，道以拙成。"王羲之以池之水洗笔，日复一日竟将池塘染黑，坚持不懈的勤奋成就了一代书法名家。❼正是"尚拙"，让他选择了勤奋，进而让他有了巨大的成功。

"尚拙"实为"崇尚积累"。❽"不积跬步，无以至千里；不积小流，无以成江海。""千里之行，始于足下。""尚拙"是一种量的积累，量变是质变的必要准备。一切投机取巧的成功都只是暂时的，只有一步一个脚印，才能走得更远。正如材料中的曾国藩，没有九年考秀才的积累，哪有后来的平步青云？

在当今社会，不乏有人试图通过投机取巧寻求捷径，然而这些行为往往难以持久，多以失败告终。这恰恰印证了"尚拙"的价值——崇尚脚踏实地、勤勉努力。真正的成功，离不开扎实的付出与不懈的坚持，"尚拙"才是通往成功之路的基石。

以拙为进，就是以虚心为进、以勤奋为进、以积累为进。❾以史为镜，方知"尚拙"，展望未来，更需以拙求进。❿

❶ "以史为鉴"照应曾国藩，"以拙求进"照应曾国藩"尚拙"的人生观。

❷ 总结材料，简明扼要，从材料的关键词入手。

❸ 引出中心论点——"曾国藩的人生智慧值得我们每一个人学习"。

❹ 列举分论点 1。

❺ 采用"程门立雪"的案例论证"虚心"的重要意义。

❻ 列举分论点 2。

❼ 事实论证。本文的事实论证都十分精练，值得大家积累学习。

❽ 列举分论点 3。

❾ 总结全文，将中心论点和分论点结合起来，进行深化。

❿ 展望未来。

"尚拙"这一论点比较抽象，所以本文从三个角度对这一论点进行了概念上的界定。本文认为"尚拙"就是崇尚虚心、崇尚勤奋、崇尚积累，论证深入。本文的论证结构如下：

引论	本论	结论
曾国藩的人生智慧值得我们每一个人学习	"尚拙"实为"崇尚虚心"	以史为镜,方知"尚拙",展望未来,更需以拙求进
	"尚拙"实为"崇尚勤奋"	
	"尚拙"实为"崇尚积累"	

三、递进式的展开方法:层层深入

本部分重点讲解观点型论说文递进式的展开方法。考生可以根据本部分的范文以及范文旁的批注,体会这一展开方法的特点。

阅读以下材料,写一篇 700 字左右的论说文,题目自拟。

开展"不忘初心、牢记使命"主题教育,是新时代加强思想建党、理论强党,推动全党深入学习习近平新时代中国特色社会主义思想的重要举措,为我们党团结带领全国各族人民为实现伟大梦想共同奋斗提供重要保障。党员干部落实"守初心、担使命、找差距、抓落实"总要求,就要在"诚""勇""准""狠"这四个重要维度上深入理解、认真落实,做到守初心要"诚"、担使命要"勇"、找差距要"准"、抓落实要"狠",做到对党忠诚、为党分忧、为党担责、为党尽责,永远做党的初心和使命的实践者。

1. 精准选择立意

材料在讨论"不忘初心、牢记使命"主题教育,那么可以从"何为不忘初心""为什么要不忘初心""怎样才能做到不忘初心"这三个角度切入,展开全文。

2. 全面解析范文

不忘初心、牢记使命❶

文/帅老师

习近平主席在讲话中提出的"不忘初心,继续前进"的重要思想,是针对我们的发展现状提出的新要求。❷当前,我国经济社会迅猛发展,世界日新月异。我们应该谨记习近平主席的教诲:不忘初心。❸

何为不忘初心?❹一句话说,就是牢记我们的使命,坚定我们的目标,通过脚踏实地的努力和奋勇不懈的拼搏,取得更大的胜利。当前,我国发展最重要的目标就是实现中华民族的伟大复兴。我们的一切工作、一切奋

❶ 标题,照应开头与结尾,突出中心。

❷ 概括材料。

❸ 联系现实,提出中心论点。

❹ 全文共三个分论点,即"何为不忘初心""为什么要不忘初心""怎样才能做到不忘初心",这三个分论点采取"是什么—为什么—怎么样"的思路展开。

斗，都应该统一到这个"初心"上来。在中国共产党的领导下，万众一心，沿着中国特色社会主义的道路，为中国梦的实现而不懈奋斗。不管前方是地雷阵还是万丈深渊，我们都要鞠躬尽瘁，死而后已，牢记自己的"初心"，奉献自己的力量。❺

　　为什么要不忘初心？因为"初心"既是我们奋勇拼搏的出发点，也是我们开拓进取的落脚点。总而言之，"初心"是我们前进发展的根本。首先，在出发时，我们要明确自己的任务，了解自己的使命，以便科学、准确地制订计划，取得更好、更快的发展；其次，在发展的过程中，我们要根据自己的"初心"，随时应对变化并调整策略，以不变应万变，坚持自己的梦想；最后，在冲刺的过程中，我们要用"初心"来保证自己不抛弃、不放弃，坚守自我，冲向更加广阔的天地。❻

　　怎样才能做到不忘初心？首先，需要我们坚持不懈，绝不放弃，绝不动摇，奋勇前进；其次，需要我们脚踏实地，喊破嗓子不如甩开膀子，践行初心，需要实干而不是空谈；最后，需要我们团结一心，共同前进，一根竹篙难渡汪洋大海，但众人齐心可以开动万吨巨轮。只要我们万众一心，众志成城，追求梦想，践行我们的初心，必能实现中华民族的伟大复兴。

　　"雄关漫道真如铁，而今迈步从头越。"只要我们不忘初心、牢记使命，就一定能取得更大的胜利，走向更美好的未来! ❼

❺ 道理论证，其语言和逻辑均值得我们学习。

❻ 从三个角度展开，论述了"坚持不忘初心"的原因。

❼ 总结全文，深化中心。

　　本文围绕"不忘初心"讲明了三个问题：何为不忘初心？为什么要不忘初心？怎样才能做到不忘初心？论证深入，层层递进。本文的论证结构如下：

引论	本论	结论
我们应该谨记习近平主席的教诲：不忘初心	何为不忘初心 为什么要不忘初心 怎样才能做到不忘初心	只要我们不忘初心、牢记使命，就一定能取得更大的胜利，走向更美好的未来

四、对比式的展开方法：针尖对麦芒

所谓对比式，就是从正、反两个方面展开自己的观点，先阐述实现中心论点的好处，再反面论证缺乏这一论点的坏处，一正一反，两相对比，深化中心。本部分重点讲解观点型论说文对比式的展开方法。考生可以根据本部分的范文以及范文旁的批注，体会这一展开方法的特点。

阅读以下材料，写一篇700字左右的论说文，题目自拟。

华为公司的发展史，是一部融合了华为创新的理念与逻辑、光荣与梦想、经验与教训、故事与传奇的"炼狱史"。在华为的创新体系中，任正非的企业家精神是华为创新的思想之魂，"以客户为中心"的核心价值观是华为创新的动力之源，全体奋斗者是华为创新的成功之本。一言以蔽之：没有创新，就没有今天的华为。

1. 精准选择立意

材料的中心句为"没有创新，就没有今天的华为"，且整段材料的论述均围绕着华为的创新展开。我们在写作时，可以从这一角度切入，展开全文。

2. 全面解析范文

创新是企业进步的第一要义❶

文 / 帅老师

现代经济社会发展迅速，大浪淘沙的市场竞争态势加速了市场的优胜劣汰。怎样才能在这样的"厮杀"中存活下来，是企业面临的重要问题之一。华为的发展就给了我们一个明确的答案：❷企业要想在市场上立足，就必须创新。可以说，创新是企业发展进步的第一要义。❸

开拓创新是企业发展、进步、强大的动力。❹一个企业想要发展、壮大，必须有打破常规的思想和意识，不断开拓进取，发现新的市场目标和消费趋向，果断出击，抢占先机，只有这样才能拔得头筹。❺苹果公司之所以能够拥有今天的成就，就是因为以乔布斯为代表的技术团队，凭借创新的技术和产品抢占了智能手机的市场；京东集团能在强手如林的电商队伍中独树一帜，很大程度上是因为京东集团创建自主物流的创新布局；沃尔玛公司能够雄踞世界500强第一名，靠的就是不断创新的经营模式与经营理念，其相继推出了"三公里最低价""小商品零售通道""自主物流"等一系列具有创新

❶ 开宗明义。

❷ 从宏观角度切入，以华为为例引出中心论点。

❸ 中心论点。

❹ 分论点1，从正面论述中心论点。

❺ 道理论证。

性的决策。❻所以，企业要想发展，必须立足于实际，勇于创新，披荆斩棘，为自己创造出更加广阔的天地。

僵化保守是企业衰亡、落后，甚至被淘汰的原因。❼如果一个企业故步自封、僵化保守，那么它不但不能获得新的市场机遇，其原有的优势也会逐渐丧失。曾经雄霸世界手机销售排行榜第一名长达15年的诺基亚集团，在智能手机的发展浪潮来临时判断错误，没能及时更新产品思维，致使其手机帝国轰然倒塌，败于无形；曾经的中国日化王牌拉芳，在消费者消费能力不断提升的时代，没能及时做好产品的更新换代，最终也丧失了其王牌地位。❽这些案例都启示我们：企业要想成功，僵化保守是不行的。

沧海横流，方显英雄本色。在飞速发展的今天，只有创新，才能跟上时代的步伐，才能焕发企业的生机。❾

❻ 分别列举苹果公司、京东集团、沃尔玛公司三个企业开拓创新的案例。每个案例都十分典型。

❼ 分论点2，从反面论述中心论点。

❽ 用诺基亚集团、拉芳两个反面案例论证，照应分论点2。

❾ 总结全文，深化中心。

文章认为，企业的发展离不开创新。在具体的论述中，其先从正面阐述，说明创新的意义、价值、好处；再从反面论证，说明如果不创新，企业就会衰亡、落后，甚至被淘汰。两相对比，一正一反，深化观点。本文的论证结构如下：

引论	本论	结论
企业要想在市场上立足，就必须创新。可以说，创新是企业发展进步的第一要义	开拓创新是企业发展、进步、强大的动力 僵化保守是企业衰亡、落后，甚至被淘汰的原因	在飞速发展的今天，只有创新，才能跟上时代的步伐，才能焕发企业的生机

🔴 五、真题示范：学者的使命在于追求真理

2010年1月管理类综合能力考试论说文试题：

根据下述材料，写一篇700字左右的论说文，题目自拟。

一个真正的学者，其崇高使命是追求真理。学者个人的名利乃至生命与之相比都微不足道，但因为其献身于真理，就会变得无限伟大。一些著名大学的校训中都含有追求真理的内容。然而，近年学术界的一些状况与追求真理这一使命相去甚远，部分学者的功利化倾向越来越严重，抄袭剽窃、学术造假、自我炒作、沽名钓誉等现象时有所闻。

1. 题干解读及难度分析

本题是观点型论说文，难度中等。该材料从正、反两个方面强调了追求真理的重要意义，凸显了中心论点，考生从这一角度切入即可。

2. 参考立意角度

我们应抓住主旨信息，得出相应的主题。参考立意角度如下：

①拒绝功利化，拒绝沽名钓誉。

②追求真理。

③学者的使命和目标。

④学者的献身精神。

其他立意角度，言之成理，即可得分。

3. 范文点评

追求真理，从我做起

文/帅老师

一个真正的学者的崇高使命是追求真理，学者个人的名利乃至生命与真理相比都微不足道。事实上，何止是学者，任何人的生命都会因追求真理而变得伟大。著名的爱国诗人屈原曾说："路漫漫其修远兮，吾将上下而求索。"这正是告诉我们要不懈地追求真理，生命才不会虚度。

追求真理要勤奋钻研、刻苦坚持。中国科学院院士、两弹一星功勋奖章获得者孙家栋的一生与中国航天的多个"第一"密切相连。在他的领导下发射的卫星占整个中国航天飞行器的三分之一。他的毕生都奉献给了中国航天事业，他不断追求真理、勤奋刻苦、不畏艰难、始终如一。少年勤学，青年担纲，他是国家的栋梁。导弹、火箭、人造卫星，满天星斗璀璨，写下他的传奇。年过古稀未伏枥，犹向苍穹寄深情。他的人生因追求真理、不断探索而伟大。

追求真理要不畏权威、勇敢献身。伽利略是意大利文艺复兴后期伟大的天文学家、力学家、哲学家、物理学家、数学家，也是近代实验物理学的开拓者，被誉为"近代科学之父"。他不畏权威，用系统的实验和观察推翻了亚里士多德的观点，为牛顿理论体系的建立奠定了基础。虽然伽利略因此受到了教会的迫害，晚年被监禁，但他从未因为畏惧权威与教会的势力而停止追求真理的脚步。他是一名为维护真理而不屈不挠的战士，他将整个生命都献给了对真理的追求。

追求真理要淡泊名利、勤劳简朴。中国航天之父、火箭之王钱学森是全世界人民敬仰的中国顶级科学家，是中国航天的崇高象征。他本可以享受优厚的待遇，却五十年如一日地住在老旧的楼房里，过着清贫的生活，从不接受媒体的采访。他一生勤俭朴素、淡泊名利，致力于追求真理，为我国航天事业鞠躬尽瘁，这样的人，让人肃然起敬。在他心里，国为重，家为轻，科学最重，名利最轻。

子曰："朝闻道，夕死可矣。"可见中华民族自古以来就不曾停止追求真理的脚步。人生因追求真理而变得不平凡，追求真理，从我做起。

本文采用平行式的展开方法，全文围绕"追求真理"这一核心观点展开，并以此为中心论点。在本文的主体论证部分，作者从三个角度阐述了如何做才能追求真理，在具体论证过程中，援引了大量具有代表性的案例来佐证观点。道理论证和事实论证相结合，论证十分深入。结尾总结全文，深化主题。全文结构完整，语言准确，逻辑清晰。

追求真理，成就梦想

文／帅老师

子曰："朝闻道，夕死可矣。"追求真理是学者的崇高使命，学者个人的名声、地位、财富乃至生命与之相比都微不足道。但是，近年来学术界频繁出现抄袭剽窃、学术造假等丑闻，让人不得不扼腕叹息。

这种恶劣现象，对学术界，乃至整个社会的发展都贻害无穷。从宏观意义上说，它会破坏整体学术生态，导致学术界向唯利是图的方向野蛮生长；从微观意义上说，它会影响学者个人价值观的建立，从而培养出许多"精致的利己主义者"。长此以往，必然会导致学术界的腐败与堕落。

要想遏制这种腐败与堕落，就必须寻找产生这一现象的原因。首先，体制的僵化是最根本的原因，"唯论文""唯项目"等考评指标是罪魁祸首；其次，舆论的导向是最直接的原因，在功利化学术风气的影响下，很多人变得浮躁，只想"一夜成名""一夜暴富"，不再脚踏实地地在自己的领域深耕、钻研；最后，学者的素质是最基础的原因，很多学者缺乏正确的人生观和价值观，将名利置于求知之上，导致腐败丛生。

追本穷源，就是为了对症下药。要想遏制这种腐败现象，可以从以下几个方面入手：第一，变革体制，打破僵化，开创全新的考评体制，提倡百花齐放；第二，监督舆论，树立追求真理、献身于科学的正确价值观；第三，提升素质，加大对广大科研工作者的道德教育与思想教育，使其树立正确的金钱观和名利观。唯有如此，才能真正地解决这一腐败问题。

路漫漫其修远兮，吾将上下而求索。追求真理的道路漫长且艰辛，只有树立正确的价值观，才能昂首阔步，迈进真理的殿堂。

本文采用递进式的展开方法，并采取"列举现象 — 分析原因 — 提出对策"的写作思路，这也是撰写申论和社评最常见的方法。大家可仔细分析一下这篇文章的行文思路。

真理的味道非常甜

文／帅老师

追求真理是学者乃至我们所有人的崇高使命。但是，在商业化浪潮席卷下的今天，"板凳要坐十年冷，文章不写一句空"的古训显得越发单薄，而"出名要趁早""要钱不要脸"居然成了部分人追求的潮流，这不得不令我们深思。

研究真理、认识真理和捍卫真理，乃是人生中最好的美德。人生的价值就在于不断地努力和奋斗，摸索规律，掌握法则，追求真理。这一点，对学者来说尤为重要，在治学研究的过程中，只有"不唯书，不唯上"，才能做出"只唯实"的学术研究。北大老校长马寅初就是追求真理的典型人物，无论面对何种逆境，他都能一如既往地坚持真理。哪怕要牺牲个人的名利，甚至生命，他都毫不动摇。这种执着于真理的品质，值得我们学习。

忽视真理、歪曲真理和掩盖真理，乃是人生中最恶的品质。西方有一句谚语——"背弃真理的人，也必将会被真理所背弃"——说的就是这个道理。一名学者，如果为了个人的名利、地位而背离学术研究的初心和使命，那必然会被钉在历史的耻辱柱上。正如舌战群儒时，诸葛孔明批评扬雄一样："且如扬雄以文章名世，而屈身事莽，不免投阁而死，此所谓小人之儒也；虽日赋万言，亦何取哉！"背离真理，必然会遭到历史和人民的唾弃！

习近平总书记曾讲过这样一个故事：陈望道先生在翻译《共产党宣言》时，因为过分投入，吃粽子时竟然将墨水当成红糖蘸着吃了下去。被母亲提醒后，陈先生笑着说："真理的味道非常甜。"陈先生说的没错，共产党人就是靠着这份对"非常甜的真理"的执着追求，实现了民族独立、国家富强和人民幸福。但是，前进的号角声并没有停止，我们必须在真理的指导下不断前进，为取得更大的进步而不懈努力！

本文采用对比式的展开方法，一正一反进行论证，写出了追求真理的重要意义。全文叙议结合，论证深入。

第十五讲 | 关系型论说文的写作思路与方法

关系型论说文是考试中常见的类型之一。所谓关系型论说文，就是对 A 和 B 这两个关键词之间的关系进行分析。这类题目的难度在于单纯地论述其中一方会被判定为偏离主题。我们在写作时，必须将二者之间的具体关系阐述清楚、论证明白，这样才能得到高分。

那么，如何达到这一目标呢？本讲将介绍三种具体的写作思路与方法。对于每种方法，我都会选择一道题进行详细的分析，并附有范文和点评。考生可以结合具体题目对这一题型的写作思路与方法进行学习，进而快速地掌握关系型论说文的写法。

● 一、支持一方法：A 相对于 B 的好处

什么叫支持一方法？就是在 A 和 B 二者的对比中，选择其中一方 A，并且论述 A 相较于 B 的好处在哪里。这种写法要求考生对 A 和 B 有明确的了解，这样才能正确地分析双方的利弊。

根据下述材料，写一篇 700 字左右的论说文，题目自拟。

一家企业遇到了这样一个问题：究竟是把有限的资金用于扩大生产呢，还是用于研发新产品？有人主张投资扩大生产，因为根据市场调查，原产品还可以畅销三到五年，由此可以获得可靠而丰厚的利润。有人主张投资研发新产品，因为这样做虽然有很大的风险，但风险背后可能有数倍于甚至数十倍于前者的利润。【199 管综 2017 年真题】

1. 精准选择立意

材料提出了一个如何抉择的问题，即有限的资金是用于扩大生产还是用于研发新产品，考生可以结合实际情况讨论。注意，这里有个限定条件 —— 企业资金有限。所以，这是一个不得不二选一的问题，二者不能兼顾。

2. 全面解析范文

与其扩大生产，不如研发新产品❶

文 / 帅老师

企业资金有限，所以其面临着一个艰难的抉择：到底是扩大生产，还是研发新产品？通过仔细的权衡，我认为企业应该优先研发新产品。

研发新产品可以获取新用户。在当下产品细分的情况下，品牌想要获取新用户，就必须不断推出新产品。

❶ 标题是全文的中心，这样可以让阅卷者第一时间掌握作者的观点。

老干妈的潮服、大白兔的唇膏、六神的鸡尾酒、周黑鸭的口红、福临门的卸妆油等一系列跨界"新产品"让这些"老品牌"焕发出勃勃生机，同时也收获了一批又一批的新用户，极大地提高了品牌影响力。

研发新产品可以获得新利润。获得新用户往往意味着利润的提高。阿里之前发布的《中华老字号品牌发展指数》研究报告显示，超过100家"老字号"企业凭借新的技术平台完成转型升级，让品牌内涵和电商市场无缝结合，焕发了新的生机，也让这些品牌再次成了消费者的宠儿。

研发新产品可以开拓新市场。五粮液与施华洛世奇的合作便是明证，它们联手推出的"五粮液缘定晶生"系列产品，巧妙地将口感与美感、传统与现代、东方与西方元素融为一体，不仅大幅提升了产品的附加值，更成功开辟了全新的市场领域。借助数字平台的强大力量，这款产品成功渗透至婚宴、生日宴、家宴、商务宴、主题宴等多种生活场景，为企业带来了前所未有的市场机遇。❷

当然，我们也不能完全忽视扩大生产的重要性。然而，在资金有限的情况下，扩大生产可能只能起到暂时缓解的作用，难以从根本上解决问题。相比之下，研发新产品则能从根本上提升企业的竞争力，推动企业实现可持续发展。因此，面对企业的燃眉之急，我们应优先考虑研发新产品，这样才能真正做到釜底抽薪，确保企业的长远发展。❸

综上所述，我认为在资金有限的情况下，企业应优先考虑研发新产品。通过持续创新，推出符合市场需求的新产品，企业才能吸引新用户、创造新利润、开拓新市场，从而在激烈的市场竞争中立于不败之地。

❷ 第二段、第三段、第四段从三个角度阐明为何要优先研发新产品，并从道理和事实两个方面阐明这一问题。

❸ 本段指出"扩大生产"的合理意义和价值。

本文结合实际，详细列举了研发新产品的好处，并且实事求是地分析了扩大生产的利弊。本文的论证结构如下：

引论	本论	结论
企业应该优先研发新产品	研发新产品可以获取新用户	企业应该优先研发新产品
	研发新产品可以获得新利润	
	研发新产品可以开拓新市场	
	扩大生产只是扬汤止沸，研发新产品才能够真正做到釜底抽薪	

二、评点双方法：A 和 B 各自的优势与劣势

所谓评点双方法，就是分析 A 和 B 各自的优势和劣势，并得出只有将 A 和 B 结合起来才能更好地发挥作用的结论。

根据下述材料，写一篇 700 字左右的论说文，题目自拟。

众所周知，人才是立国、富国、强国之本。如何使人才尽快地脱颖而出，是一个亟待解决的问题。人才的出现有多种途径，其中有"拔尖"，有"冒尖"。拔尖是指被提拔而成为尖子，冒尖是指通过奋斗、取得成就而得到社会公认。有人认为，我国当今某些领域的管理人才，拔尖的多而冒尖的少。【199 管综 2011 年 1 月真题】

1. 精准选择立意

材料中的"拔尖"和"冒尖"分别比喻人才选拔的两种方式，前者指被提拔而成为尖子，后者指通过奋斗、取得成就而得到社会认可。在写作时，我们要把握好这两点，辩证地看待二者。本题参考立意：既可以提倡和鼓励"拔尖"，也可以提倡和鼓励"冒尖"，"拔尖"和"冒尖"要结合起来。

2. 全面解析范文

"冒尖"与"拔尖"并行❶

文／帅老师

人才是立国、富国、强国之本。为了使人才尽快地脱颖而出，通常有"拔尖"和"冒尖"两种方式。❷为了更好地服务社会，我认为，人才选拔应该"拔尖"与"冒尖"并行。❸

什么是"拔尖"？"拔尖"就是指人才获得上级、组织的认可，从而被提拔成为尖子。❹通过"拔尖"选出的品学兼优、德才并重的人才，是符合组织需要的人才。钱学森曾指出，中国没有完全发展起来，是由于当时的教育培养模式使人才无法"冒出来"，因此需要"拔尖"人才。❺

盲目地"拔尖"也存在着一些弊病。❻在"拔尖"人才的过程中，并没有对如何选拔人才，以及选拔什么样的人才做出清晰的界定，因此，"拔尖"的标准并不一致，这会导致"拔尖"产生许多漏洞。王安石变法失败，以至于人才上任后任人唯亲、排斥异己。这种模式

❶ 标题直接表明观点。

❷ 总结材料。

❸ 直接提出中心论点。

❹ 阐述"拔尖"的含义。

❺ 表明"拔尖"的好处以及需要"拔尖"的原因。

❻ 强调盲目"拔尖"的弊病。

下的"拔尖"显然不能产生真正的人才，反而会导致奸臣当道，加速了北宋的灭亡。❼

什么是"冒尖"？"冒尖"就是通过自身的努力、奋斗，从人群中脱颖而出，获得社会的认可。❽国家的发展建设迫切需要人才，通过"拔尖"培养的人才有限，"冒尖"形成的人才竞争机制更有利于真正优秀的人才涌现。❾春秋战国时期，纵横家苏秦通过自己的不懈奋斗，终于得偿所愿，身披六国相印，获得了广泛的认可，在百家争鸣的时代"冒"了出来，实现了自己的人生价值。❿

片面地"冒尖"同样存在着许多问题。⓫虽然"冒尖"的人才在专业领域拥有过人之处，但其品行与素质缺少约束或评判标准，难免会有有才无德的人"冒尖"，这实际上并不利于社会的发展。比如某些贪官污吏，虽然经过自己的奋斗，用优秀的工作能力取得了社会的认可，但因为没有守住道德底线而走入歧途，最终锒铛入狱，给社会造成了不良影响。

无论是"拔尖"还是"冒尖"，只要处理得当，都是发掘人才的方式。在选拔人才的过程中，我们只有将二者结合起来，才能真正地选拔出德才兼备的人才。⓬

❼ 从道理和事实两个方面论证观点。
❽ 阐述"冒尖"的含义。
❾ 道理论证。
❿ 事实论证。
⓫ 强调片面"冒尖"存在的问题。
⓬ 总结全文，深化中心。

本文辩证地看待了两种人才选拔的方式，指出二者都是社会所需要的，要做到二者有机结合。在论证的过程中，文章分别阐述了二者的含义、作用以及弊端，分析全面，结构整齐，层次清晰。本文的论证结构如下：

引论	本论	结论
人才选拔应该"拔尖"与"冒尖"并行	"拔尖"的含义和作用	无论是"拔尖"还是"冒尖"，只要处理得当，都是发掘人才的方式。在选拔人才的过程中，我们只有将二者结合起来，才能真正地选拔出德才兼备的人才
	"拔尖"的弊端	
	"冒尖"的含义和作用	
	"冒尖"的弊端	

三、关系分析法：A 和 B 之间存在什么关系？

所谓关系分析法，就是具体分析 A 和 B 之间的关系，分别论述只 A 不 B 和只 B 不 A 均不能圆满地解决问题，并在此基础上提出需将 A 和 B 结合起来。

根据下述材料，写一篇 700 字左右的论说文，题目自拟。

孟子曾引用阳虎的话："为富，不仁矣；为仁，不富矣。"（《孟子·滕文公上》）这段话表明了古人对当时社会上为富为仁现象的一种态度，以及对两者之间关系的一种思考。【199管综2015年真题】

1. 精准选择立意

材料中引用了古人对于"富"和"仁"的看法，联系到当今社会的现实情况，以"为富且为仁"立意为佳。考生写作时，应该具体地讨论二者之间相互影响的关系。注意：文章只描写一个方面，会被判定为跑题。

2. 全面解析范文

为富为仁，相辅相成❶

文／帅老师

孟子曾引用阳虎的话："为富，不仁矣；为仁，不富矣。"❷直至今天，"义利观"的讨论依然具有非常重要的现实意义。我认为，"仁"与"富"并不矛盾，二者应该良性互动，有机融合。❸

为仁可以致富，良好的道德修养是发展经济、积累财富的前提和基础。❹尤其是在现代社会，"为仁"是企业商誉的重要组成部分，是企业最重要的无形资产。举例来说，面对突发的自然灾害，以鸿星尔克、汇源、白象为代表的中国民营企业，以毁家纾难式的"野性捐款"积极履行社会责任，换来的是消费者对其品牌的高度认可，极大地提升了其品牌价值，直播间的"抢购风"也显著增加了其经济效益。❺由此可见，为仁可以致富。

为富可以成仁，充足的财富是奉献爱心、履行责任的条件与保证。❻"为富"为企业"为仁"提供了人力、物力、财力资源。以福耀集团为例，通过数十年的发展实践，其成为中国民营企业的领头羊，这也为其回报社会、履行社会责任提供了坚实的后盾，是其成为"中国首善"的物质支撑。❼所以说，为富可以成仁。

所以，我们必须开动脑筋，探索出路，促进"为富"与"为仁"紧密结合。❽中国的发展就是最好的例证。改革开放以来，我们脚踏实地搞建设，从"一穷二

❶ 题目直接表明自己的观点：为富与为仁并不矛盾，相反，二者是相辅相成的关系。

❷ 这句是对材料的概括，抓住了材料的关键词。

❸ 提出自己的观点，也就是全文的中心论点。

❹ 本文的第一个分论点，重点讨论"为仁"对"为富"的作用。

❺ 这个例子结合社会发展的实际情况，深入系统地论述了第一个分论点，非常具有代表性。

❻ 本文的第二个分论点，重点讨论"为富"对于"为仁"的意义和价值。结合第一个分论点，大家可以体会出全文的写作思路。

❼ 事实论证，以福耀集团为例，讨论"为富"对"为仁"的影响。

❽ 本文的第三个分论点，提出应该促进"为富"与"为仁"紧密结合。

白"到"万紫千红",实现了"富起来"。与此同时,我们积极履行社会责任,维护区域稳定与世界和平,为推动构建人类命运共同体做出卓越贡献。古老而又年轻的中国,用自己的发展践行着"为富"与"为仁"的有机融合。❾

综上所述,为仁可以致富,为富可以成仁。展望未来,我们一定要促进二者更好地融合,推进又好又快的发展。❿

❾ 此处以中国改革开放以来的发展作为证据,表明"为富"与"为仁"并不矛盾,可以相辅相成。

❿ 结尾在总结全文的基础之上展望未来,深化了文章主题。

本文以"为富"与"为仁"的关系为核心展开。在具体的论证过程中,首先开宗明义,指出二者相辅相成的关系;接下来,分析了二者的相互影响,证明了二者不但不矛盾,而且完全可以共存;最后结尾之处,总结全文,深化主题。本文的论证结构如下:

引论	本论	结论
"仁"与"富"并不矛盾,二者应该良性互动,有机融合	为仁可以致富,良好的道德修养是发展经济、积累财富的前提和基础	为仁可以致富,为富可以成仁。展望未来,我们一定要促进二者更好地融合,推进又好又快的发展
	为富可以成仁,充足的财富是奉献爱心、履行责任的条件与保证	
	所以,我们必须开动脑筋,探索出路,促进"为富"与"为仁"紧密结合	

● 四、真题示范:相马与赛马

2001年10月管理类综合能力考试论说文试题:

近些年来,新闻媒体经常报道公开招考公务员,乃至招考厅局级干部的消息,这同我国传统习惯中的"伯乐相马"似乎有了不同。

请以"相马""赛马"为话题,写一篇600字左右的议论文,题目自拟。

1. 题干解读及难度分析

本题难度中等,属于关系型论说文。注意:2013年后,管理类与经济类综合能力考试中,论说文写作的文体要求统一为论说文,不再出现议论文等其他文体。不过此题要求的议论文与论说文区别不大,故仍具有参考价值。

本题考查"相马"与"赛马"这两种不同的人才选拔方式的关系。考生要理解"相马""赛马"这两种选拔方式的含义。考生可以根据自己的观点,在支持一方法、评点双方法、关系分析法中选择一种方法表明自己对这二者的态度。

2. 参考立意角度

根据本讲的讲解，这一题目可以从以下三个角度切入：

①"相马"不如"赛马"，强调在当下的环境下，"赛马"是更为重要的。

②先分析"相马"和"赛马"各自的优点和缺点，然后提出二者要结合起来。

③分析"相马"与"赛马"的关系，如"赛马"是"相马"的基础，"相马"是"赛马"的保障等。

其他立意角度，言之成理，即可得分。

3. 范文点评

"相马"不如"赛马"

文／帅老师

近年来，新闻媒体经常报道公开招考新闻，这同我国"伯乐相马"的传统似乎有所不同。在我看来，通过竞争展示自己实力后获得提拔的"赛马"要优于通过领导赏识而获得提拔的"相马"。简言之，"相马"不如"赛马"。

一方面，"相马"不如"赛马"直观。人事招聘、干部任免首先要看的是个人能力的高低，而个人能力的高低是相对的。这样来看，通过竞争挑选出能力相对最高者就成了一个不错的选择。"赛马"既可以在过程中了解每个竞争者的性格特征，又可以从结果中看到他们的能力水平，自然能选出"好马"。反观"相马"，人才是否任用仅仅由领导来评判，带有浓厚的个人主观色彩。其能力评价来自领导的主观感受，无法做到细化与量化。对于这匹"马"的能力是否匹配当前岗位，众人是存疑的。

另一方面，"相马"不如"赛马"全面。在竞争中，竞争者们可能来自不同地区、不同领域，覆盖范围十分广泛。能在这样的竞争中脱颖而出的"马"，无一不是"良马"。同时竞争者的基数很大，也为产生"良马"提供了保障。反观"相马"，领导每天所面对的只是一个小圈子内的少数人，其评价人才时所参照的对象也都在这个小圈子内，这样来看未必能相中一匹适合当前岗位的"马"。即便有合适的人选，其各方面能力也未必能和在竞争中脱颖而出的人相比。

当然，提倡"赛马"需要有一定的基础。平等公正的竞争环境、量化合理的评比标准以及中肯理性的最终评价，是"赛马"的前提。只有做到这些，"赛马"才能发挥它应有的作用。

综上所述，"相马"不如"赛马"。在不断竞争的社会，人才只有不断努力，才有机会成为那匹脱颖而出的"千里马"！

本文采取"支持一方法"撰写：首先从"相马""赛马"两个方面入手，阐述"赛马"相对于"相马"的好处，认为"相马"不如"赛马"直观、全面；接着指出"赛马"需要一定的基础；最后总结全文，升华自己的观点。

"相马"与"赛马"相结合

文/帅老师

人才是立国之本、强国之基、兴国之要。那么，如何才能保证人才尽快地脱颖而出？我国目前的人才选拔方式主要有"相马"和"赛马"两种。

所谓"相马"，就是指通过内部考核、提拔、晋升来选拔人才。这种方式可以保证我们对人才进行多方位、多角度的考查，进而选拔出优秀的干部。比如我国各级公务员的晋升，都需要经过严格的筛选、考核、试用等程序，确保人尽其才。

但是，如果片面依靠"相马"选拔人才，就会造成"一人得道，鸡犬升天"和"一荣俱荣，一损俱损"的现象，导致人才选拔过程中出现"拉山头""搞宗派"等一系列"毒瘤"，不但制约了人才的成长，也阻碍了事业的发展。

所谓"赛马"，就是指通过公开招考选拔人才。与"相马"相比，"赛马"的选拔方式更加尊重客观事实，更加讲求公平、择优，既可以扩大人才的来源，也可以保证程序和制度的公平性。比如，历史上的"贞观之治"就跟唐太宗完善科举制度、广纳四海人才有直接关系。

然而，如果片面依赖"赛马"选拔人才，就容易使人才只注重分数，产生"唯分数论"的片面人才观，进而忽略思想品德、实践能力、论辩能力等综合素质的提升，从而导致"高分低能""有才无德"等现象出现。例如，其些贪官污吏能力出众，成绩突出，但是品德败坏，滋生了严重的腐败现象，严重地阻碍了社会的进步。

综上所述，作为人才选拔的方式，"相马"和"赛马"各有利弊，为了快速、精准地选拔优秀人才，我们必须将二者结合起来，这样才能合之双美，选拔出品学兼优、德才兼备的好干部。

本文采取"评点双方法"撰写。题干要求探讨"相马"与"赛马"两种不同的人才选拔方式，文章首段就直接引出了这两种方式。接下来的段落中，文章分别探讨了"相马"和"赛马"的利弊。在论证过程中，道理论据和事实论据相结合，使文章可信度较高。作者在全文的最后进行了总结，提出应该把两种人才选拔方式结合起来，这样才能选拔出优秀的人才。全文逻辑清晰，分析深入，对两种人才选拔方式都有比较系统的分析，难能可贵。

"相马"与"赛马"辩证统一

文／帅老师

人才是社会发展进步的基础，我国当下的人才选拔方式主要有"相马"和"赛马"两种。经过仔细的分析，我认为二者之间是密不可分的，社会的进步需要二者的有机融合。

第一，"赛马"是"相马"的基础。众所周知，"赛马"是人才初选的一个重要方式。通过大规模的"赛马"，我们可以直接从能力和素质两方面选拔出可供"相马"的人才。这样不但能够节约时间，而且能够保障"相马"的效率。我国的公务员考试制度，就是采取先"赛马"再"相马"的方式。这样，既保证了公平，又提高了效率。

第二，"相马"是"赛马"的保证。在"赛马"的过程中，有很多高分低能、有才无德的人会"蒙混过关"。每到这个时候，"相马"就成为选拔人才的一个重要保障。通过"相马"，我们可以保证在"赛马"中脱颖而出的人才在道德品质、思想水平等方面都是优秀的。只有这样，才能真正选拔出品学兼优，德才兼备的好干部。

所以，我们必须探索出一种方式，推动"相马"与"赛马"的有机融合。在选拔人才的过程中，我们要先"赛马"以试其才，再"相马"以观其德。唯有如此，才能真正地实现高效率的人才选拔，为我们事业的发展提供源源不断的人才。

综上所述，作为人才选拔的方式，"相马"和"赛马"是相辅相成且紧密联系的。所以在选拔人才的过程中，必须促进二者健康、均衡、协调、可持续发展。唯有如此，才能为我们的事业选拔出更多、更优秀的人才。

本文采取"关系分析法"撰写，具体讨论了"相马"与"赛马"这两种不同的人才选拔方式之间的关系，指出了"赛马"是"相马"的基础，"相马"是"赛马"的保证。此外，文章在分析二者关系的基础之上，提出了促进二者有机融合的方法。

评论型论说文虽然在历年考试中出现的次数不多，但是论说文三种题型中最难的一种。这类论说文的写作要求我们对题干所给的观点和事件进行价值判断，表明自己的态度，再根据自己的态度详细地阐明判断的理由。所以，这对考生的逻辑思维能力以及相关领域知识的掌握度的要求比较高。

参加经济类综合能力考试的考生一定要重视这一题型，因为在经济类综合能力考试中，论说文的命题老师往往会结合专业知识来命题，比如真题中曾出现的"是否要为穷人提供福利""是否要延迟退休"等话题，考生均需要结合经济学、管理学的知识进行分析。

关于评论型论说文，本讲将介绍三种写法，每种写法，我都会选择一道题进行详细的分析，并附有范文和点评。考生通过对这部分内容的学习，便可掌握评论型论说文的基本写法。

● 一、赞成原文法：I think so, why?

所谓赞成原文法，即同意材料的观点，然后具体阐述自己的理由，即为什么同意。这种写法要求考生完整、准确地理解材料所提供的观点，并表明自己的态度和理由。

根据下述内容，自拟题目，写一篇短文，评价丘吉尔的决策，说明如果你是决策者，在当时的情况下你会做出何种选择，并解释决策依据，700 字左右。

第二次世界大战期间，英国首相丘吉尔曾做出一个令他五内俱焚的决定。当时，盟军已经破译了德军的绝密通信密码，并由此得知德军下一个空袭目标是英国的一个城市考文垂。但是，一旦通知这个城市做出任何非正常的疏散和防备，都将引起德军的警觉，使破译密码之事暴露，从而丧失进一步了解德军重大秘密的机会。所以，丘吉尔反复权衡，最终下令，不对这个城市做任何非正常的提醒。结果，考文垂在这次空袭中一半被焚毁，上千人丧生。然而，通过这个密码，盟军了解到德军在几次重大战役中的兵力部署情况，制订了正确的应对策略，并取得了重大的军事胜利。【199 管综 2005 年 1 月真题】

1. 精准选择立意

材料给出了第二次世界大战期间，英国首相丘吉尔为了保证密码破译之事不被暴露而舍弃考文垂的例子，要求自拟题目，以评价丘吉尔的决策展开写作。写作时，我们应首先表明观点，再进行分析。

2. 全面解析范文

为丘吉尔的决策点赞

文 / 帅老师

在"二战"期间，英国首相丘吉尔做出了一项具有争议的决定：不对考文垂进行全面防空掩护，从而获取更多的敌方信息以进行更重要的战斗。这项决策引发了广泛的讨论，人们在同情考文垂的遭遇的同时也对战争策略产生了质疑。然而，从战略角度看，丘吉尔的决定是完全正确的。❶

首先，我们必须明白，有战争就一定有牺牲。在战争中，资源的有限性使得决策者必须在不同的目标之间做出选择。在这种情况下，为了实现更大的战略目标，有时必须承受一些必要的损失。对于丘吉尔来说，提醒考文垂的代价可能是"二战"的失败，这种代价是盟军无法承受的。❷

其次，我们需要对"牺牲"这个概念进行深入理解。在战争中，没有绝对的公平，只有相对的效益。一个决策可能会让某些地方或某些人承受巨大的损失，但这些损失可能给全局带来更大的效益。在这种情况下，我们不能仅仅关注局部的损失，而应从整体的角度看待决策的价值。❸

最后，历史也证明了丘吉尔的决策是正确的。考文垂虽然遭到了严重的轰炸，但这一代价换来的是盟军的重大军事胜利，并且这个城市在战后得以重建，成为英国的一个重要城市。与此同时，丘吉尔的决策使得英国在战争中保持了强大的抵抗力，最终成功地抵御了德国的进攻。这充分证明了在战争中做出牺牲的必要性和价值。❹

然而，我们也不能忽视这样一个问题：在战争中，对生命的尊重同样重要。对于考文垂的居民来说，他们遭受了巨大的损失和痛苦。然而，我们不能因为同情考文垂而忽视了更大的战略背景和决策的必要性。❺

总体来说，丘吉尔做出的关于考文垂的决策是具有争议性的，但考文垂的牺牲是必要的。战争中的决策往

❶ 开宗明义。

❷ 以经济学中理性人假设为切入点分析问题，这一点值得我们学习。

❸ 结合哲学"整体与部分"的原理分析"牺牲"的问题，非常具有说服力。

❹ 从必要性角度分析问题。

❺ 评价相关观点，力求公正客观。

往需要在公平与效益之间进行权衡。这一决策虽然对考
文垂不公平，但在战略层面上是有巨大价值的。

这篇论说文对"二战"期间丘吉尔的决策进行了深入的分析。作者通过阐述战争的残酷性、资源的有限性和决策的必要性，为丘吉尔的决策提供了有力的支持。文章不仅分析了决策背后的逻辑和战略考虑，还通过对历史事实的回顾，证明了这种牺牲是必要的。本文写作思路清晰，从战争现实出发，逐步深入分析决策的必要性。作者通过严密的逻辑推理和丰富的例证，使得文章具有很强的说服力。同时，作者对"牺牲"这个概念的探讨，也使得文章具有更广泛的启示意义。本文的论证结构如下：

引论	本论	结论
从战略角度看，丘吉尔的决定是完全正确的	我们必须明白，有战争就一定有牺牲	战争中的决策往往需要在公平与效益之间进行权衡。这一决策虽然对考文垂不公平，但在战略层面上是有巨大价值的
	我们需要对"牺牲"这个概念进行深入理解	
	历史也证明了丘吉尔的决策是正确的	
	我们不能因为同情考文垂而忽视了更大的战略背景和决策的必要性	

● 二、否定原文法：I don't agree, why?

什么叫否定原文法？就是先表明不同意材料中的观点，然后有理有据地反驳该观点。考生一定要注意，在反驳材料的过程中，观点一定要有说服力，这样才能真正地解决问题。

阅读下面的材料，并据此写一篇不少于600字的论说文，题目自拟。

近日有报道称，某教授颇喜穿金戴银，全身上下都是世界名牌，一块手表价值几十万，所有的衣服和鞋子都是专门定制的，造价不菲。他认为对"好东西"的喜爱没啥好掩饰的。"以前很多大学教授都很邋遢，有的人甚至几个月都不洗澡，现在时代变了，大学教授应多注意个人形象，不能太邋遢了。"【396经综2018年真题】

1. 精准选择立意

本文是开放性题目，考查考生对教授"穿金戴银"这一行为的看法。考生只要围绕这一行为发表正确的观点即可。参考立意主要有以下四种：

①树立正确的个人形象。

②讲究个人形象可以，但是不能过分"炫富"。

③探究教授这一职业应该树立怎样的"个人形象"。

④适当享受物质生活是可以的，但是过度物质化则不可取。

其余立意，只要在材料中心范围内，即可得分。

2. 全面解析范文

注意个人形象非要穿金戴银吗？

文／帅老师

新闻报道，某位教授喜欢穿金戴银，全身都是造价不菲的世界名牌。并且该教授还宣称自己此举只是在树立个人形象，其举动是无可厚非的。该教授的观点实在令人难以苟同。❶

第一，通过自己诚实、合法的劳动积累财富，提升自己的物质生活水平，这是我们共同追求的。但是，该教授穿金戴银、全身名牌的行为已经不是简单的"享受物质"，而是在"追求奢侈"。❷

第二，该教授强调"以前很多大学教授都很邋遢，有的人甚至几个月都不洗澡，现在时代变了，大学教授应多注意个人形象"。这种两极化的思维也是不可取的。诚然，以前确实有个别教授不注意自己的个人形象，但是，这并不意味着矫枉过正的"穿金戴银"就是合理的，这种非黑即白的思维，无非是为自己的拜金主义寻找借口，是难以成立的。❸

第三，作为一名大学教授，其使命主要为教书育人，通过传道授业解惑的方式为学生树立榜样，帮助他们成长。相比之下，个人形象则显得微不足道。尽管穿金戴银能够展示个人财富，但它无法传递知识、智慧与价值。被称为"扫地僧"的布鞋院士李小文，身穿布衣，脚踩布鞋，虽无穿金戴银之富，却以其深厚的学术造诣和高尚的人格魅力，成为学生心目中的楷模。简朴生活和卓越成就使他成为激励人们追求真理和崇高道德的典范。❹

总之，该教授的言行引发了我们对于个人形象的思考，我认为该教授的价值观是存在问题的，是不值得提倡的。正所谓"屈平词赋悬日月，楚王台榭空山丘"，追求物质生活远远不如追求精神生活高尚！

这篇论说文针对某教授关于"穿金戴银"的言论进行了深入剖析和批判，认为该教授的言行存在严重问题，即过度追求物质享受，忽视了个人形象的真正内涵。文章开宗明义，清晰明确地表达了自己的观点。本文的论证结构如下：

❶ 开宗明义。

❷ 这一段论证非常客观，详细地说明了"享受物质"可以，"追求奢侈"不值得提倡。

❸ 这一段借鉴论证有效性分析的写法反驳该教授的错误言论，非常具有说服力。

❹ 以李小文教授为例，说明大学教授应该如何树立个人形象。

引论	本论	结论
该教授的观点实在令人难以苟同	"享受物质"可以，"享受奢侈"不值得提倡	追求物质生活远远不如追求精神生活高尚
	"注重个人形象"的言论是为自己的拜金主义寻找借口	
	作为一名大学教授，其使命主要为教书育人，通过传道授业解惑的方式为学生树立榜样，帮助他们成长	

三、辩证折中法：情有可原，理实无据

所谓辩证折中法，即详细地分析材料中哪些观点是合理的，哪些观点是不合理的，并分别阐述理由。

根据以下材料，自拟题目，写一篇论说文，评价陶华碧女士的决策。可根据自己的经验、观察或阅读实际展开观点，全文 700 字左右。

"老干妈"自成立以来，17 年里营收增长 80 倍，在中国辣椒酱行业排名第一，占行业份额的 14.36%。2017 年，"老干妈"的营业收入为 45.49 亿元，同年纳税额达 7.55 亿元。但是"老干妈"始终坚持"不贷款、不融资、不上市"的企业经营准则，其创始人陶华碧女士说："上市那是欺骗人家的钱，有钱你就拿，把钱圈了，喊他来入股，到时候把钱吸走了，我来还债，我才不干呢。我打下的江山，我就把它做好、做专、做精，我有多大的能力就做多少事情。凭自己的真本事做事情，这样才活得有意义。自己打下一片天，才是真本事，才是有意义。"你是否同意这样的观点？

1. 精准选择立意

陶华碧女士的"上市那是欺骗人家的钱"这一言论，如果从"老干妈"公司的角度来看，是合理的；但是如果推而广之，很明显又是不合理的。在评价材料时，我们可从这一角度切入。

2. 全面解析范文

从"老干妈不上市"说起❶

文 / 帅老师

"老干妈"的创始人陶华碧女士曾经公开表示"上市那是欺骗人家的钱"，这一言论在网上引发了很大的争议，赞成者和反对者均有，经过仔细的分析，我认为，这一说法于"老干妈"而言是情有可原的，但对其他企业而言则是言而无据的。❷

首先，"老干妈"是具有鲜明个人色彩的创业公司。❸

❶ "从……说起"没有明确的褒贬，适合折中的写法。

❷ 实事求是的观点。

❸ 分论点对"老干妈"的分析非常深刻。

公司的管理、运行，都有陶华碧个人的烙印，如果引入资本，这些稍落后于时代的管理制度势必会造成领导层意见的分歧，进而引发公司的分裂乃至灭亡。乔布斯被自己一手创办的苹果公司驱逐便是前车之鉴。

其次，"老干妈"是具有核心品牌价值的食品公司。❹作为"辣椒酱"界的"杠把子"，"老干妈"的核心品牌价值就是其风味独特的秘制配方，而这一核心价值已十分完善，无须巨额资本支撑其继续研发。这一企业特色，也决定了这家公司即使不上市也能快速发展。

再次，"老干妈"是具有浓厚传承特色的家族公司。❺家族公司的特色是其基础为血缘关系，家族成员担任主要领导职务，以"家"的管理模式实施管理活动。"老干妈"是地道的家族公司，虽然在管理上有局限，但是在秘方传承、品牌保护等方面，具有无与伦比的优势。如果引入资本，势必会在管理模式、利益分配等方面冲击原有格局，得不偿失。

最后，"老干妈"的选择并不意味着"不上市"的抉择就是正确的。在现代经济社会，企业通过上市扩大规模、融合资本，实现跨越式发展的事例比比皆是。退一万步说，"老干妈"如果上市了，也有可能取得更大的成功。❻

总而言之，我不同意"老干妈"创始人的观点，但是表示理解。

❹ 同❸。
❺ 同❸。
❻ 这一点分析了反面意见，避免文章偏颇。

本文对材料的观点进行了公正的评价，认为这一说法于"老干妈"而言是情有可原的，但对其他企业而言则是言而无据的。本文的论证结构如下：

引论	本论	结论
这一说法于"老干妈"而言是情有可原的，但对其他企业而言则是言而无据的	"老干妈"是具有鲜明个人色彩的创业公司	我不同意"老干妈"创始人的观点，但是表示理解
	"老干妈"是具有核心品牌价值的食品公司	
	"老干妈"是具有浓厚传承特色的家族公司	
	"老干妈"的选择并不意味着"不上市"的抉择就是正确的	

四、真题示范：读经不如读史

2003 年 10 月管理类综合能力考试真题：

"读经不如读史。"

对上述观点进行分析，论述你同意或不同意这一观点的理由，可根据经验、观察或者阅读，用具体理由或实例佐证自己的观点。题目自拟，全文 500 字左右。

1. 题干解读及难度分析

本题难度较大，是管理类综合能力考试历年真题中最难的一题，不仅要求考生对中国传统文化中的四部分类法有一定的了解，而且要求考生对"读经不如读史"这一问题有一定的认识和理解。考生可以根据自己的阅读经验表明自己对这一观点的态度 —— 同意、不同意、折中。

2. 参考立意角度

考生应该抓住主旨信息"读经不如读史"这一判断，写作的角度主要有以下三种：

①赞成"读经不如读史"，从这一角度切入，阐述"读史"的好处。

②反对"读经不如读史"，论证"经"相对于"史"的优越性及意义。

③折中分析这一观点，说明"经"和"史"都应该读，都应该懂。

其他立意角度，言之成理，即可得分。

3. 范文点评

读经不如读史

文 / 帅老师

"经史子集"四部之学是中华文化的根基，是每个中国人都应该熟读、深思、力行的经典。但是，在如今这个大转弯、快节奏、高强度的时代，我认为"读经不如读史"，因为"读史"对我们当下有更大的实用价值。

首先，"读史"可以明智。阅读历史可以增长我们的智慧。"太阳底下没有新鲜事"，我们面临的所有困境，在某种意义上都可以看作历史的"复制"与"重演"。广泛地阅读历史，有助于我们汲取历史教训，积累类似经验，提高个人智慧。这是"读史"最直接的作用。

其次，"读史"可以明志。阅读历史可以明确我们的志向。苏轼年少时，熟读史书，当他阅读《后汉书·范滂传》时，被范滂的人格魅力所折服，立下了"男儿当如是"的志向。之后，终其一生，苏轼以范滂为标杆，坚守自己的志向，矢志不渝。可见，"读史"对个人立志影响巨大。

最后，"读史"可以明制。阅读历史可以完善我们的制度。制度的制定和完善，离不开我们对历史的传承和学习。汉承秦制，唐袭隋规，可以说汉唐盛世的出现正是源于其对历史的学习。这些"以人为本"的制度，也保证了我国五千年文化的传承。所以说，"读史"可以明制。

当然，必须指出的是，"读经"的意义和价值也非常大。十三经，煌煌巨典，承载着儒家文化的全部智慧，是中华民族的"圣经"。但是，在日新月异的今天，这种"涵养"的功夫，并非一朝一夕可以练就的。因此，在当下"读经不如读史"。

综上所述，"读经"和"读史"固然密不可分，无所谓孰优孰劣，但是在快节奏的当下，"读经不如读史"。

本文采用赞成原文的写法，同意材料的观点，具体论述了"读经不如读史"。文章在写作思路上，首先，开宗明义地表明"读经不如读史"；其次，分三个角度详细地阐述"读史"的重要意义；再次，收束话题，说明"读经"也具有意义和价值；最后，进行总结，再次点题 —— 读经不如读史。

谁说"读经不如读史"？

文／帅老师

"读经不如读史"这一说法自提出以来，一直饱受争议。我认为：这一说法是片面的，我们不但要"读经"，而且必须读通、读懂、读透。

什么是"经"？"经"指的是古代社会阐述政教见解、纲常伦理、处世哲学、道德规范等的经典书籍，主要包括儒家十三经及相关著作。其地位之尊崇，影响之深远，是其他任何典籍所无法比拟的。不但古代最高统治者从中寻找治国平天下的方针大计，而且臣民思想的规范、伦理道德的确立、民风民俗的导向，无一不依从这些经典。

为什么要"读经"？因为这是培养人生观、价值观的基础。朱熹曾经说过："为学之道，莫先于穷理。""读经"就是一个"穷理"的过程。"读经"可以增强理论修养，提升文化素质，形成正确的世界观、人生观、价值观，培养基本的明辨是非善恶的能力，养成良好的道德品质和行为规范，成为我们进一步发展的基础。

谁说"读经不如读史"？其实"读经"与"读史"并不矛盾，宋代李淑在《邯郸书目》一文中辨析"读经"与"读史"的味道称："读经味如稻粱，读史味如肴馔。"这句话将二者之间的关系阐述得非常清楚。中国有句话叫作"读经则根底厚，读史则事理明"，说的也是这个道理。贸然地强调"读经不如读史"是一种非常典型的非黑即白的说法，是难以成立的。

综上所述，经是中国古代文化的重要组成部分，代表了中国传统文化和思想的精髓。它不仅影响了中国古代文化的发展，也对中国当代文化产生了深远的影响。作为一名中国人，不但要"读经"，而且要多读、勤读、深读、细读。

本文不同意原文的观点，认为我们不但要"读经"，而且必须读通、读懂、读透，要多读、勤读、深读、细读。文章对"经"的含义以及要"读经"的原因进行了非常深刻的阐释。而且，文章第四段对"读经"与"读史"的关系也进行了比较深刻的论述。全文分析精辟，语言精准，值得学习。

经史兼通，道术相济

文／帅老师

"读经不如读史"是鲁迅先生为了反对民国时期"尊孔、崇儒、专经、复古"的逆流而提出的一个口号。时过境迁，时易世变，我认为"读经"和"读史"应该相结合。正所谓："先读经，后读史，则论事不谬于圣贤。既读史，复读经，则观书不徒为章句。"

"读经"是人生的基础课。煌煌十三经，六十四万多字，是中华民族古老智慧的结晶，是中华民族的道德规范和精神底色，是我们每个中国人都必须勤学、深思、力行的。其是"中国人之所以成为中国人"的学问，重要意义不言而喻。2008年奥运会期间，无数国人伴着慷慨激昂的缶声，大声吟诵着"有朋自远方来，不亦乐乎"，这就是经典在当下世界的回响！

"读史"是人生的必修课。二十四史记录了五千年的华夏文明，是华夏子孙的"创业史"，是中华民族成长的记录。熟悉历史，是我们的责任，也是我们的义务。通过学习历史，我们可以继往开来，更好地走下去。毛泽东同志一生酷爱历史，多次批阅二十四史，也正是因为无数次的批阅，他积累了丰富的经验，增长了智慧，带领中国人民走向独立和解放！

当然，我们也必须指出，在当下，无论是"读经"还是"读史"，都不能盲目地遵从教条主义，而应该结合实际情况，批判地继承，采取"扬弃"的态度，正确地对待这些宝贵的文化遗产。取其精华、弃其糟粕才是我们"读经""读史"的正确打开方式。

所以，鲁迅先生所说的"读经不如读史"是具有时代意义的，但在当下，我们既要"读经"，也要"读史"。

文章认为时过境迁，我们不能再坚持"读经不如读史"的观点，而应提倡将"读经"和"读史"相结合，既要"读经"，也要"读史"。全文有理有据，而且对"读经""读史"的分析都十分深入，语言也十分精练，值得我们学习。

第十七讲 ||| 论说文真题选讲与阅卷示范

在论说文写作的复习过程中，考生经常会出现一个问题：在审题立意时，考生能够选出符合材料的观点，但在具体动笔的过程中，往往会因为思路不畅、结构不顺、积累不够而难以写出符合自己预期的文章；或者是考生在听老师讲解、看范文时能够跟上节奏并听懂、看懂，但是自己动笔时往往很难写出令自己满意的文章。

本讲将以 2016 年管理类综合能力考试论说文真题为例，结合考场上不同类型、不同分数的文章，深入分析论说文的写作方法和阅卷的评分标准。

根据下述材料，写一篇 700 字左右的论说文，题目自拟。

亚里士多德说："城邦的本质在于多样性，而不在于一致性。……无论是家庭还是城邦，它们的内部都有着一定的一致性。不然的话，它们是不可能组建起来的。但这种一致性是有一定限度的。……同一种声音无法实现和谐，同一个音阶也无法组成旋律。城邦也是如此，它是一个多面体。人们只能通过教育使存在着各种差异的公民统一起来组成一个共同体。"

本题是关系型论说文，难度较大。材料给出了一段亚里士多德的论述，其论述层次复杂，涉及城邦管理中"多样性"与"一致性"的关系，并借此引出了教育的重要作用。考生需要从这些角度中选择一个作为切入点，撰写文章。立意可以从以下三个方面入手：

①要尊重多样性，多样性可以构成和谐的有机统一体。

②要注重多样性和一致性并存，注意和而不同。

③要重视教育。

● 一、一类卷范文分析

周而不比，和而不同❶

亚里士多德认为，人们只能通过教育使城邦内部的"多样性"统一起来，组成一个具有"一致性"的共同体。❷古圣先贤的教育启示我们：要通过教育构建一个"周而不比，和而不同"的和谐社会。❸

想要构建和谐社会，必须学会尊重差异性。❹西方谚语说："世界上没有两片一样的叶子。"❺万事万物都是独一无二的，都值得我们尊重。例如，我国有五十六个民族，各民族在历史、文化、饮食、风俗等方面千差

❶ 引用《论语》的经典名句作为文章标题，高度概括了材料的核心。

❷ 概括原文，将教育、城邦、多样性、一致性四个关键词以及它们之间的关系用一句话概括，非常简练。

❸ 中心论点，照应开头。

❹ 分论点 1。

❺ 道理论证，增强观点的说服力。

万别，在这个统一的多民族大家庭中，我们尊重各民族的习惯，建立了团结、和谐、共同发展的新型民族关系。❻这也启示着我们，尊重差异性是构建和谐社会的基础。

想要构建和谐社会，必须学会尊重一致性。❼正所谓"家有千口，主事一人"。在尊重各民族的风俗习惯差异的同时，也要遵循同一原则——我们同属于中华人民共和国，我们的使命和责任就是维护民族团结，促进民族繁荣，进而推动国家富强、民族复兴。这个根本使命、根本目标的一致性，绝不可动摇。

想要构建和谐社会，必须学会利用教育统一社会思想。❽在构建和谐社会的过程中，教育能起到"随风潜入夜，润物细无声"的作用。良好的教育是提高公民素质和觉悟的重要保障。以民族关系为例，我国在基础教育和高等教育阶段，对党和政府的民族政策进行了大量的宣传，以便这些符合人民群众根本利益的好政策深入人心。❾这也保证了思想上的统一和实践上的一致，有利于各民族人民团结在一起。

构建和谐社会并非一朝一夕之功，在构建"和而不同"的和谐社会的过程中，注重差异性和一致性、利用教育统一思想等都需要我们仔细分析、考量，并不断推进。唯有如此，才能真正实现亚里士多德所说的"组成一个共同体"！❿

❻ 结合实际情况，论证观点。

❼ 分论点2。

❽ 分论点3。

❾ 照应上文中的民族关系问题。

❿ 照应上文。

本文属于一类卷。那么，这篇文章为何能成为一类卷呢？我们从考试大纲要求的六个方面进行分析。

（1）**思想健康**：这篇文章以我国的民族政策宣传为例，阐述了"教育可以让人达到和而不同的境界"这一观点。

（2）**观点明确**：文章开头十分明确地提出了自己的观点——要通过教育将"多样性"统一起来，组成一个具有"一致性"的和谐社会。全文都紧密地围绕着这一观点展开。

（3）**论据充足**：全文广泛地征引了我国作为统一的多民族国家的事实，并大量地分析了我国的民族政策，论据十分充足。

（4）**论证严密**：全文论证十分严密，每次在援引论据之后，都对所援引的材料进行了缜密的分析和说明。

（5）**结构合理**：全文采用"总—分—总"的结构模式，先提出观点，再用三个分论点分别论述，最后总结。

（6）**语言流畅**：文章语言流畅，记叙有序，论述有力，语言平实却不失文采，具有很强的说服力。

二、二类卷范文分析

多样与一致并存❶

当今社会的发展离不开多样性和一致性，同一种声音无法实现和谐，同一个音符无法组成旋律。只有在多样性中寻找统一，才能更好地发展。❷

社会需要多样性。亚里士多德曾说，城邦的本质在于多样性，多样性的统一则造就了社会的和谐。处于同一社会的不同国家和民族都具有它们各自的特点，有些国家和民族在社会发展的道路上也各有特点。中国有 56 个民族，每个民族都有它们各自的特点，这些特点体现了中华民族文化的多样性。❸每一种文化都有其存在的价值，将不同的音阶组合才能创造最美的旋律。

社会需要一致性。亚里士多德曾说，无论是家庭还是城邦，它们的内部都有着一定的一致性。如果没有一致性，只有多样性，那么就是一盘散沙，事物也会分崩离析。事物作为一个整体，就一定具有一定的一致性。整体由要素和部分构成，但整体绝不是要素加部分这么简单。只有具有一致性，要素和部分才能组建成一个整体。❹当今社会正是通过教育将存在差异的公民统一起来组成的共同体。

社会需要多样性的统一。家庭多样性的统一就是尽管父母与孩子的观念、个性不同，但他们都是为了这个家庭好。企业多样性的统一就是尽管各员工所在的部门、岗位不同，但他们都有着同一个目的：把企业做好。国家多样性的统一就是尽管人们的民族、文化、地域存在着差异，但他们都是中国的一分子，都有着同一个想法：希望国家繁荣昌盛。❺

❶ 以多样性和一致性为中心，但未提及教育，未完全贴合主题。

❷ 对材料的概括稍显简单。

❸ 同样是以民族关系问题为例，与一类卷对比，便可以看出差距。

❹ 本句跑题，整体和部分的关系与一致性和多样性的关系在哲学上不属于一个范畴。

❺ 这段论述过于空泛，没有落到实处，且语言不够书面化。

"路漫漫其修远兮，吾将上下而求索。"社会的治理并非一朝一夕之功，需要我们不断摸索前进，而在这个过程中，协调好多样性和一致性的关系是重中之重。唯有如此，才能真正实现和谐社会的目标。

本文属于二类卷。文章的审题、立意、思路、结构框架尚可，也充分表达了观点。但是，在具体的论述上稍显空泛。论述皆为不切实际的空话，未与论点和材料很好地结合。

三、三类卷文章分析

教育的重要意义❶

亚里士多德的论述体现了这样一个道理：只有教育才能将一致性和多样性结合起来。因此，在日常生活中，一定要重视教育。

什么是教育？❷教育就是对学生、大众进行知识的传授，这是社会进步的根本。一个国家要想发展，便离不开教育。离开教育谈发展是完全不可能的。只有真正地重视教育，才能切实地提高国家的实力。❸

为什么要重视教育？因为当前是知识的时代。如果全民不识字，都是文盲，❹必然会影响社会的进步和综合国力的提高。这样的话，国家就会落后于整个时代，难以强国，最终被他国侵犯，甚至出现亡国的可能。

怎样重视教育呢？需要从以下几个方面入手。首先，国家要增加教育投入，兴建大学，培养更多的人才。其次，人民群众要重视教育，完成九年义务教育。上不起大学的人，可以申请助学贷款，不能辍学。最后，积极学习美国等国家的经验，派遣留学生向他们学习先进的技术。❺

综上所述，教育是重要的，是我们必须重视的，只有这样才能真正地强国，实现伟大复兴的中国梦。也唯有如此，英特纳雄耐尔才会实现！❻

❶ 讨论教育的重要意义，未跑题。
❷ 本文采用"是什么—为什么—怎么样"的展开方法。但问题是，"什么是教育"还需要解释吗？谁会不知道呢？
❸ 这是论证吗？这不就是车轱辘话来回说吗？正话反说，反话正说，翻来覆去都是一个意思。
❹ 不重视教育不等于全民不识字。
❺ 这三条措施勉强可以成立，但是表述过于口语化。
❻ 这句话写在这里非常不恰当。此处引用内容与文章不协调。

本文属于三类卷。文章的立意准确，结构框架尚可，但是具有明显的缺陷：①不会论述，只会用苍白无力的语言表达基本观点；②语言过于口语化，严重削弱了说服力；③思路和框架套用模板，过于生硬。

● 四、四类卷错误分析

尊重多样性 ❶

同一种声音无法实现和谐，同一个音阶无法组成旋律。亚里士多德告诉我们，无论什么时代，重视多样性永远都是主题。❷尊重并保证多样性是一个民族兴旺发达的不竭动力。❸因此，我们尊重、保证多样性方能追求卓越。

个人需要尊重多样性。❹每个人的潜力、才能都是不一样的，有的人善文，有的人善武，但无论是重文轻武还是重武轻文都是可取的。孔子曾说"因材施教"，人是多样的，只有充分尊重人的不同，才能激发每个人的潜能。而孔子显然做到了这一点，他以超然的远见根据弟子的性格进行分类培养，使得门下弟子贤能辈出，孔子最终也成了一位伟大的教育家。近代艺术家梅兰芳，身为中国古代传统艺术的传承人，不拘泥于一成不变的古板京剧，而是尊重文化多样性，将西洋舞蹈引入京剧，勤学苦练，自成一家，终成一代不朽传奇。❺所以，个人需要尊重多样性，这是突破自我的源泉。

企业需要尊重多样性。不尊重多样性的企业是在故步自封，无异于井底之蛙。中国国产汽车品牌长城公司，在其旗下品牌哈弗系列取得巨大成功后，并没有自高自大，而是充分理性地分析市场，尊重不同的市场需求，盯紧国产豪华品牌汽车这一市场空缺，推出国产豪华汽车 WEY。这一产品的推出无疑提高了国内民众对国产品牌的认知度，显现了中国创造的非凡力量。国外的宝洁与沃尔玛，这两家公司确定了"供应量协同管理模式"，对自己的劳动分配、市场情况有更直观的认识，并使得双方均可从中受益，这难道不是两家公司充分尊重市场多样性，从竞争走向合作的成果吗？❻

"雄关漫道真如铁，而今迈步从头越。"无论是个人还是企业都要尊重多样性，只有尊重多样性，才能追求卓越，实现共赢。❼

❶ 文章偏题，只涉及多样性，很难拿到高分。

❷ 对亚里士多德的观点的概括过于片面。

❸ 套用明显，非常生硬。

❹ "个人－企业－（国家）"是一种非常好的写作逻辑，但因其在考场中出现的频率过高，不建议采用。

❺ 孔子、梅兰芳这两个例子能够成立，但是没有与材料中亚里士多德有关城邦治理的观点联系起来。

❻ 举例与中心论点不符。

❼ 模板化严重，此文极易被判定为模板卷。

本文属于四类卷。首先，文章套用明显，是典型的套路化、模板化作文。其次，文章对案例的使用仅仅是简单的罗列，且严重偏离主题。最后，文章行文较为稚嫩。

● 五、五类卷错误分析

师夷长技以制夷❶

亚里士多德的说法说明了构建和谐社会的重要意义。我们要想进一步发展，一定要贯彻亚里士多德的主张。这也是我们学习西方文化❷的重要原因。

但是，我们也不能相信❸亚里士多德的说法，因为我们要辩证地看待问题。不能迷信西方说法，要有独立的思考。要学会批判性地继承——"取其精华，去其糟粕"，吸取里面的精华为自己所用，丢弃不好的并且在此基础上发扬光大。❹

这就是学习辩证法的重要意义，它可以让我们更好、更准确、更全面地认识问题。不管是对待亚里士多德的观点，还是对待西方文化，我们都要有这样的态度。

泱泱中华五千年文明，造就了老子、孔子等巨匠，他们的思想十分伟大、深邃。相对于亚里士多德的"政治学"，我们"以民为本"的仁学是更加伟大的。所以，我们在学习西方文化的同时，也要重视对中华文化的学习。❺

掌握了中华文化，才能有信心、有定力去更好地学习西方文化。这是我们努力的方向，也是我们文化自信的来源。

怎样看待西方文化？这是一个值得深思的问题。❻我们必须结合实际情况，实事求是，不讲假话、大话、空话、虚话，❼牢记空谈误国、实干兴邦的经验。只有这样，才能辩证地学习西方文化，并使其为我所用，促进我们的发展。

晚清第一人，中国最清醒的官吏——李鸿章❽曾

❶ 题目大而不当。
❷ 与西方文化强行联系，行文逻辑混乱。
❸ "不能相信"与前文的"贯彻"矛盾。
❹ 需点明何为精华，何为糟粕。
❺ 老子、孔子和题目、上下文没有联系。
❻ 接下来需要具体写出深思的内容。
❼ 啰唆，改为：避免"假大空"。
❽ 对历史人物定位不准确。

说，我们要"师夷长技以制夷"——我不怕他，要让他怕我！⑨这才是我们对待西方文化的正确态度！

只要我们"师夷长技以制夷"，中华文化必将光芒万丈，我们伟大复兴的中国梦才能真正实现！⑩

本文完全不符合考试要求，属于五类卷。

⑨ 编造名人名言。

⑩ 严重跑题。

第十八讲 ||| 论说文模拟训练与热点预测[1]

● 一、调查研究与解决问题

根据下列材料，写一篇 700 字左右的论说文，题目自拟。

毛泽东同志在《反对本本主义》中说："调查就像'十月怀胎'，而解决问题就像'一朝分娩'。"这高度概括了"调查研究"和"解决问题"之间的辩证关系。

本题可以从多个角度进行立意，深入探讨"调查研究"与"解决问题"之间的辩证关系及其重要性。以下是一些可以参考的立意角度：

①实践出真知：强调调查研究是获知真实情况、发现问题的关键步骤，正如十月怀胎般需要足够的耐心与细致。只有深入一线、亲身体验，才能孕育出解决问题的真知灼见，最终有效解决问题，这正如一朝分娩般带来新的生命和希望。

②方法论：将调查研究视为科学决策的前提和基础，指出没有充分的调查研究，决策就容易脱离实际，难以达到预期效果。一旦通过深入的调查研究把握了问题的本质和规律，解决问题就会如同十月怀胎后的分娩般水到渠成。

其他立意角度，言之成理，即可得分。

"十月怀胎"与"一朝分娩"

文/帅老师

"调查就像'十月怀胎'，而解决问题就像'一朝分娩'。"毛泽东同志这一生动的比喻形象地阐明了调查研究和解决问题之间的辩证关系。这也为我们当下推动高质量的发展提供了指导方向与根本遵循。

"十月怀胎"是"一朝分娩"的基础。唯物辩证法启示我们，实践是我们认识世界、掌握规律、解决问题的前提。在当今这个高速发展的社会，事物的发展规律是极其复杂的，仅凭纸上谈兵注定会失败，只有真正俯下身去才能摸索出规律。疫情之下，世界各国经济普遍表现出疲软态势。对于这样的局面，中国政府直面问题，分析矛盾，剖析原因，通过实事求是的调查研究，制定了切实可行的经济发展策略，为经济又好又快发展奠定了坚实基础。由此可见，想要解决问题，必须进行调查研究。

1　本讲中部分范文超出论说文规定字数，其目的是为考生在日常训练时提供更多的写作素材与思路，以便大家参考借鉴。考试时请大家按题目要求作答。

"一朝分娩"是"十月怀胎"的目的。在我们的工作中，调查研究只是手段，解决问题才是真正的目的。只有坚持问题导向的原则，才能确保调查研究的效率。否则，调查就会如无头苍蝇般四处乱窜，不但浪费大量的人力、物力、财力，还会严重阻碍我们事业的发展和进步。在实际工作中，极个别领导干部因为缺乏问题意识，解决问题的方式只停留在填表格、做PPT、写报告等表面形式，严重背离调查研究的初衷，最终受到党纪国法的制裁。前车之鉴启示我们，进行调查研究时，必须坚持问题导向。

习近平主席指出："调查研究是谋事之基、成事之道，没有调查就没有发言权，没有调查就没有决策权。"当今世界正处于百年未有之大变局，人类社会正面临着前所未有的挑战。此时，该如何回答世界之问、人民之问、时代之问？其答案是，我们必须坚持问题导向，开展有针对性的调查研究，推动"十月怀胎"与"一朝分娩"的良性互动。唯有如此，我们才能务实、高效地找出解决问题的方法，推动我们的事业不断前进。

● 二、"蜀鸡"的教训

根据下列材料，结合企业管理，写一篇700字左右的论说文，题目自拟。

人养蜀鸡，有群雏周围鸣。鹰过其上，蜀鸡遽翼诸雏，鹰不得捕，遂去。俄顷有乌来，蜀鸡与之上下，甚驯，遂共处。某日，乌忽衔其雏飞，蜀鸡仰视怅然，悔其所为。

这则故事蕴含了多个深刻的寓意，我们可以从不同角度进行立意：

①警惕性与信任：蜀鸡因轻易信任乌鸦而失去雏鸡，这警示我们在人际交往中应保持适度的警惕，不可轻信他人，尤其是初次相识者。

②判断风险与决策：蜀鸡未能准确判断乌鸦的危险性，导致悲剧发生。这提醒我们在面对风险时，应增强判断力，做出明智的决策。

③表面现象与本质：乌鸦初时表现得十分驯服，实则暗藏祸心，这说明不能仅凭表面现象评价人或事，还需深入了解其本质。

其他立意角度，言之成理，即可得分。

攻坚克难，遏渐防萌

文/帅老师

蜀鸡成功抵御了雄鹰的"猛攻"，却败给了恶乌的"智取"。这对我们开展企业管理有着非常重要的启示意义。在企业发展过程中，我们必须谨慎应对各种风险，让"灰犀牛"跑不动，让"黑天鹅"飞不起。

雄鹰的"猛攻"就是"灰犀牛"型风险。这类风险的发生概率大、可预见性强、危害深远。面对这类风险，我们必须时刻提防，并提高自己应对风险的能力。蜀鸡"遽翼诸雏"力战强敌的行为就给我们做了一个很好的示范。在企业管理过程中，我们也时刻面临这样的风险，因此必须提前识别风险，做好应对风险的准备，以真正做到化险为夷。

恶乌的"智取"就是"黑天鹅"型风险。这类风险的发生概率小、可预见性差、破坏力极大。面对这类风险，我们必须密切监控，并提高自己识别风险的能力。蜀鸡"与乌共处"致使"乌忽衔其雏飞"就是我们的前车之鉴。在企业管理过程中，我们要时刻警惕这些"恶乌"，真正做到治病于未发，防患于未然。

因此，企业的发展一定要有两手准备，既要有战胜"雄鹰"的能力，也要有识别"恶乌"的方法。当今世界，逆全球主义、单边主义、霸权主义、贸易保护主义此起彼伏，企业发展面临着前所未有的挑战，因此必须增强风险管理意识。华为的发展经历就很好地证明了这一点。面对美国的制裁，华为既有不畏强敌的勇气，也有化解风险的高招，破釜沉舟，卧薪尝胆，最终成功登峰。由此可见，风险管理对企业来说至关重要。

综上所述，在企业管理过程中，我们既要防范"灰犀牛"事件，也要高度警惕"黑天鹅"事件；既要有防范风险的先手，也要有应对和化解风险的高招；既要打好防范和抵御风险的有准备之战，也要打好化险为夷、转危为机的战略主动战。

贡真绌伪，遏渐防萌

文/帅老师

蜀鸡可以战胜强攻的"雄鹰"，却难以识别智取的"恶乌"。这对企业管理有着非常重要的启示：夫祸患常积于忽微，而智勇多困于所溺。企业想要取得长远发展，必须贡真绌伪，遏渐防萌。

企业必须有抵抗"雄鹰"的实力。企业管理中有句俗语："风险不请自到，意外说来就来。"可以毫不夸张地说，企业管理过程就是抵御风险、防止意外发生的过程。只有真正抓好这个"牛鼻子"，企业才能确保行稳致远。华为的发展历程就为企业抵抗"雄鹰"做出了表率。无论面对何种情况，华为都坚持"头不能低，腰不能弯，腿不能抖"的精神，以实干和创新抵御美国的无理制裁和粗暴干涉，蛰伏三载，不鸣则已，一鸣惊人！正如诗中所言："雪压枝头低，虽低不着泥。一朝红日出，依旧与天齐！"由此可见，抵抗"雄鹰"的实力是企业发展的核心技能。

企业必须有识别"恶乌"的智慧。古人云："祸几始作，当杜其萌；疾证方形，当绝其根。""防患于未然，治病于未发"永远是企业管理的最高境界。在企业管理过程中，很多风险源都是具有隐蔽性的，管理者必须了解风险、识别风险，进而防范风险、化解风险。后疫情时代，经济发展呈现出"放缓"的趋势，中国民营企业却能够百花齐放，原因何在？

这是由于广大民营企业的管理者准确预判了风险，制订出符合市场发展规律的营销策略和做出符合消费者习惯的产品，以优质的产品、新颖的营销手段等打开了一片新天地。所以说，识别"恶鸟"的智慧是使企业发展的关键能力。

习近平总书记指出："既要有防范风险的先手，也要有应对和化解风险挑战的高招。"这为当下企业的风险管理提供了重要指示。我们既要有抵抗"雄鹰"的实力，也要有识别"恶鸟"的智慧，唯有如此，才能真正实现企业发展的行稳致远。

三、互联网经济与实体经济

有人认为："互联网正在深刻地影响着实体经济的传统组织模式，平台化组织、网络化协作、众包众创等新型组织模式已经出现，企业的管理、组织和资源整合能力极大增强。另外，平台化组织、网络化管理带来的零边际成本效应，正在颠覆企业金字塔型的管理模式，让企业管理走向网状化和扁平化，企业的市场响应能力和决策能力大幅提高，一线员工的创造潜力得到极大挖掘。"有人却不以为然。

请以"互联网经济与实体经济"为话题，写一篇700字左右的论说文，题目自拟。

材料先介绍了互联网经济的意义，同时谈到了互联网经济对实体经济的变革与升级的影响。题干中明确了以"互联网经济与实体经济"为话题，因此，在写作时，我们应围绕这一话题展开，可以在分别探讨了互联网经济与实体经济在发展过程中的优势和劣势后，提出要将二者结合起来，促进经济健康发展。

互联网经济与实体经济的关系

文／帅老师

经济发展是国计民生关键中的关键，重点中的重点。那么，如何才能促进经济又好又快发展呢？当下社会存在两种经济运行模式，即互联网经济与实体经济。

所谓互联网经济，就是依托于互联网所形成的经济形态，它实现了社会资源的有效整合，使企业管理走向网状化和扁平化。与此同时，互联网经济为人们创造了高效、便捷的生活方式。所以，做好做优互联网经济有利于推动产业结构更新换代，促进经济多元化发展。

然而，单纯依靠互联网经济而不重视实体经济，就可能导致经济泡沫破裂和资金链条断裂，从而可能爆发危机。例如，共享单车利用押金进行集资，虽然短时间内利益可观，但是风险是无法规避的，多家企业一夜之间因资金链断裂而不得不宣布破产。由此可见，互联网经济只有与实体经济结合才能健康发展。

所谓实体经济，通常是指传统三级产业部门，这是区域及国家经济强大的根基，也是满足人民美好生活需要的主要依靠。以"复兴号"为例，其整体设计以及车体、转向架、牵引、制动、网络等关键技术皆由中国自主研发。从"和谐"迈向"复兴"，高铁飞奔的速度体现着我们民族腾飞的速度。做大做强实体经济有助于提高综合国力，奠定经济基础。

但是，若片面强调实体经济，而忽视互联网经济，将导致国家缺乏创新型和高效型企业模式，阻碍经济快速发展。互联网经济作为新时代的重要驱动力，能够促进信息的高效流通与优化资源的配置，催生出一系列创新型和高效型企业模式。若过分偏重实体经济，而忽视互联网经济的潜力，国家将错失这一关键领域的发展机遇，进而可能导致经济结构僵化，创新动力不足。因此，必须实现实体经济与互联网经济的有机融合，才能充分发挥两者的优势，推动国家经济持续、快速、健康发展，迈向更高水平。

一国经济的稳定离不开互联网经济和实体经济的共同发展。因此，在经济运行过程中，应分别发挥这两种模式的特点和作用，兼二者之长，补二者之短，使其相辅相成，相得益彰。

四、时势与英雄

根据下列材料，写一篇 700 字左右的论说文，题目自拟。

每一个社会时代都需要有自己的伟大人物，如果没有这样的人物，它就要创造出这样的人物来。

本题立意可从以下几个角度切入：

①时代需求与英雄诞生：探讨时代如何因发展需求而催生出伟大人物，这些人物又如何回应时代的呼唤，成为引领变革的力量。

②英雄与时代的相互作用：分析英雄如何塑造时代精神，时代又如何塑造英雄形象，并阐述两者相互依存、相互影响的关系。

③个人奋斗与时代机遇：讨论个人如何通过不懈努力实现自我价值，并在特定的时代背景下成为伟大人物，强调个人努力与时代机遇的结合。

其他立意角度，言之成理，即可得分。

时势造英雄

文/帅老师

"每一个社会时代都需要有自己的伟大人物，如果没有这样的人物，它就要创造出这样的人物来。"马克思的话从历史唯物主义的角度为我们论证了这样一个真理：时势造英雄。

首先，时势召唤英雄。习近平总书记指出："每一代人有每一代人的长征路，每一代人都要走好自己的长征路。"这句话深刻地说明了这个道理。1840年后，中国面临"三千年未有之大变局"，为了拯救民族危亡，中国共产党人挺身而出，经过北伐战争、土地革命战争、抗日战争、解放战争，推翻三座大山，建立了人民当家作主的中华人民共和国，实现了民族独立、人民解放。

其次，时势锻炼英雄。正所谓"千淘万漉虽辛苦，吹尽狂沙始到金"，英雄的成长离不开时势的锻炼。英雄人物必须担重任、挑大梁、当尖兵、过难关，在时势的大风大浪中检验自己的高水平、真本领和硬功夫。"沙场之花"袁远、"雪域雄鹰"周宇锋、"草原战狼"满广志、"雷达兵王"刘卫民、"冰花男神"张书辉，这些人物正是在时势的锻炼下逐渐成长起来的。

最后，时势检验英雄。古诗有云"试玉要烧三日满，辨材须待七年期"，英雄需要接受时势的检验。面对时势的惊涛骇浪，黄旭华潜心钻研，荒岛求索，积蓄着无穷的力量，铸造大国重器，维护国家核心利益，六十多年如一日地为中国核潜艇事业竭力奉献。以身许国，誓干惊天动地事；潜心研究，甘做隐姓埋名人。黄旭华经受住了时代的检验。

沧海横流，方显英雄本色；风高浪急，更见砥柱精神。身处风云激荡的伟大时代，我们一定要不断奋斗，书写属于我们自己的英雄神话。

五、知识就是力量

根据下列材料，写一篇700字左右的论说文，题目自拟。

20世纪初，福特公司的一台电机出了毛病，公司调来大批检修工人反复检修，又请了许多专家来查看，可怎么也找不到问题出在哪儿。有人提议去请求著名的物理学家、电机专家斯坦门茨帮助。

斯坦门茨要了一张席子铺在电机旁，聚精会神地听了3天，然后又要了梯子，爬上爬下忙了多时，最后在电机的一个部位用粉笔画了一条线，写下了"这里的线圈多绕了16圈"。人们在画线处减少绕线圈数，令人惊异的是，故障竟然排除了！生产立刻恢复了！

福特公司经理问斯坦门茨要多少酬金，斯坦门茨说："不多，1万美元。"当时福特公司最著名的薪酬口号就是"月薪5美元"，这在当时是很高的工资待遇。1万美元是一个普通职员100多年的收入总和。

斯坦门茨看大家迷惑不解，转身开了个账单：画一条线，1美元；知道在哪儿画线，9 999美元。

本题立意可从以下几个角度切入：

①专业知识的价值：斯坦门茨凭借其深厚的专业知识解决了难题，强调在专业领域深耕细作的重要性。

②经验与智慧：3天的倾听与观察，是斯坦门茨多年经验的积累与智慧的体现，启示我们要重视实践积累。

③创新思维：面对无法用常规方法解决的问题，斯坦门茨提供了独特的视角，激励我们跳出常规思维框架。

④精准定位的价值：简单地画一条线的背后，是斯坦门茨对问题的精准定位，体现了其对细节的极致追求。

其他立意角度，言之成理，即可得分。

知识就是力量

文／帅老师

"画一条线，1美元；知道在哪儿画线，9 999美元。"斯坦门茨这份略显"凡尔赛"的账单启示我们：知识就是力量。

知识是追求人生价值的力量。马克思认为，"科学绝不是一种自私自利的享乐，有幸能够致力于科学研究的人，首先应该拿自己的学识为人类服务"。茅以升要为中国人民造世界上最好的桥，孙家栋把国家航天事业的需要作为自己的追求，他们的理想源自对国家和个人关系的正确认识，他们的选择体现了我国科学家爱国奉献、追求真理的优良传统。

知识是推动社会进步的力量。知识是认识世界、改造世界的有力工具，是社会前进的重要动力。社会生产力的每一次飞跃，都离不开知识的推动。特别是工业革命以来，机器的发明、工艺的改进、劳动者素质的提高、管理水平的提升，知识的作用日益充分体现。据经济史学家麦迪森估算，2008年的世界平均劳动生产率相当于1700年的12.4倍。

知识是振兴中华、造福人民的力量。科技是国家强盛之基，创新是民族进步之魂。世界历史实际上是一部不同国家、不同民族相互学习、相互追赶的历史，重大关头，谁掌握了先进知识和先进技术，谁就能在竞争中脱颖而出。新一轮科技革命和产业变革正在兴起，大数据、云计算、3D打印、人工智能等新技术不断涌现。我们要实现"两个一百年"的奋斗目标和中华民族伟大复兴的中国梦，必须依靠科技创新、教育创新、人才创新，抓住这一轮世界科技革命的机遇，抢占经济科技竞争的制高点。

知识是如此重要、如此巨大的力量，从个人到社会再到国家都要重视知识，形成学习知识、应用知识、发现知识、创造知识的良好风尚。同时，我们也要看到知识的双重性特征，坚持理论联系实际，在实践中检验知识、更新知识、发展知识、驾驭知识，让知识造福人民，真正成为有益于人生、有益于人民、有益于社会、有益于国家的正能量。

六、向上走，成为唯一的光！

根据下列材料，写一篇700字左右的论说文，题目自拟。

愿中国青年都摆脱冷气，只是向上走，不必听自暴自弃者流的话。能做事的做事，能发声的发声。有一分热，发一分光，就令萤火一般，也可以在黑暗里发一点光，不必等候炬火。

材料的核心关键词是"向上走"，意在鼓励青年不断前进，不断进步。我们在审题立意的时候一定要抓住这一核心。在具体展开思路时，我们可以探讨这样的问题 —— 向上走需要哪些条件？

向上走，成为唯一的光！

文/帅老师

"向上走，不必等候炬火，从今以后，你便是唯一的光！"在那风雨如磐的时代，鲁迅先生以此勉励青年奋勇拼搏，"向上走"的精神激励了无数国人为中华之崛起而奋斗。站在新的时代，我们更应该以先辈为楷模，向上走，成为唯一的光！

"向上走"需要我们有"欲上九天揽明月"的目标。正如孔子曾言"求其上者得其中，求其中者得其下"，想要成就事业，必须有高远的目标。周恩来总理从小就树立"为中华之崛起而读书"的雄伟目标，正是这一目标激励他不断向上，不断向前，为人民幸福和民族复兴而奋斗终生。所以说，明确的目标是"向上走"的基础。

"向上走"需要我们有"山登绝顶我为峰"的信心。正如鲁迅先生所说，我们要相信自己，"不必听自暴自弃者流的话""有一分热，发一分光"。以中国航天为例，面对政策封锁和技术壁垒，我们秉着必胜的信心，筚路蓝缕，以启山林，用算盘和尺规作图实现了遨游九天的梦想。由此可见，坚定的信心是"向上走"的保障。

"向上走"需要我们有"咬定青山不放松"的执着。西方管理学中的"荷塘效应"讲的就是这个道理，所谓"九十九步是一半，一步是另外一半"，讲的就是执着坚守的价值。有目标，就有了奋斗的方向；有信心，就有了努力的源泉。但是，如果没有执着与坚持，这一切都将化为乌有。我们都必须明白执着与坚持是"向上走"的根本。

反观当下，很多年轻人被那些"自暴自弃者流"所左右。打开自媒体，"躺平""摆烂""放空"的态度俯拾即是，"卷不动了""活不起了""干不完了"的叹息更是不胜枚举。这类人必会被时代所淘汰，这也再次说明了"向上走"的重要意义。

沧海横流，尽显英雄本色。在这个百舸争流的时代，我们必须不断向上，不断向前，唯有如此，才能真正行稳致远，成为"唯一的光"！

七、"稳"和"进"的关系

根据下列材料，写一篇 700 字左右的论说文，题目自拟。

稳中求进是事物两种状态的辩证统一。"稳"是主调，是大局，是发展的基础和前提。行稳方能致远，没有"稳"，就不可能实现"进"。"进"是方向，是目标，没有"进"，就不会有真正的"稳"。

材料有两个核心——"稳"与"进"，并且明确强调没有"稳"就不可能实现"进"，没有"进"就不会有真正的"稳"。所以，我们在写作时必须抓住这一重点，讨论二者的关系。具体展开参照关系型论说文的"关系分析法"即可。

"稳"与"进"相辅相成

文/帅老师

在前进的道路上，如何协调好"稳"和"进"的关系是我们需要集中精力解决的首要问题。这事关改革和发展的全局，是我们工作的重点、难点之一。立足中国实际，借鉴国外经验，我认为必须多方共建，双管齐下，追求"稳"与"进"的齐头并进。

"稳"是发展的前提和基础。没有"稳"，一切都是空中楼阁，看起来晶莹剔透，稍有风吹草动，就会满盘皆输；只有"稳"才能打牢基础，进而实现"高楼万丈平地起"的宏伟目标。改革开放以来，我们为什么能够实现举世瞩目的"深圳速度"与"中国奇迹"？归根结底就是因为我们筑牢了基础，抓紧了"稳"这张底牌。所以说，发展离不开"稳"。

"进"是发展的方向和目标。我们工作的最终目的是什么？一言以蔽之，就是为了推动"进"的发展。所以，我们一切的努力、一切的工作，都要归结到这个"进"字上来。在后疫情时代，我们积极探索方式方法，推动经济不断前进，实现"小步快走"的策略，为世界各国提供了一个能"抄作业"的优秀答卷。正是因为我们牢牢地以"进"为核心，始终不忘初心，日拱一卒，终成大业。因此，发展离不开"进"。

我们必须以自主创新为契机，推动"稳"与"进"进一步健康、均衡、协调、可持续发展。我们必须深刻地认识到，在发展过程中，"稳"与"进"会存在种种冲突与矛盾。这些问题往往可能成为制约我们发展前进的"关键问题"。此时，我们一定要正视矛盾，化解危机，通过不断自主创新，在稳定的基础上保持进步，最终实现跨越式发展。

综上所述，"稳"是主调，是大局，"进"是方向，是目标，二者必须相辅相成，才能真正推动我们的实业更好、更快地发展。

八、多元化发展目标

根据下列材料，写一篇700字左右的论说文，题目自拟。

"既要……又要……还要……更要……"已成为企业管理多元化目标政策的经典表述。这个目标本身显然蕴含了多方利益的妥协和权衡。但站在单一的立场或者从某个特定的视角出发，就很容易发现政策有偏误。如何处理"既要……又要……还要……更要……"的关系，成为企业发展一个亟待解决的问题。

材料明确提出"既要……又要……还要……更要……"是企业管理多元化目标政策的经典表述。也就是说，这一要求的背后反映的是"多元化目标"。所以，我们在写作时，应该从这一角度切入。在具体写作思路上，我们可以探讨"什么是多元化目标""为什么要制定多元化目标""怎样实现多元化目标"等问题。

推动多元目标，实现长足发展

文／帅老师

"既要……又要……还要……更要……"已成为企业管理多元化目标政策的经典表述。这个目标本身显然蕴含了多方利益的妥协和权衡。这对我们当下企业管理的启示有：必须制定多元化的目标政策，推动企业长足发展。

何为多元化的目标政策？一言以蔽之，多元化的目标政策就是在企业管理过程中，打破传统的以"追求经济效益最大化"为唯一目标的管理方法，而将"社会、市场、企业、员工"等集群因素的共同发展、共同成长作为企业的管理发展目标。正所谓"各美其美，美美与共"，企业发展不再是一家、一姓的"私事"，而成为大家、群体的"公共事务"。

为什么要制定多元化的目标政策？这就必须联系当下经济发展的宏观形势去分析。众所周知，随着信息化时代的到来，人类社会的联系日益紧密，"地球村"的概念已经由理想变成事实。在这样的宏观条件下，企业与社会各类成员形成了"你中有我，我中有你"的复杂关系。任何一个企业，想要有成果，都不可能再像赵子龙一样，单枪匹马，七进七出，必须如八仙过海一样，群策群力，各显神通。

怎样才能实现多元化的目标政策呢？这就需要具备审时度势、运筹帷幄的智慧。首先，企业必须准确研判市场，以此作为自己制定多元化目标政策的依据。唯有如此，企业才能真正把握市场，抓住商机。其次，企业必须清晰认识自我，以此作为制定多元化目标政策的基础。清晰地分析出自己的优势与劣势、机遇与挑战，才能知道谁是敌人，谁是朋友，才能真正地为自己量身定制目标战略。最后，企业必须不断调整政策，世界上没有一成不变的目标政策，想要成功，就必须根据自己的发展实际灵活调整政策，寻找自己与其他利益相关方的"最大公约数"。唯有如此，企业才能真正实现多元化的目标政策。

一花独放非为瑞，万紫千红才是春。在这个风云变幻的世界，企业想要行稳致远，就必须开阔眼界，不断进步，制定多元化的目标政策，推动建设"五光十色""万紫千红"的利益共同体。

● 九、"烧木为炭"的寓言

根据下列材料，结合企业管理，写一篇700字左右的论说文，题目自拟。

有人入山采沉香木，积数年，方得一车，价值万金。持来归家，诣市卖之，以其贵故，卒无买者。经历多日，不能得售，心生疲厌，以为苦恼。见人卖炭，时得速售，便生念言："不如烧之作炭，可得速售。"即烧为炭，诣市卖之，须臾而出，然价不到一金。

材料是一个寓言故事——愚人为了达到"速售"的目的，竟然将价值连城的沉香木"烧之作炭"。虽然"诣市卖之，须臾而出"，但是"价不到一金"。愚人盲目地照搬他人经验，弄巧成拙。这是因为其缺乏独立思考的能力。我们写作时可以从这一角度切入，采用正反论证分析这一问题。

坚持独立自主，拒绝生搬硬套

文／帅老师

愚人为了达到"速售"的目的，竟然将价值连城的沉香木"烧之作炭"。虽然"诣市卖之，须臾而出"，但是"价不到一金"。这种暴殄天物的行为不得不引起我们的反思：在企业管理的过程中，企业不能盲目照搬他人经验，必须立足实际，自主发展，探索出具有中国特色、民族风格的发展道路。

自主、自立、自强是企业发展壮大的动力。市场逐渐呈现生产多元化、消费多样化的趋势，当今企业面临着异常复杂的外部环境。企业想要在激烈的竞争中找到生存和发展的突破口，就必须立足于实际，因时、因势、因人、因事地探索自己发展的特色。只有这样才能打造出独一无二的品牌，创造出商业价值。以民族运动品牌为例，安踏、鸿星尔克等中国民族企业，立足中国、面向世界，探寻自主发展模式，通过自立和自强，开创出了现代科技与传统文化相结合、世界潮流与中国特色相结合的发展方向，在激烈的国际竞争市场中"杀出一条血路"。由此可见，企业想要发展壮大，必然离不开自主、自立和自强。

照抄、照搬、照做是企业衰亡落后的起点。西方有句谚语："世界上没有两片一样的叶子。"世界正是因为不同而多姿多彩。在企业发展过程中，没有适用于所有问题的"标准答案"，盲目地照抄他人经验，必然会造成"水土不服"，反过来还是会制约企业的发展。昔人邯郸学步，贻笑千载，难道在经济、社会发展后的今天，我们还要步其后尘吗？某些中小企业，为了短期目标，机械照搬他人经验，导致"山寨横行""怪事频发"，不但严重影响经济发展，更是透支了消费者对其品牌的信任，最终画虎不成反类犬，甚至导致破产。所以说，照猫画虎是企业发展的大忌。

毛泽东同志在《实践论》中指出："想要知道梨子的滋味，就要亲口尝一尝。"在企业管理过程中，没有现成的"参考答案"，也没有通用的"万能钥匙"。企业想要取得成功，就必须坚持独立自主，否则会如材料中的愚人一样"烧木为炭"，贻笑大方。

十、"截竿入城"的启示

根据下列材料，结合企业管理，写一篇700字左右的论说文，题目自拟。

鲁有执长竿入城门者，初竖执之，不可入；横执之，亦不可入。计无所出。俄有老父至，曰："吾非圣人，但见事多矣！何不以锯中截而入？"遂依而截之。

材料是一个大家较为熟悉的寓言故事，其哲理也是显而易见的：在学习他人经验的时候，必须有分辨的能力。我们可以从这个角度展开全文。本部分为大家提供了两篇范文，第一篇用较为浅显的文言文撰写，供考生参考、借鉴；第二篇为现代文，考生可以阅读、学习。将两篇文章放在一起比较，考生可以详细体会一下论说文的文采。

善则从之，不善则改之

文／帅老师

鲁有执长竿入城门者，横竖皆不得入，遂依老父之言，以锯中截而入。噫！人之愚鲁竟至于斯！今之务实业者不得不以之为戒也。尝试论之，今日之世界，万物各得其所，各行其道，此达尔文氏所谓"物竞天择"是也。务实业者，欲成经世济民之事业，必兼收并蓄，广采博纳而后酌盈剂虚，推陈出新。然，世论驳杂，何以取之？圣人之教，木铎在前——子曰："三人行，必有我师焉，择其善者而从之，其不善者而改之。"

人有善之处，吾必虚心而学，潜心而悟，专心以求，真心以行。夫实业者，国计民生之根本。东西方文化风俗迥异，经济之道一也。且自康乾之后，西人以工业革命自强，诚为标杆。故吾国实业，当以彼为楷模，学习其精神、制度、方法、模式，以光大我国实业，惠济我国民生。此所谓"他山之石，可以攻玉"也。改革开放以来，我国以此精神前行，所谓"自信而不自大，自谦而不自卑"也，沟通四海，协和万邦，遂成今日之盛世。此足为吾等务实业者所效仿也。

人有不善之处，吾则公心以辨，全心以戒，诚心以改，小心以免。古今中西，理虽一同，事有万殊。凡贵古贱今、崇洋媚外者，皆迂腐之论也。橘逾淮而成枳，物犹如此，何况实业之事？凡诸制度、方法、条令等，需因时而动，因事而变，因人而异，因势而别，如此，方可以言实业管理。凡人之不善者，吾当辨之、戒之、改之、免之。所谓取其精华，弃其糟粕是也。以吾国实业言之，吾国效仿西方建立诸如股份制、绩效制等种种制度，然抛弃其唯利是图之"经济人"假设，以宏观调控之雷霆手段，保证实业为人民大众服务。此马克思氏所谓去粗取精、去伪存真是也！

朱子训经曰："三人同行，其一我也。彼二人者，一善一恶，则我从其善而改其恶焉，是二人者皆我师也。尹氏曰：'见贤思齐，见不贤而内自省，则善恶皆我之师，进善其有穷乎！'"其义明矣！吾等务实业者，当以圣贤之言为铭。采他山之石，以攻本土之玉！

择其善者而从之，其不善者而改之

文 / 帅老师

执长竿者在横竖皆不得入城的情况下，居然听从老父之言"截竿入城"。这个寓言故事对我们当下企业的发展有着深刻的启示。它告诉我们：在学习他人经验的时候，必须有分辨的能力，要做到孔子所说的"择其善者而从之，其不善者而改之"。

面对其他企业的长处，我们必须虚心求学，潜心领悟，专心追求，真心实行。企业是国民经济的细胞。虽然东西方的文化、风俗不同，但是，经济发展的道理是一样的。而且，自清朝闭关锁国之后，西方开展了工业革命，在经济发展领域先行了一步。所以，我国的企业必须学习西方先进的制度、方法与模式来推动自身的发展和壮大，惠及民生。正所谓"他山之石，可以攻玉"。改革开放以来，我国虚心学习西方企业先进的经验，推动了中外合作交流，成就了如今中国特色社会主义企业制度的建立、完善和发展。所以说，"择其善者而从之"是企业发展的根本。

面对其他企业的失误，我们应该公平辨别，引以为戒，真诚查改，小心避免。虽然东西方的管理制度大体上是一致的，但是在实际管理中却有很大差异。任何贵古贱今、崇洋媚外的做法都是行不通的。"橘生淮南则为橘，橘生淮北则为枳"就是这个道理。在企业管理过程中，企业必须根据实际情况，变革管理的方法、制度等。以我国现行的企业管理制度为例，我们仿效西方建立了股份制、绩效制等管理制度。但是，依然保留公有制经济和宏观调控等手段，保证我国企业制度的社会主义性质。这就是马克思主义"实事求是"精神的体现。

当今世界遭遇百年未有之大变局，社会形势和经济局势日益复杂化、多元化。这就给企业管理者提出了更多的难题。如今，企业想要实现更好、更快发展，就必须不断学习和借鉴先进经验，择善而从，不善则改。唯有如此，企业才能在兼收并蓄、广采博纳的基础上实现推陈出新！

十一、"立己"与"立人"的关系

孔子在《论语》中曾说过："己欲立而立人"。这句话体现了古人对于"立己"和"立人"的态度以及对两者关系的一种思考。请以"立人"与"立己"为主题，写一篇论说文，全文700字左右，题目自拟。

本文要求以"立人"与"立己"为主题。而"己欲立而立人"这一论述要求"立己"与"立人"必须紧密结合。所以，我们可以探讨二者之间的关系，进而展开全文，且可参照关系型论说文的写法。

己欲立而立人，己欲达而达人

文/帅老师

子曰："己欲立而立人，己欲达而达人，能近取譬，可谓仁之方也已。"古圣先贤的至理名言在今天看来仍然具有非常深刻的现实意义——"立己"与"立人"必须紧密结合。

"立己"是"立人"的前提和基础。《大学》有云："身修而后家齐，家齐而后国治，国治而后天下平。"可见，修身是齐家、治国、平天下的先决条件。一个人只有具备了雄厚的实力，才能更好地为他人、为社会贡献自己的力量。否则，如果自顾不暇，还何谈"立人"呢？正所谓"高楼万丈平地起"，只有真正地夯实了基础，才能建设起美轮美奂的建筑。所以说，想"立人"，必先"立己"。

"立人"是"立己"的发展和升华。以国际狮子会的发展为例，从创立之初，创始人茂文·钟士就提出："你只有开始为世界上有需要的人做些事情，你才能走得更远。"在该宗旨的指引下，它不断发展壮大，成为世界最大的服务组织。仅在中国，其服务就涉及助残、扶贫、敬老、助学、环境保护等多个领域。无数的狮友在"立人"的过程中拓展了"立己"的深度。由此可以看出，"立人"是"立己"的升华。

所以说，"立己"和"立人"必须结合起来。孟子曰："穷则独善其身，达则兼济天下。"这句话讲的正是这个意思，我们先要达到"立己"的目标，之后便要回馈社会，达到"立人"的境界。以中华人民共和国的发展为例，我们先是专心致志谋发展，脚踏实地搞建设，实现了从"站起来"到"富起来"，再到"强起来"的飞跃。之后，我们积极履行大国责任，帮助更多的国家和地区实现民族的发展，这也让我们树立了"负责任、讲义气、重感情"的大国形象，实现了"立己"与"立人"的完美融合。

一花独放不是春，万紫千红春满园！在前进的道路上，我们既要"独善其身"地"立己"，也要"兼济天下"地"立人"。唯有如此，才能真正实现繁花似锦，春满人间！

十二、战略管理的多维视角

根据下列材料，写一篇 700 字左右的论说文，题目自拟。

战略管理（Strategic management）是指对一个企业或组织在一定时期的全局的、长远的发展方向、目标、任务和政策以及资源调配做出的决策和管理艺术。从企业未来发展的角度来看，战略表现为一种计划（Plan）；而从企业过去发展历程的角度来看，战略则表现为一种模式（Pattern）。如果从产业层次来看，战略表现为一种定位（Position）；而从企业层次来看，战略则表现为一种观念（Perspective）。此外，战略也表现为企业在竞争中采用的一种计谋（Ploy）。

本题立意可从以下几个角度切入：

①战略管理的多维视角：论述战略管理不仅涉及企业或组织的全局和长远发展，还涵盖目标、任务、政策的制订以及资源的调配，体现为一种综合性的决策和管理艺术。

②战略管理的综合效益：讨论战略管理如何整合企业内部和外部资源，以实现全局和长远的发展目标，进而提升企业的整体效益和竞争力。

③战略管理的适应性与变革：分析战略管理在面对市场变化、技术进步等外部环境因素时的适应性，以及如何通过战略变革来应对挑战和抓住机遇。

④战略管理的实施与挑战：探讨战略管理的实施过程，包括制订、执行、监控和评估等环节，并分析其在实施过程中可能遇到的挑战和应对策略。

其他立意角度，言之成理，即可得分。

战略管理的多维视角

文／帅老师

在瞬息万变的市场浪潮中，战略管理犹如企业的舵手，引领企业破浪前行。从多个维度深入剖析，我们可以更清晰地理解其深远意义。

前瞻性的计划引领未来。面向未来，战略管理的首要表现是制订详尽的计划。这份计划犹如企业的导航图，明确了前行方向、阶段性任务及长远目标。管理者需具备前瞻视野，洞悉行业趋势，设定合理目标，并规划实施路径。这一计划确保企业的每一步都稳健有力，向着既定目标迈进。

历史积淀的模式指引方向。回溯过去，战略管理以模式的形式存在，记录着企业的成长足迹。这些模式蕴含着企业成功的秘诀与失败的教训，成为企业决策的重要参考。企业从中汲取智慧，不断优化战略模式，使之更加契合市场需求。

精准定位凸显产业优势。在产业层面，战略管理体现为精准的市场定位。企业需要在广阔市场中寻得独特位置，明确自身竞争优势与特色。这不仅关乎产品或服务的独特卖点，更涉及企业在产业链中的位置及其与上下游伙伴的关系。精准定位助力企业在竞争中脱颖而出，赢得市场青睐。

深入人心的观念凝聚力量。在企业内部，战略管理则内化为一种文化观念。这一观念成为企业战略管理的灵魂，深刻影响着企业的价值观、使命与愿景。它影响员工行为，激发员工的归属感与责任感，增强企业凝聚力。

智慧计谋应对市场竞争。面对竞争，战略管理化作企业的智谋武器。企业运用价格策略、技术创新、品牌建设等手段，灵活应对市场挑战。这些计谋帮助企业抢占先机，巩固市场地位，推动企业快速发展。

综上所述，战略管理是一个集未来规划、历史借鉴、产业定位、文化内核与竞争智谋于一体的多维体系。企业唯有深刻理解并灵活运用这些维度，方能在复杂多变的市场环境中稳健成长，实现可持续发展。

十三、企业管理应避免"少见多怪"

阅读下列材料，结合企业管理，写一篇700字左右的论说文，题目自拟。

柳宗元《答韦中立论师道书》云："屈子赋曰：'邑犬群吠，吠所怪也。'仆往闻庸、蜀之南，恒雨少日，日出则犬吠。"

首先，读题时一定要注意题干中要求的"结合企业管理"这一要点，考生要从这一角度切入，不然文章容易跑题。其次，材料为文言文，在理解上有一定难度，考生一定要抓住题眼"吠所怪"这一点。最后，材料是从反面对现象进行论述的，考生写作的时候应该从正面切入。

本题参考立意可从以下几个角度切入：①企业发展要学会适应宏观环境；②企业管理要不断开拓视野；③企业管理不能"少见多怪"；④企业发展不能以自我为中心，要不断了解环境等。

其他立意角度，言之成理，即可得分。

企业管理中的"少见多怪"

文/帅老师

"仆往闻庸、蜀之南，恒雨少日，日出则犬吠。"日出本来是极其正常的事情，可是却引来庸蜀之地的"无知之犬"狂吠。柳宗元这则寓言描述了一个"少见多怪"的现象，这对于当下企业管理者们有非常重要的启示意义。

何为"少见多怪"？一言以蔽之，就是因为管理者的学识不够、经验不足、眼界不高、能力不强，对竞争对手和外部环境缺乏清晰的认识和明确的判断，对不常见的事感到奇怪。这就好像庸蜀之地的无知之犬，熟悉了阴雨连绵的环境，一旦看到日出，就大吃一惊，奇哉怪也。

为什么会出现这种"少见多怪"的现象呢？主要有以下几点原因：第一，眼界不足，不熟悉宏观环境。某些管理者只盯着自己的一亩三分地，对于社会环境缺乏整体的认识，难免就会陷入坐井观天的狭隘视野中。第二，思想陈旧，与时代严重脱节。极个别管理者思想还停留在卖方时代，怀揣着盲目的自信心，拒绝任何有意义的变革。第三，知识落伍，难以适应激烈变化的市场。当今市场瞬息万变，企业管理者必须保持学习的状态，可是有些管理者自以为是，拒绝学习，这必然会导致其"少见多怪"。

如何避免这种"少见多怪"的现象呢？企业管理者可以尝试从以下几个方面努力：第一，"走出来"以开阔眼界。企业管理不能闭门造车，要真真正正走出去，熟悉市场的新动态、新变化。第二，"引进来"以变革思想。企业管理者要不断引进新的管理思想，抛弃陈规陋习，让企业走进有意义的变革。第三，"坐下来"以丰富知识。企业管理者要树立终身学习的观念，不断学习最前沿、最先进的管理知识，不断积累经验，切实提升管理水平。

其实，又何止企业管理？现实生活中，这种"少见多怪""自以为是"的现象比比皆是，鲁迅先生笔下的阿Q就曾对城里人大加鄙夷："油煎大头鱼，未庄都加上半寸长的葱叶，城里却加上切细的葱丝，他想：这也是错的，可笑！"当今世界日新月异，瞬息万变，无论是个人、企业还是国家，想要在这个世界立足，就必须不断开阔眼界，不要再"少见多怪"。

十四、成由勤俭败由奢

阅读下列材料，写一篇700字左右的论说文，题目自拟。

御孙曰："俭，德之共也；侈，恶之大也。"共，同也；言有德者皆由俭来也。夫俭则寡欲，君子寡欲，则不役于物，可以直道而行；小人寡欲，则能谨身节用，远罪丰家。故曰："俭，德之共也。"侈则多欲。君子多欲则贪慕富贵，枉道速祸；小人多欲则多求妄用，败家丧身；是以居官必贿，居乡必盗。故曰："侈，恶之大也。"

本题立意可从以下几个角度切入：

①节俭与品德的关系：探讨节俭作为一种美德如何促进个人的品德修养，以及奢侈浪费如何侵蚀人的道德根基。

②欲望与行为导向：分析节俭如何减少人们不必要的欲望，引导人们做出正直、理智的行为选择；反之，奢侈导致的欲望膨胀如何驱使人们走向贪婪与堕落。

③历史与现实的镜鉴：通过历史案例与当前社会现象的结合，论证节俭与奢侈对个人、家庭乃至国家命运的深远影响，呼吁全社会倡导节俭风尚。

其他立意角度，言之成理，即可得分。

成由勤俭败由奢

文／帅老师

"俭，德之共也；侈，恶之大也。"在中国人长久以来的价值观里，俭朴不仅是一种行为方式，更是一种良好的德行，是培养良好道德的基础。因为勤俭节约的人，一定是自知、自律、自省的人。今天我们提倡节约，不仅是要倡导一种健康适度的生活方式，更是要让人们在厉行节约中涵养"恒念物力维艰"的道德品质，去除骄奢淫逸的不良之风。

勤俭节约是立身之本，是兴业之基，是强国之要。经验教训表明，大到一个国家、民族，小到一个家庭、个人，如果没有长远的眼光，没有自强不息的奋斗精神，没有高尚的追求，而仅仅沉迷于追逐财富，满足于感官享受，就很难走得远。勤俭节约不仅是持家宝，也是国家发展、社会进步的"压舱石"。1936年，美国作家埃德加·斯诺来到延安。在这里，他看到一种别样的生活方式：毛泽东住在十分简陋的窑洞里，周恩来睡在土炕上，彭德怀穿着用缴获的降落伞做成的背心……从共产党人极其简朴的生活中，斯诺发现了一种伟大的力量，他称之为"兴国之光"。

奢侈浪费是丧德之始，是败家之由，是亡国之路。《战国策》载，齐宣王时，首都临淄"其民无不吹竽鼓瑟，击筑弹琴，斗鸡走犬"，而后风气蔓延全国，"众庶百姓，皆以贪利争夺为俗"，乃至"不修守战之备"，待到秦国攻城之时，军民只能束手降敌。古人云"奢靡之始，危亡之渐"，奢靡之风不只是浪费金钱和资源，更会损害民风政风，危害巨大。

经济学家说过，奢侈是公众的大敌，节俭是社会的恩人。中国是一个人口大国，如果人人躬行节俭，集腋成裘、聚沙成塔，那将是多么巨大的财富？相反，如果人人都铺张浪费，又将是多么巨大的损失？从这个意义而言，厉行节约、反对浪费是每一位公民应有的社会责任和道德素养，也是一个民族基本的现代文明素养。

1. 标点符号的分类

标点符号分为点号和标号两大类。

点号：句号、问号、叹号、冒号、分号、逗号和顿号。

标号：引号、括号、破折号、省略号、书名号、间隔号、连接号、着重号和专名号等。

2. 常见的标点符号

句号（。）用在陈述句的末尾，表示陈述句结束后的停顿。例如：好好学习，天天向上。

问号（？）用在句尾，表示疑问的语气。例如：花儿为什么这么红？

叹号（！）表示情感强烈的句子结束后的停顿。例如：祥林嫂，你放着罢！

冒号（：）表提示下文或总结上文。例如，我想：希望是本无所谓有，无所谓无的。

分号（；）表示复句内部并列分句间的停顿。例如：这种作风，拿来律己，则害了自己；拿来教人，则害了别人；拿来指导革命，则害了革命。

逗号（，）表示一句话中间的语气停顿。例如：这洋八股，鲁迅早就反对过的。

顿号（、）表示句子内部最小的停顿，常用在并列的词或词组之间。例如：这里有自由、民主、平等的风气。

引号（""）表直接引用；表特殊意义；表特殊称谓；表强调突出；表讽刺否定；表特定名称。例如："满招损，谦受益"（表引用）这句格言，流传到今天至少有两千年了。

括号〔()〕句内括号，注释或说明句中一部分词语，括号紧跟在被注释词语之后；句外括号，注释或说明整个句子，括号放在整句话的句末标点之后。例如：①中国猿人（全名为"中国猿人北京种"）在我国的发现，是对古人类学的一个重大贡献。②地上本没有路，走的人多了，也便成了路。（鲁迅《故乡》）

破折号（——）表解释说明；表意思的递进；表意思的转折；表语言的中断或间隔；表声音的延长。例如：他那双大头皮鞋真是"空前绝后"——（表解释说明）前面露出脚趾头，后面露出脚后跟。

省略号（……）表文中省略的部分；表话语的断断续续；表语意未尽。例如，她轻轻地哼起了《摇篮曲》："月儿明，风儿静，树叶儿遮窗棂啊……（表省略）"

书名号（《》）书名、篇名、报纸名、刊物名、课本名、文件名，法律、规章、规定、合同等文书的标题，文化作品（电影、戏剧、绘画、歌曲、舞蹈、摄影、相声、雕塑、邮票等）的名称，等等，用书名号标示。例如：今天的《人民日报》送来得挺早的。

间隔号（·）标在字词中间，表示间隔。例如：共产主义的倡导者是卡尔·马克思。

连接号（-、—、～）连接相关的时间、人、事、物、数字等，占一个字的位置，标在字的中间。例如：本文以"是什么 — 为什么 — 怎么样"的思路展开。

着重号（ . ）标在字词的下面，表示着重强调。例如：选出下列各项中拼音不完全正确的一项。

专名号（__）标在人名、地名、朝代名等古籍、古籍引文或某些文史类著作中出现的专有名词的下面。例如：《聊斋志异》是清代文学家蒲松龄的作品。

3. 单独一个标点符号的使用方法

现代汉语的标点符号有明确的书写要求，考生应该规范书写，注意标点符号的书写位置。

（1）句号、问号、叹号、逗号、顿号、分号和冒号占一个字的位置，不能出现在一行之首，最后一格有字时，可放在最后一格的外面。

（2）引号、括号、书名号的前一半不能在一行之末，后一半不能在一行之首。

（3）破折号和省略号均占两个字的位置，中间不能断开；连接号和间隔号均占一个字的位置。

（4）着重号、专名号标在字的下面。

4. 两个标点符号的组合用法

（1）引号与其他标点连用

①当引文完整且独立使用，或虽不独立使用但带有问号或叹号时，引号内的句末点号应保留。例如："沉舟侧畔千帆过，病树前头万木春。"他最喜欢这一句诗。

②当引文位于句子停顿处（包括句子末尾）且引号内未使用点号时，引号外应使用点号；当引文位于句子非停顿处或者引号内已使用句末点号时，引号外不使用点号。例如：a. 杜甫《春夜喜雨》中最出名的句子是"好雨知时节"。b. 你这样"明日复明日"地要拖到什么时候？

（2）括号与其他标点连用

①括号内行文末尾可根据需要使用问号、叹号和省略号。例如：如果不采取（但应如何采取呢？）十分具体的措施，事态将进一步扩大。

②句内括号行文末尾一般不用标点符号。例如：古汉语（特别是上古汉语），对我来说有

特殊的吸引力。

（3）破折号与其他标点连用

①破折号之前通常不用点号；但有时也可根据句子结构和行文需要，分别使用句内点号或句末点号。例如，小妹说："老板对我不错，工资也高。—— 我能抽支烟吗？"

②破折号之后通常不直接跟其他点号，但当破折号表示语音的停顿或延长时，根据语气表达的需要，后面可紧接问号或叹号。例如："是他 ——？"我不敢相信自己的眼睛。